JN034248

判例で学ぶ［第三版］
日本国憲法

西村裕三［編］

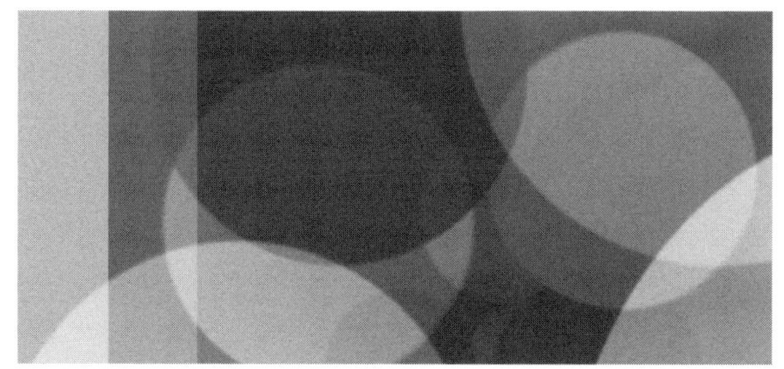

有信堂

はしがき

書名から明らかなように、本書は判例、すなわち裁判所が具体的な事件において下した判決の内容を検討することで、憲法について学ぶことを目指している。日本国憲法は、法律等が憲法に違反しないかどうかを裁判所が最終的に判断する制度、いわゆる司法審査制を採用している。したがって、たとえば、憲法の保障する人権が法律によって不当に制限されているかどうかが争われている裁判において、裁判所が示した憲法解釈こそが、現実に解釈適用されている、いわば、生きている憲法の姿を現しているといえよう。

そこで、読者の皆さんには、一度、訴えている人（原告）の立場に立って考えてみてほしい。憲法で保障されている自分の権利がこのような形で侵害されたらどうだろうか？　裁判所にどのような救済を期待するだろうか？　そして、今度は、訴えられた側（被告）、多くの場合、国および地方自治体やそれらの機関の立場に立って、その権利に対する制約が憲法のいう「公共の福祉」の見地からやむをえざるものといえるだろうか？　と考えてみてほしい。その上で、裁判所の下した判断は、説得力のある理由に基づいているだろうか？　と判決を批判的に検討してみよう。

このように自分の想像力を十分に働かせて考えるために必要な基礎的知識については、〔**解説**〕の部分を参照してほしい。この部分には、執筆者それぞれの憲法学に対する熱い思いが込められているが、そうだからといって必ずしも読者にとって理解しやすい表現になっているとはいえないところもあるだろう。本書は、大学や高専ではじめて憲法を学ぶ皆さんのための教科書として企画されたものであるので、その内容についてわからない所があれば、ぜひとも先生に質問に行ってほしい。そうすれば、先生方には学生諸君の疑問に対して親切に対応していただけるものと確信している。

本書のように判例を通じて憲法について学ぶための本は、近年、多種多様なものが出ておりとくに珍しいものではなくなっている。もっともそのような類書の先駆けとなったのが、1986年５月に出版された、畑博行編『判例 憲法入門』であり、好評を得て版を重ねてきた。実は、本書はその全面改訂版とでもいうべきものである。執筆者はいずれも畑博行先生（広島大学名誉教授・近畿大学名誉教授）の薫陶を受けて研究者の道に進むことのできた者たちである。畑先生には総合大学の学長という激務をこなされながら、巻頭の一章を執筆していただいた。われわれ弟子一同は、畑先生から受けた学恩に少しでも報いるべく執筆したつもりであるが、時間的制約もあり、満足のいくものが書けたとはとても思われない。今後、版を重ねることができれば、それぞれにより充実したものにしていきたいと考えている次第である。

最後に、本書出版の機会を与えていただいた有信堂高文社の髙橋明義社長、ならびに編集部の川野祐司氏に厚くお礼を申し上げたい。また、本書の校正作業を手伝ってくれた広島大学大学院社会科学研究科法政システム専攻博士課程後期に在学する井上一洋君、井上幸希さんに謝意を表したい。

平成22年６月

編　者

第二版へのはしがき

本書の初版が好評を博し、第５刷を迎えたことは望外の喜びである。この５年間、重要な憲法判例が続出したこともあり、それらを追加し、さらには執筆者に新進気鋭の若手の研究者を迎えて、この第二版を刊行することになった。

第二次安倍内閣の下で安全保障法制の整備が進められ、日本国憲法９条との緊張関係が高まり、それによって多くの国民が憲法の平和主義の理念や国民主権の原理に関心を持つことで、日本国憲法はその制定以来の存在感を示している。今こそ、多くの人々に憲法について考え、学んでほしい。本書がその端緒となれば幸いである。

平成28年４月

編　者

第三版へのはしがき

本書の分担執筆者に共通の恩師である畑博行先生（広島大学名誉教授、近畿大学名誉学長）が昨秋，亡くなられた。先生のご冥福をお祈りするとともに，その学恩に報いるには不十分ながら，本書を畑先生に捧げるものとしたい。また、本書の第三版を刊行するにあたり、有信堂高文社の髙橋明義社長ならびに編集部の市原祐子氏には大変お世話になりました。ここに改めてお礼を申し上げたい。

令和６年１月

編　者

判例で学ぶ日本国憲法〔第三版〕／目　次

凡　例

法令略称

憲法	日本国憲法（昭和21年憲法）
明治憲法、旧憲法	大日本帝国憲法（明治22年憲法）
不戦条約	戦争ノ放棄ニ関スル条約（昭和４年条約１号）
国連憲章	国際連合憲章及び国際司法裁判所規程（昭和31年条約26号）
日米安保条約、日米安全保障条約	日本国とアメリカ合衆国との間の相互協力及び安全保障条約（昭和35年条約６号）
100号条約	同一価値の労働についての男女労働者に対する同一報酬に関する条約（第百号）（昭和42年条約15号）
国連女子差別撤廃条約	女子に対するあらゆる形態の差別の撤廃に関する条約（昭和60年条約７号）
国公	国家務員法（昭和22年法律120号）
刑訴法	刑事訴訟法（昭和23年法律131号）
地公	地方公務員法（昭和25年法律261号）
精神保健福祉法	精神保健及び精神障害者福祉に関する法律（昭和25年法律123号）
成田新法	新東京国際空港の安全確保に関する緊急措置法（昭和53年法律42号）
男女雇用機会均等法	雇用の分野における男女の均等な機会及び待遇の確保等に関する法律（昭和47年法律113号）
労働者派遣法	労働者派遣事業の適正な運営の確保及び派遣労働者の保護等に関する法律（昭和60年法律88号）
国際平和協力法	国際連合平和維持活動等に対する協力に関する法律（平成４年法律79号）
裁判迅速法	裁判の迅速化に関する法律（平成５年法律107号）
感染症予防法	感染症の予防及び感染症の患者に対する医療に関する法律（平成10年法律114号）
行政機関情報公開法	行政機関の保有する情報の公開に関する法律（平成11年法律42号）
周辺事態法	周辺事態に際して我が国の平和及び安全を確保するための措置に関する法律（平成11年法律60号）（平和安全法制整備法［我が国及び国際社会の平和及び安全の確保に資するための自衛隊法等の一部を改正する法律（平成27年法律76号）］による改正前のもの）
重要影響事態法	重要影響事態に際して我が国の平和及び安全を確保するための措置に関する法律（平成11年法律60号）

事態対処法	武力攻撃事態及び存立危機事態における我が国の平和と独立並びに国及び国民の安全の確保に関する法律（平成15年法律79号）
イラク人道復興支援特措法	イラクにおける人道復興支援活動及び安全確保支援活動の実施に関する特別措置法（平成15年法律137号）
刑事収容施設法	刑事収容施設及び被収容者等の処遇に関する法律（平成17年法律50号）
平和安全法制整備法	我が国及び国際社会の平和及び安全の確保に資するための自衛隊法等の一部を改正する法律（平成27年法律76号）
国際平和支援法	国際平和共同対処事態に際して我が国が実施する諸外国の軍隊等に対する協力支援活動等に関する法律（平成27年法律77号）
男女雇用機会均等法施行規則	雇用の分野における男女の均等な機会及び待遇の確保等に関する法律施行規則（昭和61年労働省令２号）
大阪市売春取締条例	街路等における売春勧誘行為等の取締条例（昭和25年大阪市条例68号）
徳島市公安条例	集団行進及び集団示威運動に関する条例（昭和27年徳島市条例３号）
奈良県ため池条例	ため池の保全に関する条例（昭和29年奈良県条例38号）
大阪市屋外広告物条例	屋外広告物条例（昭和31年大阪市条例39号）
広島県条例	薬局等の配置の基準を定める条例（昭和38年広島県条例29号）

判例集略称

民集	最高裁判所民事判例集
刑集	最高裁判所刑事判例集
集民	最高裁判所裁判集民事
高刑集	高等裁判所刑事判例集
下刑集	下級裁判所刑事裁判例集
刑月	刑事裁判月報
行裁例集	行政事件裁判例集
裁時	裁判所時報
判時	判例時報
判タ	判例タイムズ

1 憲法の基礎知識

1 概説

(1) 憲法の意味

憲法という言葉は、中国から渡来したものであり、わが国でも古くから用いられている。たとえば、聖徳太子の「17ヵ条の憲法」、江戸時代の「憲法部類」、明治初年の「憲法類編」などがそれである。しかし、それらは、たんに、「のり」、「おきて」、「国法」などを意味するものに過ぎず、国家統治の基本法たる今日の憲法とは根本的に性質を異にする。したがって、明治に入り、憲法制定の機運が出はじめた頃には、憲法という言葉は用いられず、政体、国憲などの名称が用いられていた。しかしながら、結局、民法、刑法などと語呂の合う憲法という名称が正式に採用され、明治22〔1889〕年に制定されたわが国初の近代憲法も「大日本帝国憲法」と命名された。もっとも、国家統治の基本法という意味での憲法といっても、さらに、その意味合いは分かれる。その一つは、「本来の意味の憲法」と「近代的意味の憲法」という分類であり、もう一つは、「実質的意味の憲法」と「形式的意味の憲法」という分類である。

① **本来の意味の憲法と近代的意味の憲法**　国家が法的統治団体である以上、専制国家であれ、民主国家であれ、統治権の基礎、統治権発動の組織および手続について定める法がなければならず、そのような法が「本来の意味の憲法」である。わかりやすくいうと、それは国家統治の根本法または基本法である。この場合の憲法については、それが民主的であるとか、専制的であるとかの内容的価値は問われない。ラートブルーフ（Gustav Radbruch, 1878-1949）の「国家は憲法を前提とし、憲法は国家を前提とする」という言葉のように、国家がある以上、当然憲法が存在するという場合の憲法こそまさしく「本来の意味の憲

法」である。もちろん、この場合の憲法が、成文法たる憲法だけをいうのではなく、慣習憲法、条理憲法などの不文法たる憲法をも含んでいることはいうまでもない。

これに対して、近代立憲主義の特質である権利の保障と権力の分立を備えている憲法を「近代的意味の憲法」または「立憲主義的意味の憲法」という。1789年のフランス人権宣言は、「権利の保障が確保されず、権力の分立が確立されていない社会は、憲法を欠くものである」(16条) と規定しているが、ここでの「憲法」は、まさしく近代的意味の憲法である。

② **実質的意味の憲法と形式的意味の憲法**　内容的に見て、国家統治の組織や手続の基本を定めた法のすべてを「実質的意味の憲法」という。今日のわが国の例でいえば、皇室典範、国会法、内閣法、裁判所法、地方自治法、公職選挙法などがそれにあたる。このように内容から見る見方に対し、成立形式から見る見方もある。「形式的意味の憲法」とは、成立形式に着目した概念であり、とくに、国家統治の根本法として定められた法のことをいう。この意味の憲法は、当然、成文憲法であり、また、専制国家の場合を除けば、硬性憲法の形をとっている (次頁参照)。

⑵ 憲法の種別

憲法は、次のように、いろいろな観点から分類することができる。

① **法源による種別**　憲法の法源に着目して分類すると、成文法の形をとっている「成文法たる憲法」と、成文法の形をとらず、もっぱら慣習法や条理法の形で存在する「不文法たる憲法」とがある。さらに、成文法たる憲法の中には、憲法典の形をとっている「成文憲法」と、イギリスの憲法のように、憲法典の形をとっていない「不文憲法」とがある。

② **制定主体による種別**　憲法制定者が誰であるかに着目して区別すると、君主が制定した「欽定憲法」、人民が制定した「民定憲法」、君主と人民が協定を結んで制定した「協約憲法」、あるいは「協定憲法」、国家が集まって連邦を形成するために作った「国約憲法」がある。協約憲法の例としては、イギリスのマグナ・カルタ (Magna Carta, 大憲章)、1830年のフランス憲法などがあり、国約憲法としては、アメリカ合衆国憲法がその好例である。

③ **改正手続の難易による種別** 改正の手続を法律改正の場合よりも難しくしてある憲法を「硬性憲法」といい、そうでない憲法を「軟性憲法」という。これは、ジェームス・ブライス（James Bryce, 1838-1922）による概念であるが、成文憲法の場合は、たいてい硬性憲法である。イギリスのような不文憲法の場合には、憲法といってもその実体は法律の集合体に過ぎぬから、憲法を改正するといっても、具体的には憲法を構成している個々の法律の改正に過ぎない。イギリスのように、基本法を尊重する伝統と、それを可能にする政治的、社会的条件のあるところは別として、一般的にはイェリネック（G. Jellinek, 1851-1911）が述べているように、改正手続が、（法律の場合と比べて）難しくされていない憲法は、実際上あまり意味がないであろう。

2 日本の憲法史

(1) 明治憲法制定前史

明治元［1868］年、5箇条の御誓文により、近代国家の仲間入りをしようとするわが国の決意が内外に宣言され、さらに、その決意を具体化するために、政体（政体書）が制定された。この政体は、三権分立や議会制についての規定を設けており、ある意味ではわが国初の近代憲法となりうる要素を備えていた。しかしながら、それは実際には、ほとんど実施されることなく終わってしまった。その後、薩長を中心とする藩閥政府に対する不満から、各地で自由民権運動が起こり、民選議院の設立を求める声が日増しに強くなるが、政府もそれを無視することができず、元老院にいわゆる国憲案の編纂を命じた。明治13［1880］年、元老院は国憲の最終草案を答申したが、その内容がわが国の現実に合わないとの理由で、政府は、その受入れを拒否した。明治14［1881］年、参議であった大隈重信が即時憲法を制定し、民選議院を開くことを建議したが、伊藤博文参議らの反対にあって下野するという政変が生じた。政府は、この事件ではずみを得た自由民権運動を抑え、人心の動揺を鎮めるため、国会開設の勅諭を奏請し、これにより明治23［1890］年を期して国会が開設されることが公約せられた。このあと、国会開設に備え憲法を制定するための準備として、伊藤博文がヨーロッパ諸国を訪問し、憲法の取調べを行ったが、結局、普仏戦争において勝利をおさめ、強大な君権の下に隆盛発展していたプロイセンの憲法こそわが国の憲法のモデルとして最もふさわしいものとの結論を得て帰国した。このような知識をもとに伊藤らが作った憲法草案は、新設の枢密院で審議可決され、天皇の裁可を得たあと、明治22［1889］年2月11日に公布され、翌23［1890］年11月29日に実施された。

(2) 明治憲法の特色

このようにして成立した明治憲法（正式には大日本帝国憲法）は、天皇を元首・統治権の総攬（そうらん）者と位置づけ（4条）、近代憲法の要件たる権力の分立についても、天皇の下における分立という限定的なものしか採用していなかった。すなわち、統治権はすべて天皇に帰属するが、その行使については、天皇に協賛または天皇を輔弼（ほひつ）するという形で、立法権は帝国議会が（5条）、行政権は国務各大臣が（55条）、また、司法権は天皇の名において裁判所が行使するとした（57条）。しかも、帝国議会は二院制をとり、そのうちの一院たる貴族院は皇族、華族、多額納税者など特権階級の人びとにより構成されていた。また、その行使する立法権についても、緊急勅令（8条）、独立命令（9条）などによる例外措置が定められており、巧妙に法治主義が回避せられるようになっていた。また、議院内閣制は明文では認められておらず、裁判所による違憲立法審査制などの憲法保障も存在しなかった。

さらに、権利の保障についていえば、明治憲法には権利の前国家性を示す人権という言葉は用いられておらず、権利保障もすべて法律の留保づきであった。たとえば、言論、出版などの自由については、明治憲法は、「日本臣民ハ法律ノ範囲内ニ於テ言論著作印行集会及結社ノ自由ヲ有ス」（29条）と定めていたし、信書の秘密についても、「日本臣民ハ法律ニ定メタル場合ヲ除ク外信書ノ秘密ヲ侵サルルコトナシ」（26条）というふうに規定していた。このように、「法律ノ範囲内ニ於テ」とか、あるいは「法律ニ定メタル場合ヲ除ク外」とかいう条件を付して（すなわち、法律の留保づきで）、権利保障がなされていたのである。もともと法律の留保は、およそ権利というものは議会の制定する法律によらなければ制限されないという積極的な意味を持つものであった。しかしながら、明治憲法のもとにおいては、法律によりさえすればいかようにも制限しうるという消極的なものでしかなかった。

(3) 日本国憲法の制定経過

昭和20［1945］年8月15日、わが国はポツダム宣言を受諾し、それによって第二次世界大戦は終結した。同宣言10項は、「日本国政府ハ日本国民ノ間ニ於ケル民主主義的傾向ノ復活強化ニ対スル一切ノ障礙ヲ除去スベシ　言論、宗教及思想ノ自由並ニ基本的人権ノ尊重ハ確立セラルベシ」と規定しているが、同宣言の受諾が明治憲法の改正を要求するものであるか否かについては、大方の意見は否定的であった。しかし、昭和20［1945］年10月4日、マッカーサー連合国軍総司令官が日本の民主化のために憲法の改正が必要であるとの考えを当時の東久邇宮内閣の国務大臣近衛文麿に示唆したことから、内大臣府が近衛と佐々木惣一に憲法改正の要否についての考査にあたらせることになり、両人は憲法の全面改正の必要を答申した（しかし、これらの答申は、間もなく内大臣府が廃止されたため、宙に浮いてしまった）。これとは別に、マッカーサーは、10月11日、新しく就任した幣原喜重郎首相にも憲法改正の必要を示唆したため、政府は、10月25日、松本烝治国務大臣を委員長とする憲法問題調査委員会を発足させ、憲法改正案の作成に取り組ませることとした。翌昭和21［1946］年1月、松本草案（甲案と乙案）が作成され、閣議で検討され始めたが、たまたま、その内容を知った総司令部は、両案についていたく失望し、自ら憲法改正の作業に乗り出すこととなった。まず、2月4日にマッカーサー元帥がじきじきに指示したとされるいわゆるマッカーサー3原則、すなわち、①元首としての天皇制の維持、②戦争の放棄と戦力の不保持、③封建制度の廃止、の3点に基づき、総司令部民政局が急遽秘密裏に憲法草案（マッカーサー草案）を作成し、2月15日、ホイットニー局長がそれを直接日本政府に手交した。総司令部がこのように改正を急いだのは、2月26日に予定されていた日本占領の最高管理機関となる極東委員会が発足する前に、憲法改正という既成事実を作っておきたかったからである（しかし、極東委員会は発足したものの、アメリカの反対で、占領の最高管理機関としての機能は骨抜きとなった）。松本草案が統治権の総攬（そうらん）者としての天皇の地位に変更を加えないなど明治憲法の抜本的改正を必要としていないのに対し、マッカーサー草案は天皇を象徴とするなど国体に重大な変更を加えるものであった。このため、政府は、総司令部に再考を求めたが容れられなかったため、結局、同草案を採択することとし、一院制を二院制にするなど若干の修正を加えただけで、3月6日、同草案どおりのものを憲法改正草案要綱として発表した。この要綱は平仮名、口語体に書き改められたうえ憲法改正草案として、枢密院に諮詢され、6月8日に可決されたあと、第90帝国議会に付議された。この案は、衆議院が若干の修正を行っただけで、8月24日に可決し、貴族院も「文民条項」の挿入などの修正を加えただけで10月6日に可決したため、帝国議会を通過した。このあと、同案は、再度枢密院に諮詢され、10月29日に可決されると、天皇の裁可を得て、11月3日に日本国憲法として公布され、6か月あとの昭和22〔1947〕年5月3日に施行されるに至った。

3　日本国憲法の基本原則

(1)　国民主権と天皇の地位の非政治化

日本国憲法前文1項および1条は、主権が国民に存すると規定している。主権といっても国家の独立性（前文3項）、国の統治権（ポツダム宣言8項）などいろいろな意味に用いられるが、前文1項および1条に用いられている主権とは、それらと異なり、国家意思を最終的に決定する権力、すなわち、憲法制定権力を指すものである。前文1項および1条の規定により、憲法制定権力が国民に存するとされた結果、天皇の地位に重大な変化が生じたことはいうまでもない。

①　**天皇の地位**　日本国憲法下においては、天皇はもはや元首でもなければ統治権の総攬（そうらん）者でもない。この点、日本国憲法1条は、「天皇は、日本国の象徴であり日本国民統合の象徴であつて、この地位は、主権の存する日本国民の総意に基く」と定めている。この象徴という地位は法的用語としては、はなはだ不明確かつあいまいであり、そのため文学的表現であると評されてきた。西ヨーロッパにおいては、今日でも、なお若干の国が立憲君主制をとっており、そこでは、君主は憲法上いぜんとして国の元首であるばかりでなく、統治権の総攬（そうらん）者とされている。しかしながら、それはあくまでもたてまえに過ぎず、実際には、はやくから「君臨すれども統治せず」の政治的慣行が確立し、君主は政治の実際には関わっていない。その意味では、それらの君主も、実質的には

象徴に過ぎない。もともと、君主の地位には、憲法に明示されていなくとも国の象徴という特性が付随している。ただ、わが国の憲法では、天皇はたてまえのうえでも元首ではなく、統治権の総攬（そうらん）者でもなくなったため、天皇の存続を認めるためには、とくに「日本国および日本国民統合の象徴」という位置づけをせざるをえなかったのであろう。このような天皇の地位というものは、法理的にはあいまいであるが、わが国固有の歴史、文化、さらには、国民を主権者としながらも、なお天皇の存続を求める国民感情によってしか説明しえない。

なお、皇位は世襲とされ（2条）、皇位の継承も「皇統に属する男系の男子」（皇室典範1条）に限られている。世襲的な貴族制の廃止や性別による差別を禁じた憲法14条の趣旨から見ると不合理に思えるが、これは憲法自身の定めた例外であり、したがって、違憲とはいえない。

次いで、その地位との関係で天皇の法的責任が問題となる。明治憲法においては、「天皇ハ神聖ニシテ侵スヘカラス」（3条）と定められていたため、天皇は法的責任をいっさい負わなかった。これは天皇無答責の原則といわれた。しかし、国民主権主義を基本原理とする日本国憲法のもとにおいては、そのような規定はない。とはいえ、憲法が天皇に象徴という特別な地位を与えた以上、少なくとも天皇を刑事被告人の座につけることは相当ではない。ただ、民事責任については、学説は対立するが、象徴であるということを理由として免責を求めることはできないとする説が有力である。判例は、象徴である天皇には民事裁判権は及ばず、したがって、天皇を被告として訴えを提起することはできないとしている（最判平成1・11・20民集43巻10号1160頁）。

② **国事行為と内閣の助言と承認**　日本国憲法は、天皇を象徴と規定すると同時に、その非政治化・非権力化を定めている。まず、憲法4条は、「天皇は、この憲法の定める国事に関する行為のみを行ひ、国政に関する権能を有しない」と定め、さらに、同3条は、「天皇の国事に関するすべての行為には、内閣の助言と承認を必要とし、内閣が、その責任を負ふ」と規定している。天皇は、憲法に定められた一定の国事行事しか行わないが、そのような国事行為を行うに際しても、天皇は内閣の助言と承認を必要とする。このように、天皇は儀礼的、形式的な行為しか行うことができず、政治的行為はいっさい行えないのである。その代わり、天皇は政治上の責任は負わず、「助言と承認」という

形で実質的に決定を行った内閣がいっさいの責任を負う。

憲法に定められた天皇の国事行為としては、次のようなものがある。

(a) **内閣総理大臣の任命**　憲法6条1項は、「天皇は、国会の指名に基いて、内閣総理大臣を任命する」と規定している。天皇は、国会が国会議員の中から指名した人を総理大臣として形式的・儀礼的に任命するに過ぎない。

(b) **最高裁判所長官の任命**　憲法6条2項は、「天皇は、内閣の指名に基いて、最高裁判所の長たる裁判官を任命する」と定めている。この場合も、天皇の任命が形式的・儀礼的なものであることはいうまでもない。

(c) **その他の国事行為**　憲法7条は、「天皇は、内閣の助言と承認により、国民のために、左の国事に関する行為を行ふ」と定め、①憲法改正、法律、政令および条約の公布、②国会の召集、③衆議院の解散、④国会議員の総選挙の施行の公示、⑤国務大臣、法律で定めるその他の官吏の任免、全権委任状および大使、公使の信任状の認証、⑥大赦、特赦、減刑、刑の執行の免除および復権の認証、⑦栄典の授与、⑧批准書および法律の定めるその他の外交文書の認証、⑨外国の大使、公使の接受、⑩儀式の挙行、の10項目の国事行為を列記している。

(2) 平和主義と戦争の放棄

日本国憲法は、その前文において、まず、「日本国民は、……政府の行為によつて再び戦争の惨禍が起こることのないやうにすることを決意し、……この憲法を確定する」（1項）と述べ、不戦の宣言をしている。また、わが国の国民の安全と生存の保持の方法について、憲法は、「日本国民は、恒久の平和を念願し、人間相互の関係を支配する崇高な理想を深く自覚するのであつて、平和を愛する諸国民の公正と信義に信頼して、われらの安全と生存を保持しようと決意した」（前文2項前段）と規定している。ついで、憲法は、「われらは、平和を維持し、専制と隷従、圧迫と偏狭を地上から永遠に除去しようと努めてゐる国際社会において、名誉ある地位を占めたいと思ふ」（前文2項中段）と述べ、積極的に平和実現のための努力をすることを高らかに宣言している。憲法は、さらに、「全世界の国民が、ひとしく恐怖と欠乏から免かれ、平和のうちに生存する権利を有することを確認する」（前文2項後段）と述べ、全人類のための普遍的な平和的生存権の保障をうたっている。

① **戦争の放棄**　憲法前文でうたわれた平和主義の原則を具体的に実現するものとして、憲法は、その９条において、戦争の放棄を定めている。同条は、まず、その１項で、「日本国民は、正義と秩序を基調とする国際平和を誠実に希求し、国権の発動たる戦争と、武力による威嚇又は武力の行使は、国際紛争を解決する手段としては、永久にこれを放棄する」と定め、さらに、２項において、「前項の目的を達するため、陸海空軍その他の戦力は、これを保持しない。国の交戦権は、これを認めない」と規定している。日本国憲法が制定された当時、政府は、９条は自衛のための戦力も認めていないと繰り返し言明し、この点こそ世界に誇りうるものであるとしていた。たしかに、国家が侵略戦争を放棄した事例は古くから見られるし、今日ではめずらしいことではない。たとえば、1791年のフランス憲法は、「フランス国民は、征服の目的をもっていかなる国民の自由に対しても、決してその武力を行使しない」（６編１条）と規定し、1848年のフランス憲法も、その前文で、同趣旨のことを定めている。また、1891年のブラジル憲法も、「ブラジル合衆国は、いかなる場合にも、直接的にせよ、間接的にせよ、単独にせよ、あるいは他国との同盟によるにせよ、いっさいの征服戦争に参加しない」（88条）と規定している。さらに、1928年に締結されたいわゆる「不戦条約」も、自衛と制裁のため以外のいっさいの戦争および武力の行使を禁止している。その他、戦前および戦後に制定された多くの憲法が戦争の放棄を定めているが、それらが放棄している戦争はいずれも、侵略戦争であり、自衛と制裁の戦争ではない。

９条の放棄した戦争が侵略戦争のみか、それとも自衛戦争も含むかについて学説上争いがある。通説は、９条が戦争を「国際紛争を解決する手段としては」永久に放棄すると定めている以上、自衛戦争ないし自衛権は放棄されていないとの立場をとるのに対し、反対説は、自衛戦争と侵略戦争の区別がつきにくいこと、自衛戦争の場合にもその前提として何らかの国際紛争が存在すること、さらに、歴史上ほとんどの戦争が自衛の名のもとに行われてきたことなどを理由に、自衛戦争も、「国際紛争を解決する手段」としての戦争に含まれ、したがって、放棄されていると説いている。しかしながら、「国際紛争を解決する手段」としての戦争という表現が、1928年の不戦条約やその影響を受けて制定された諸国の憲法の条規の中にみられ、それには自衛戦争は含まれないと一般に解されてきたことから見て、「国際紛争を解決する手段」としての戦争は、国策を遂行するための侵略戦争と見るのが妥当であろう。とすれば、9条1項の放棄する戦争は、侵略戦争であり、少なくとも自衛戦争ないし自衛権は放棄されていないと解するのが妥当である。

② **戦力の不保持と交戦権の否認**　かように、自衛戦争は放棄されていないのであるが、だからといって、自衛のための戦力が持てるとなると、それが侵略に用いられないという保障はない。このため、憲法は、9条2項によって、戦力を保持しないと定め、国の交戦権は認めないとしている。交戦権とは、公海において中立国の船舶を臨検したり拿捕(だほ)したりする権利、敵国民およびその財産に対して一定の強制処置をとる権利など、交戦国が戦争に際して国際法上認められている権利をいう。

自衛隊の合憲性に関する最高裁の判例はまだ出ていないが、自衛隊は9条2項の「戦力」にあたり違憲であるから、その違憲の自衛隊の基地を作るための保安林の指定を解除したのは違法であるとした地裁判決（札幌地判昭和48・9・7）がある。もっとも、この事件の控訴審判決の中で、高裁は、傍論としてではあるが、自衛隊が違憲か合憲かという問題は、「高度に政治的な問題」であり、裁判所の判断にはなじまないと述べている（札幌高判昭和51・8・5）。最高裁もそれを認めている（⑱ **平和主義** の章を参照）。

(3) 基本的人権尊重主義

前述のように、明治憲法のもとにおいては、権利はすべて、「法律に反しない限り」保障されるに過ぎず、信教の自由に至っては命令によっても制限しうる弱いものであった。それとは対照的に、日本国憲法は、「この憲法が国民に保障する基本的人権は、侵すことのできない永久の権利として、現在及び将来の国民に与へられる」（11条）と定め、さらに、「この憲法が日本国民に保障する基本的人権は、人類の多年にわたる自由獲得の努力の成果であつて、これらの権利は、過去幾多の試練に堪え、現在及び将来の国民に対し、侵すことのできない永久の権利として信託されたものである」（97条）と規定している。「侵すことのできない永久の権利」という表現は、1776年のアメリカ独立宣言の中の「不可譲の権利」、1789年のフランス人権宣言の中の「天賦不可侵の権利」などと同じように、抽象的かつ不確定な概念であるが、その表現の中に日本国憲法の保障する権利の絶対的性格が如実に示されている。

① **基本的人権の限界と公共の福祉**　もっとも、権利や自由が永久不可侵であるといっても、それがどのような意味においても絶対的に無制限であるというわけではない。もともと、権利とか自由というのは、他人があってはじめて意味を持つものなのである。とすれば、権利の保障も、他人の権利の尊重という前提に立ってはじめて成り立つものであることはいうまでもない。この点、フランス人権宣言も、「自由とは、他人を害しないすべてをなすことである。したがって、各人の自然的権利の行使は、社会の他の構成員に同一の権利の享受を保障するためのほかは、制限されない。この制限は、法律によってのみ定めることができる」（4条）と規定している。この規定は、権利や自由が絶対的に無制限でないことを示すものにほかならない。同じように、日本国憲法も、その12条において、「この憲法が国民に保障する自由及び権利は、……これを濫用してはならないのであつて、常に公共の福祉のためにこれを利用する責任を負ふ」と定め、また、13条においては、「生命、自由及び幸福追求に対する国民の権利については、公共の福祉に反しない限り、立法その他の国政の上で、最大の尊重を必要とする」と規定している。これらはいずれも、日本国憲法が「侵すことのできない永久の権利」として保障している権利や自由も「公共の福祉に反しない限り」保障されているということを定めた通則規定である。

ところが、日本国憲法には、これら二規定と並んで、もう二つの条規の中に、「公共の福祉」という語句が用いられている。その一つは、居住・移転・職業選択の自由を保障した22条であり、もう一つは、財産権を保障した29条である。まず、22条1項は、「何人も、公共の福祉に反しない限り、居住、移転及び職業選択の自由を有する」と定めている。また、29条2項も、「財産権の内容は、公共の福祉に適合するやうに、法律でこれを定める」と規定している。それでは、なぜ、「公共の福祉」という表現が、22条および29条の保障する規定に重ねて書かれているのであろうか。この点について、通説は、22条および29条の保障する権利は経済的活動の自由、財産権など経済上の権利であり、これらは社会国家的理念からも積極的・政策的に規制することを可能にしておく必要があるからと説いている。実質的平等の実現を目指す20世紀憲法において、経済上の権利が表現の自由など精神的自由より弱い保護しか与えられていないのは一般的に承認されていることがらである。わが国の最高裁もアメリカの「二重の基準」にならって、経済的自由については、国会が公共の福祉のため積極的・政策的に規制することを認めている（小売市場不許可事件判決［最判昭和47・11・22刑集26巻9号586頁］）。

② **公共の福祉の意味**　では、「公共の福祉」とは、一体どのようなものであろうか。ひとくちでいえば、それは個々人の利益を超えた全体の利益のことをいう。とはいっても、それは全体主義国家でいわれるような個人とかけはなれた国家とか社会の利益をいうのではなく、全体の人びとの調和的な利益のことをいう。要するに、「公共の福祉」とは、すべての人びとの利益を調和的かつ最大限に保障するためのものであり、そのためには、第一に、個々の権利の衝突を調整するための権利規制（消極的・警察規制）が必要となるし、第二に、配分的正義の見地から、富の偏在・社会的不平等を是正するための権利規制（積極的・政策的規制）をすることも必要である。このように、ひとくちに「公共の福祉」といっても、それは以上のように二つの機能を果たしているのである。

判例は、終始、「公共の福祉」を理由として、法令によって基本的人権を制限しうるとの立場をとってきたが、何が公共の福祉であるかについての明確な基準は出していない。たとえば、「国民全般の食生活その他一切の経済生活を安定確保する」という「公共の福祉」のために、食糧管理法によって主食の闇買を禁じても生存権の侵害にならない（最判昭和23・9・29刑集2巻10号1235頁）とか、「選挙の公正を期する」という「公共の福祉」のために、公職選挙法によって戸別訪問を禁止しても言論の自由の制限とはならない（最大判昭和25・9・27刑集4巻9号1799頁）とか、あるいは「自作農創設」という「公共の福祉」のために、農地の価格について特定の制限を設けても財産権の侵害とはならない（最判昭和28・12・23民集7巻13号1523頁）とか、「小売業者を保護し、社会経済の調和的発展をはかる」という「公共の福祉」のために、無許可で小売市場を建築し、譲渡または貸付を行うことを禁止しても違憲とはならない（最判昭和47・11・22刑集26巻9号586頁）などの判例がある。これらのうち前二者は、13条の「公共の福祉」による規制にあたり、後二者は、29条・22条の「公共の福祉」による規制の好例である。

4 基本的人権の私人間効力

日本国憲法は、国民に対し広汎な権利および自由を基本的人権として保障している。それらは、その性質に従って、平等権、自由権、国務請求権、参政権および社会権の五つに分けることができる。憲法の保障する権利および自由は、伝統的に国家に対する公権と考えられてきた。しかしながら、企業、労働組合など私人による権利の侵害が、国によるそれに劣らず、深刻となった現代社会においては、憲法の権利保障規定は、国家による侵害に対してのみならず、公序良俗規定（民法90条）など私法の一般条項を通じて、間接的ながら私人による侵害に対しても適用されるとする見解が通説となっている。

2　包括的人権

1　幸福追求権と自己決定権

〔解　　説〕

憲法13条は「すべて国民は、個人として尊重される。生命、自由及び幸福追求に対する国民の権利については、公共の福祉に反しない限り、立法その他の国政の上で、最大の尊重を必要とする」と規定する。その前段にいう「個人の尊重」とは、個人の平等で独立した人格価値を承認する個人主義の原理と人間の尊厳の不可侵性を意味するものと解される。また、同条後段では、生命、自由と並んで「幸福追求に対する国民の権利」が言及されている。この「幸福追求権」とは、1776年のアメリカ独立宣言が「すべての者は平等に造られ、また、ある不可譲の権利、なかんずく生命、自由そして幸福追求の権利が創造主により与えられていることは自明の真実である」と述べたことに由来する。そして、今日では、「幸福追求権」とは、憲法14条以下の個別的人権保障規定から引きだすことのできない、新しい権利・自由を根拠づけることのできる包括的人権として理解すべきと解釈されている。もっとも「幸福追求権」を、人間の生活・活動全般にわたる一般的自由を保障するものと解する説もあるが、あまりにも広範な権利概念で中身があいまいであるとの批判もある。そこで、13条前段にいう「個人の尊重」の理念ともからめて、個人の人格的生存に必要不可欠な権利を保障するものと限定的にとらえるべきとする説が有力である。

さらには、個人の人格的自律の保障にとって不可欠な権利として「自己決定権」という新しい権利概念が主張され、「一定の私的な事柄について、公権力の干渉を受けることなく自ら決定する権利」と定義される。このような「自己決定権」は、いわばあらゆる自由権の本質的内容を言い換えたにすぎないとも解しうるが、具体的には、妊娠した女性が子どもを産むか否かの決定を公権力の干渉を受けずに行うことができる権利や、人間としての尊厳を保った死に方を選択する権利などが問題となっている。

「幸福追求権」の一内容として根拠づけられる、いわゆる「プライバシーの権利」も、当初は「私生活をみだりに公開されない権利」と定義されたが、現代の高度情報化社会の進展に伴い、より能動的な「自己決定権」として、「自己に関する情報の流れを自らコントロールする権利」（自己情報コントロール権）として主張されるようになった。

2　プライバシーの権利

〔解　　説〕

プライバシーの権利が最初に主張されたのは、19世紀末のアメリカであったといわれる。当時のアメリカでは、産業革命による印刷技術の急速な発展に応じて、新聞や雑誌が大量に出版・流通されるようになり、ジャーナリズムが発達した。ところが、社会的に著名な人々の私生活上のスキャンダルを好んで取り上げるような新聞・雑誌等も現れ、そのような現象に対抗するため、彼らの私生活上の平穏を求めて、「そっとしておいてもらう権利」あるいは「一人にしておいてもらう権利」（a right to be let alone）としてプライバシーの権利が主張されたのである。

ところで、プライバシーという概念をどのように定義すべきかについては議論のあるところであるが、ここでは、「他人の評価から自由な私的領域」と定義しておきたい。それは、他人の評価を受けない、他人の評価の対象とすべきではない私的領域を意味する。そのようなプライバシーという概念は、いわば二層構造になっていて、その中核的部分には、**私生活に関する情報**（具体的には、もっとも親密な人間関係である家族関係、友人関係、恋愛関係に関する情報など）と、いわゆる**「センシティヴ情報」**（たとえば、個人の思想、宗教、身体的特徴、病歴、出身地など、みだりに公開されると社会的差別を受けるおそれのある情報）が含まれる。そして、そのような情報がみだりに公開されないよう求める権利が、すべての人に保障されていると考えられる。

さらにその周辺部分には、いわゆる**「インデックス情報」**（社会生活を営む上で必要な個人に関する情報）、たとえば、氏名、性別、生年月日、住所、電話番号などが含まれる。そして、そのような情報については、それらが扱われる具体的状況に応じて、公開するか否かについて自ら決定することができる権利（自己情報コントロール権）が個人に保障されていると解すべきである。しかしながら、この「インデックス情報」は、どのような場合に「プライバシー」として保護されるべきかが明確ではなく、ひいてはプライバシーという概念自体の外延（境界）があいまいであり、法的概念としては未成熟であるとの批判を受ける。

そこで、わが国では、プライバシーではなく、**「個人情報」**（特定の個人が識別されうる情報）という概念を用いて、それを保護するための個人情報保護法なる法制度が構築されたのである。しかしながら、「個人情報」という概念は、その中身としては、個人の識別性しかなく、特定の個人の識別につながるあらゆる情報を含むことになり、あまりにも包括的で広範な概念、いわば空疎な概念であり、しかもいかなる個人情報が法的保護の対象になるのかを判断する基準を提示しえず、そのため、現実には、個人情報はすべて公開すべきではないという過剰反応といわれるような混乱を招いている。

それに対して、プライバシーという概念の外延（境界）を画するものとして、アメリカの判例上、発展してきたのが、「公的利益の理論」と「公的存在の理論」である。

まず、**「公的利益の理論」**とは、社会の秩序、公共の利益に直接に関係する事柄は、市民の正当な関心事であり、それに対する公正な論評は表現の自由として許されるとするものである。つまり、「公共の利害に関する事実」（刑法230条の２第１項参照）であれば、個人のプライバシー権よりも表現の自由が優先する場合があることを認める理論である。たとえば、犯罪行為に関わる事実であれば、被疑者はそれを誰にも知られたくないと思うだろうが、犯罪は社会の秩序を乱す行為であり、公共の利害に関わる事実であるから、プライバシーとしては保護されず、報道の自由が優先すべきと考えられる。

次に**「公的存在の理論」**とは、公務員など公職にある者の能力や適格性に関する事項は、有権者であり納税者である市民の重大な関心事であり、それらに関する事実の公表についても、表現の自由が優先することを認める理論である。

特に、選挙によって選ばれる議員やその立候補者については、その能力や人格に対する評価は有権者である市民の重大な関心事であり、自由な論評が許されるべきである（刑法230条の2第3項参照）。また、芸能人、スポーツ選手、宗教団体の指導者等、社会的に著名な存在である者は、自らを不特定多数の人々の関心の的に置くリスクを引き受けたのであり、一般人に比べ、プライバシーとして保護される私生活の範囲は狭くならざるをえないと考えられる。

以上の理論はいずれも、プライバシーは「他人の評価から自由な私的領域」であるから、なんらかの形で公的な要素に関わる場合には、「私的領域」として法的に保護されなくなることを示している。このようにプライバシーという概念には、その本質に由来する理由から、その外延（境界）を画する理論が存在しており、決して「あいまいな」概念ではないことに注意を要する。

〔判　例〕

ノンフィクション「逆転」事件　（最三小判平成6・2・8民集48巻2号149頁）

事　実　原告Xは、昭和39［1964］年、当時アメリカの統治下にあった沖縄でアメリカ兵に対する傷害事件を起こし、陪審裁判により懲役3年の実刑判決を受けて服役した。昭和41［1966］年に仮出獄した後、上京し、昭和43［1968］年から都内のバス会社に運転手として就職した。その後、結婚し、会社にも妻にも前科を秘匿していた。上告人Yは、本件裁判の陪審員の一人であったが、その体験に基づき、昭和52［1977］年、Xの実名を使って本件著作を執筆、出版したところ、ノンフィクション作品として高い評価を受け、翌年には大宅賞を受賞した。そこで、XはYの著作により前科にかかわる事実が公表され、精神的苦痛を被ったと主張して、Yに対し、慰謝料300万円の支払いを求めて提訴した。

判　旨　ある者が刑事事件につき被疑者とされ、さらには被告人として公訴を提起されて判決を受け、とりわけ有罪判決を受け、服役したという事実は、その者の名誉あるいは信用に直接にかかわる事項であるから、その者は、みだりに右の前科等にかかわる事実を公表されないことにつき、法的保護に値する利益を有するものというべきである（最高裁昭和56年4月14日第3小法廷判決・民集35巻3号620頁参照）。この理は、右の前科等にかかわる事実の公表が公的機関によるものであっても、私人または私的団体によるものであっても変わるものではない。そして、その者が有罪判決を受けた後あるいは服役を終えた後においては、一市民として社会に復帰することが期待されるのであるから、その者は、前科等に関わる事実の公表によって、新しく形成している社会生活の平穏を害されその更生を妨げられない利益を有するというべきである。

もっとも、ある者の前科等にかかわる事実は、他面、それが刑事事件ないし刑事裁判という社会一般の関心あるいは批判の対象となるべき事項にかかわるものであるから、事件それ自体を公表することに歴史的又は社会的な意義が認められるような場合には、事件の当事者についても、その実名を明らかにすることが許されないとはいえない。また、その者の社会的活動の性質あるいはこれを通じて社会に及ぼす影響力の程度などのいかんによっては、その社会的活動に対する批判あるいは評価の一資料として、右の前科等にかかわる事実が公表されることを受忍しなければならない場合もあるといわなければならない（最高裁昭和56年4月16日第1小法廷判決・刑集35巻3号84頁参照）。さらにまた、その者が選挙によって選出される公職にある者あるいはその候補者など、社会一般の正当な関心の対象となる公的立場にある人物である場合には、その者が公職にあることの適否などの判断の一資料として右の前科等に関わる事実が公表されたときは、これを違法というべきものではない（最高裁昭和41年6月23日第1小法廷判決・民集20巻5号1118頁参照）。

そして、ある者の前科等に関わる事実が実名を使用して著作物で公表された場合に、以上の諸点を判断するためには、その著作物の目的、性格等に照らし、実名を使用することの意義及び必要性をあわせ考えることを要するというべきである。

そこで、以上の見地から本件をみると、まず、本件事件および本件裁判から本件著作が刊行されるまでに12年余の歳月を経過しているが、その間、被上告人が社会復帰に努め、新たな生活環境を形成していた事実に照らせば、被上告人は、その前科に関わる事実を公表されないことにつき法的保護に値する利益を有していたことは明らかであるといわなければならない。しかも、被上告人は、地元を離れて大都会の中で無名の一市民として生活していたのであって、公的立場にある人物のようにその社会的活動に対する批判ないし評価の一資料として前科に関わる事実の公表を受忍しなければならない場合ではない。

所論は、本件著作は、陪審制度の長所ないし民主的な意義を訴え、当時のアメリカ合衆国の沖縄統治の実態を明らかにしようとすることを目的としたものであり、そのために本件事件ないしは本件裁判の内容を正確に記述する必要があったというが、その目的を考慮しても、本件事件の当事者である被上告人について、その実名を明らかにする必要があったとは解されない。

以上を総合して考慮すれば、本件著作が刊行された当時、被上告人は、その前科に関わる事実を公表されないことにつき法的保護に値する利益を有していたところ、本件著作において、上告人が被上告人の実名を使用して右の事実を公表したことを正当とするまでの理由はないといわなければならない。そして、上告人が本件著作で被上告人の実名を使用すれば、その前科に関わる事実を公表する結果になることは必至であって、実名使用の是非を上告人が判断し得なかったものとは解されないから、上告人は、被上告人に対する不法行為責任を免れないものというべきである。

コメント　本件の中心的争点は、前科（犯罪歴）の公表がプライバシー権の侵害となるかどうかであった。これに対して、最高裁は、いわゆる前科照会事件判決（最三小判昭和56・4・14民集35巻3号620頁）を引用しつつ、みだりに前科等に関わる事実を公表されないことは、法的保護に値する利益というべきであるとしたが、「プライバシー」として保護されるべきとは述べていないことに注意を要する。前述のように、犯罪は社会の秩序を乱す行為であり、公共の利害に関わる事実であるから、プライバシーとしては保護されず、表現の自由が優先すべきと考えられるからである。もっとも、最高裁は「服役を終えた後においては、一市民として社会に復帰することが期待されるのであるから、その者は、前科等にかかわる事実の公表によって、新しく形成している社会生活の平穏を害されその更生を妨げられない利益を有するというべきである」とする。

しかし、そのような場合でも前科の公表が違法とされない場合として、①歴史的または社会的意義が認められる事件である場合、②その者の社会的活動の性質あるいはこれを通じて社会に及ぼす影響力の程度などから社会一般の正当な関心の対象となる立場にある人物である場合、③選挙によって選出される公職にある者あるいはその候補者など公的立場にある人物である場合、をあげているのは、表現の自由との調整を図ってのことである。

〔判　　例〕

早稲田大学江沢民講演会事件　（最二小判平成15・9・12民集57巻8号973頁）

事　　実　早稲田大学は中国の江沢民国家主席（当時）を招いて講演会を企画し、参加を希望する学生に対し、参加者名簿に、学籍番号、氏名、住所及び電話番号の記入を求め、参加証を交付した。その後、警視庁から、警備のため、本件講演会に出席する者の名簿を提出するよう要請されたのに対し、大学は本件講演会の警備を警察にゆだねるため、本件名簿を提出することとした。上告人らは、本件講演会に参加したが、江主席の講演中に座席から立ち上がって「中国の核軍拡反対」と大声で叫ぶなどしたため、私服の警察官らにより、身体を拘束されて会場の外に連れ出され、建造物侵入及び威力業務妨害の嫌疑により現行犯逮捕された。その後、上告人らは、本件講演会を妨害したことを理由として早稲田大学からけん責処分に付された。本件は、上告人らが、被上告人に対し、違法な逮捕に協力し無効なけん責処分をしたことを理由とする損害賠償、同処分の無効確認並びに謝罪文の交付及び掲示を求めるとともに、被上告人が上告人らを含む本件講演会参加申込者の氏名等が記載された本件名簿の写しを無断で警視庁に提出したことが、上告人らのプライバシーを侵害したものであるとして、損害賠償を求めた事案である。原審は、同大学が本件個人情報を開示することについて、事前に上告人らの同意ないし許諾を得ていないとしても、同大学が本件個人情報を開示したことは、社会通念上許容される程度を逸脱した違法なものであるとまで認めることはできず、その開示が上告人らに対し不法行為を構成するものと認めることはできないとして、請求を棄却した。

判　　旨　破棄差戻し

①　本件個人情報は、早稲田大学が重要な外国国賓講演会への出席希望者をあらかじめ把握するため学生に提供を求めたものであるところ、学籍番号、氏名、住所及び電話番号は、

早稲田大学が個人識別等を行うための単純な情報であって、その限りにおいては、秘匿されるべき必要性が必ずしも高いものではない。また、本件講演会に参加を申し込んだ学生であることも同断である。しかし、このような個人情報についても、本人が、自己が欲しない他者にはみだりにこれを開示されたくないと考えることは自然なことであり、そのことへの期待は保護されるべきものであるから、本件個人情報は、上告人らのプライバシーに係る情報として法的保護の対象となるというべきである。

② このようなプライバシーに係る情報は、取扱い方によっては、個人の人格的な権利利益を損なうおそれのあるものであるから、慎重に取り扱われる必要がある。本件講演会の主催者として参加者を募る際に上告人らの本件個人情報を収集した早稲田大学は、上告人らの意思に基づかずにみだりにこれを他者に開示することは許されないというべきであるところ、同大学が本件個人情報を警察に開示することをあらかじめ明示した上で本件講演会参加希望者に本件名簿へ記入させるなどして開示について承諾を求めることは容易であったものと考えられ、それが困難であった特別の事情がうかがわれない本件においては、本件個人情報を開示することについて上告人らの同意を得る手続をとることなく、上告人らに無断で本件個人情報を警察に開示した同大学の行為は、上告人らが任意に提供したプライバシーに係る情報の適切な管理についての合理的な期待を裏切るものであり、上告人らのプライバシーを侵害するものとして不法行為を構成するというべきである。原判決の説示する本件個人情報の秘匿性の程度、開示による具体的な不利益の不存在、開示の目的の正当性と必要性などの事情は、上記結論を左右するにたりない。

以上のとおり、原審の前記判断には、判決に影響を及ぼすことが明らかな法令の違反があり、論旨は理由がある。原判決中プライバシーの侵害を理由とする損害賠償請求に関する部分は破棄を免れない。そして、同部分について更に審理判断させる必要があるから、本件を原審に差し戻すこととする。

亀山、梶谷両裁判官の反対意見

本件個人情報は、プライバシーに係る情報であっても、もっぱら個人の内面に関わるものなど他者に対して完全に秘匿されるべき性質のものではなく、上告人らが社会生活を送る必要上自ら明らかにした情報や単純な個人識別情報であって、その性質上、他者に知られたくないと感じる程度が低いものである。また、本件名簿は、本件講演会の参加者を具体的に把握し、本件講演会の管理運営を円滑に行うために作成されたものである。

他方、本件講演会は、国賓である中華人民共和国国家主席の講演会であり、その警備の必要性は極めて高いものであったのであるから、その警備を担当する警視庁からの要請に応じて早稲田大学が本件名簿の写しを警視庁に交付したことには、正当な理由があったというべきである。また、早稲田大学が本件個人情報を開示した相手方や開示の方法等をみても、それらは、本件講演会の主催者として講演者の警護等に万全を期すという目的に沿うものであり、上記開示によって上告人らに実質的な不利益が生じたこともうかがわれない。

これらの事情を考慮すると、早稲田大学が本件個人情報を警察に開示したことは、あらかじめ上告人らの同意を得る手続を執らなかった点で配慮を欠く面があったとしても、社会通念上許容される限度を逸脱した違法な行為であるとまでいうことはできず、上告人らに対する不法行為を構成するものと認めることはできない。

コメント 本件では、講演会参加希望者の学籍番号、氏名、住所および電話番号といった、いわゆる「インデックス情報」(社会生活を営む上で必要な個人に関する情報)を本人に無断で第三者に提供したことが、プライバシーの侵害になるかどうかが争われている。この点につき、2人の裁判官による反対意見は、「本件個人情報は、プライバシーに係る情報であっても、専ら個人の内面にかかわるものなど他者に対して完全に秘匿されるべき性質のものではなく、上告人らが社会生活を送る必要上自ら明らかにした情報や単純な個人識別情報であって、その性質上、他者に知られたくないと感じる程度が低いものである」とし、他方で、「本件講演会は、国賓である中華人民共和国国家主席の講演会であり、その警備の必要性は極めて高いものであったのであるから、その警備を担当する警視庁からの要請に応じて早稲田大学が本件名簿の写しを警視庁に交付したことには、正当な理由があった」というべきであり、「早稲田大学が本件個人情報を警察に開示したことは、あらかじめ上告人らの同意を得る手続を執らなかった点で配慮を欠く面があったとしても、社会通念上許容される限度を逸脱した違法な行為であるとまでいうことはでき」ないとした。

これに対し、3人の裁判官による多数意見は、本件個人情報について、「個人識別等を行うための単純な情報であって、その限りにおいては、秘匿されるべき必要性が必ずしも高いものではない」が、「このような個人情報についても、本人が、自己が欲しない他者にはみだりにこれを開示されたくないと考えることは自然なことであり、そのことへの期待は保護されるべきものであるから、本件個人情報は、上告人らのプライバシーに係る情報として法的保護の対象となるというべきである」とした。多数意見のプライバシー権のとらえ方は、いわゆる自己情報コントロール権(自己に関する情報を公開するか否かについて自ら決定することができる権利)としてのより積極的な内容の権利を前提にしており、それゆえに本人の同意なしの第三者への提供がそのような権利の侵害として違法とされたのである。この多数意見の立場は、まさに本判決の直前に成立した「個人情報の保護に関する法律」の23条が、本人の同意を得ないで個人情報を第三者に提供することを原則として禁止している趣旨に合致するものといえよう。

〔判　　例〕

住民基本台帳ネットワーク事件　（大阪高判平成18・11・30判時1962号11頁）

事　　実　住民基本台帳ネットワーク（以下、「住基ネット」と略する。）とは、すべての住民に11けたの住民票コード番号を割り振り、住所、氏名、性別、生年月日の４項目の本人確認情報を、住民基本台帳を管理する市町村の枠を超えて国や都道府県の事務処理のためにも利用できるようにするためのネットワーク・システムのことであり、平成14［2002］年８月に導入された。

これに対し、大阪府下の豊中市はじめ５市の住民である原告らは、このような住基ネットにより、同意を得ることなく原告らの個人情報を流通・提供・利用することは、憲法13条により保障されているプライバシー権としての自己情報コントロール権を侵害するものであり、それにより精神的苦痛を被ったと主張し、５市を被告として、損害賠償、住民票コードの削除、本人確認情報の知事への通知の差止め等を求めて提訴した。１審の大阪地裁は請求を棄却したので、さらに控訴した事案である。

判　　旨　①　個人の人格の尊厳は近代民主主義思想の根底をなすものであり、憲法13条は、そのような個人の尊重、その生命・自由及び幸福追求という個人の人格的生存に不可欠の権利を宣明し、公共の福祉の実現を任務とする国家も、これらの権利に最大の尊重を払うべきことを要求している。他人からみだりに自己の私的な事柄についての情報を取得されたり、他人に自己の私的な事柄をみだりに第三者に公表されたり利用されたりしない私生活上の自由としてのプライバシーの権利は、人の人格的自律ないし私生活上の平穏の維持にきわめて重要なものというべきであるから、いわゆる人格権の一内容として、憲法13条によって保障されているものと解するのが相当である。

自己の私的事柄に関する情報（個人情報）が、自己の知らないうちに、他者によって勝手に収集、利用されるということが行われれば、民主主義社会における自己責任による行動の自由（人格的自律）や私生活上の平穏が脅かされることになる。他方、社会の変化に伴い個人情報の取り扱われ方は変化していく。とりわけ、情報通信技術が急速に進歩し、情報化社会が進展している今日においては、コンピュータによる膨大な量の情報の収集、保存、加工、伝達が可能となり、また、インターネット等によって多数のコンピュータのネットワーク化が可能となり、人は自己の個人情報が他者によってどのように収集、利用等されるかについて予見、認識することが極めて困難となっている。このような社会においては、プライバシーの権利の保障、それによる人格的自律と私生活上の平穏の確保を実効的なものにするためには、自己のプライバシーに属する情報の取扱い方を自分自身で決定するということが極めて重要になってきており、その必要性は社会において広く認識されてきているといえる。今日の社会にあって、自己のプライバシー情報の取扱いについて自己決定する利益（自己情報コントロール権）は、憲法上保障されているプライバシーの権利の重要な一内容となっているものと解するのが相当である。

もっとも、プライバシーに属する情報といっても、その中には、思想、信条、宗教などといった、人の人格的自律ないし評価に直接関わり、一般に秘匿の要請が高度な情報（固有情報）

もあれば、そうでないもの（外延情報）もあり、特に後者に属する情報の内容や秘匿性の程度については明らでないところがあるが、それは今後の具体的な事例の積み重ねによって自ずと明らかになっていくものであり、現在それが明確になっていないからといって、自己情報コントロール権自体を認めるべきではないとは解されない。

② 一般的には秘匿の必要性の高くない４情報や数字の羅列にすぎない住民票コードについても、その取扱い方によっては、情報主体たる個人の合理的期待に反してその私生活上の自由を脅かす危険を生ずることがあるから、本人確認情報は、いずれもプライバシーにかかる情報として、法的保護の対象となり、自己情報コントロール権の対象となるというべきである。

もっとも、プライバシーにかかる情報の中にも、思想、信条等の人格的自律に直接関わるような秘匿の必要性の高い情報（固有情報）もあれば、そこまでの秘匿の必要はない情報（外延情報）もあることは上述のとおりであり、それらの保護の必要性が一様のものであるとは考え難い。特に、本人確認情報は、公権力との関係でみれば、他の地方公共団体や行政機関において行政目的実現のために必要な範囲で個人識別情報として収集、保有、利用等する必要のある場合があることはいうまでもないことである（住基法１条もそれを予定している。）。このような個人識別情報としての本人確認情報の性質を考慮すれば、その収集、保有、利用等については、〔1〕それを行う正当な行政目的があり、それらが当該行政目的実現のために必要であり、かつ、〔2〕その実現手段として合理的なものである場合には、本人確認情報の性質に基づく自己情報コントロール権の内在的制約により（もしくは、公共の福祉による制約により）、原則として自己情報コントロール権を侵害するものではないと解するのが相当である。しかし、本人確認情報の漏えいや目的外利用などによる、住民のプライバシーないし私生活上の平穏が侵害される具体的危険がある場合には、上記〔2〕の実現手段として合理性がないものとして、自己情報コントロール権を侵害することになり、住基ネットによる当該本人確認情報の利用の差止めをすべき場合も生じるものと解される。

③ 住基ネット制度には個人情報保護対策の点で無視できない欠陥があるといわざるを得ず、行政機関において、住民個々人の個人情報が住民票コードを付されて集積され、それがデータマッチングや名寄せされ、住民個々人の多くのプライバシー情報が、本人の予期しない時に予期しない範囲で行政機関に保有され、利用される危険が相当あるものと認められる。そして、その危険を生じさせている原因は、主として住基ネット制度自体の欠陥にあるものということができ、そうである以上、上記の危険は、抽象的な域を超えて具体的な域に達しているものと評価することができ、住民がそのような事態が生ずる具体的な危険があるとの懸念を抱くことも無理もない状況が生じているというべきである。したがって、住基ネットは、その行政目的実現手段として合理性を有しないものといわざるを得ず、その運用に同意しない控訴人らに対して住基ネットの運用をすることは、その控訴人らの人格的自律を著しく脅かすものであり、住基ネットの行政目的の正当性やその必要性が認められることを考慮しても、控訴人らのプライバシー権（自己情報コントロール権）を著しく侵害するものというべきである。

控訴人らは、住基ネット全体の運用の停止を求めているのではなく、住基ネットからの離脱を求めているにすぎないところ、住基ネットは全住民を対象として構想、構築されていることから、一部の者の離脱を認める場合には、住基ネットの目的の完全な達成が阻害されることになり、また、離脱者の把握のためのコストが必要となることになるということはいえるが（もっとも、それらがどの程度のものであるかは明らかでない。）住基ネットの運用により、住民票コードをもって行政機関に保有されている多くの個人情報がデータマッチングや名寄せされて利用される具体的危険がある（民間においてもそのような事態が生じる危険がある。）状態は、住基ネットを利用する住民の人格的自律を著しく脅かす危険をもたらしているものといえるのであり、個人の人格的自律の尊重の要請は、個人にとってだけでなく、社会全体にとっても重要なものであることも合わせ考慮すれば、控訴人らが住基ネットから離脱することにより生ずる上記障害等を回避する利益が、控訴人らの自己情報コントロール権により保護される人格的利益に優先するものとは考え難い。

そうであれば、明示的に住基ネットの運用を拒否している控訴人らについて住基ネットを運用すること（改正法を適用すること）は、控訴人らに保障されているプライバシー権（自己情報コントロール権）を侵害するものであり、憲法13条に違反するものといわざるを得ない。

コメント　上記**判旨**①では、情報化社会における自己情報コントロール権としてのプライバシー権の意義が説得力をもって説明されており、さらに本件で問題となっている住所、氏名、性別、生年月日等は、一般的には秘匿の必要性の高くない個人に関する情報にすぎないとしても、「その取扱い方によっては、情報主体たる個人の合理的期待に反してその私生活上の自由を脅かす危険を生ずることがあるから、本人確認情報は、いずれもプライバシーに係る情報として、法的保護の対象となり自己情報コントロール権の対象となるというべきである」と、前掲の早稲田大学江沢民講演会事件（最二小判平成15・9・12）を引用しつつ述べている。その上で、**判旨**③では、住基ネット制度自体の欠陥を指摘して、住基ネットの運用により、住民票コードをもって行政機関に保有されている多くの個人情報がデータマッチングや名寄せされて利用される具体的危険があるとの結論を導き出している。具体的には、①改正住民基本台帳法が定める住民票コードの民間利用の禁止や不必要な収集禁止の実効性は疑わしい、②同法上「相当な理由のあるとき」は、本人の同意がなくとも、目的外の利用や提供が可能とされており、行政の裁量が広すぎる、③住基ネットの運用について中立的な立場から監視する第三者機関が置かれていないなどの点が欠陥として指摘されている。同判決は、金沢地裁判決（金沢地判平成17・5・30判時1934号3頁）に次いで、住基ネットを違憲としたもので注目を集めたが、その上告審の最高裁判決（最一小判平成20・3・6民集62巻3号665頁）は、「住基ネットによって管理、利用等される本人確認情報は、……人が社会生活を営む上で一定の範囲の他者には当然開示されることが予定されている個人識別情報であり、……個人の内面に関わるような秘匿性の高い情報とはいえない」点を強調した上で、「住基ネットにシステム技術上又は法制度上の不備があり、そのために本人確認情報が法令等の根拠に基づかずに又は正当な行政目的の範囲を逸脱して第三者に開示又は公表される具体的な危険が生じているということもできない」と判示した。

この判決は、その後のマイナンバー（個人番号）制度の創設にも大きな影響を与えた。マイナンバーとは、日本に住民票を有するすべての者（外国人も含む）に割り当てられた12桁の番号である。マイナンバーは、社会保障、税、災害対策の３分野で、法令で定められた手続のために、国や地方公共団体、勤務先、金融機関、年金・医療保険者などに提供され、複数の機関に存在する個人情報が同一人の情報であることを確認するために活用される。マイナンバーの提供を受けた者は、関連法令で定められた目的以外にマイナンバーを利用することはできない。また、他人のマイナンバーを不正に入手したり、マイナンバーや個人の秘密が記録された個人情報ファイルを他人に不当に提供したりすると、厳しい罰則が科せられる。さらに、個人情報保護委員会という第三者機関が創設され、マイナンバーが適切に管理されているか監視・監督を行っている。最後に、システム運用面での保護措置として、個人情報を一元管理するのではなく、従来どおり、年金の情報は年金事務所、地方税の情報は市区町村といったように分散して管理していること、行政機関の間で情報のやりとりをするときも、マイナンバーを直接使わず、専用の符号を用いるようにしていること、システムにアクセスできる人を制限するとともに、通信の際には暗号化を行っていることなどが指摘できる。こうして、現在のマイナンバー制度では、データマッチングや名寄せがなされる可能性はなくなり、個人情報の保護が図られるようになったのである。

3　法の下の平等

1　「法の下の平等」の意味

(1)　平等原則と平等権

憲法14条1項前段にいう「法の下の平等」の意味をめぐっては、法はすべての個人を平等に扱わねばならないとする原則が規定されていると解すべきか（平等原則の保障）、あるいは、法によって平等に扱われることを求める権利が個人に保障されているものと解すべきか（平等権の保障）をめぐる論争がある。平等権の保障と捉える立場は、権利のほうが原則よりも憲法上の保護が強いと主張するが、平等権という権利概念自体の中身があいまいだと批判される。平等という概念は、比較を前提としており、それ自体に一定の実体的内容をもたず、むしろ平等権の侵害は、憲法が保障する他の個別的人権の侵害として捉え直すことができるとも主張される。つまり、人権侵害を争う裁判において、通常、原告は、ある特定の権利が不当に侵害されたと主張するが、それと同時に、自分の権利だけが不平等に侵害されたと主張する（平等原則違反）こともできる。その意味では、憲法14条は平等原則を保障したものと解するほうがより人権保障に資するのではないだろうか。

(2)　立法者非拘束説と立法者拘束説、絶対的平等と相対的平等

ところで、法はすべての個人を平等に扱わねばならないとする平等原則については、それが立法者（議会）を拘束するか否かという観点から議論されてきた。換言すれば、法がすべての者に平等に適用されることが求められているのか、それともそれにとどまらず、法の内容においてもすべての者を等しく扱うことを要するのかが論じられた。いわゆる立法者非拘束説は、すべての者を法

律上等しく扱うべきことに一切の例外を認めない絶対的平等観に立ち、そのような平等の実現を法の適用面に限定する。この立場の背景には、法律を「国民の多数意思を表わしたもの」と捉え、それによって国民の権利が保障されると考える、立法者としての議会に対する厚い信頼があった。

しかし、法律が憲法に違反するか否かを裁判所が最終的に判断する司法審査制を採用し（81条）、憲法の実質的最高法規性を確保しようとする日本国憲法の下では（98条）、もはやこの立場は妥当しない。それゆえ、通説・判例は、個人を等しく扱わないことに合理的根拠があれば、それを許容する相対的平等観に立った上で、そのような平等原則は、立法者（議会）を拘束し、法の適用面のみならず、法の内容においても妥当すべきとの立場を採る（立法者拘束説）。

2　憲法14条１項後段が列挙する差別禁止事由の意味

憲法14条１項後段は「人種、信条、性別、社会的身分又は門地により、……差別されない」と規定する。これらの列挙事由については、単なる例示に過ぎず、それら以外の事由による差別もそれを正当化する合理的根拠が認められないならば、不合理な差別として禁止されると解するのが、通説・判例の立場である（例示説）。これに対して、これら列挙事由による差別は、歴史上、不合理な差別の典型例であり、それらに基づく法的区分は不合理なものと推定され、「疑わしい分類」として厳格な司法審査に服さしめるべきであるとする学説が有力に主張されている（次項参照）。

3　平等原則の下での司法審査基準

ある法律が個人を不利に扱っている場合に、それが憲法上の平等原則に違反するか否かを裁判所はどのように判断するのかが、ここでの問題である。

判例は、当該法律上の異なる取扱いに合理的根拠があるか否かを検討するという審査方法をとる。その際に、裁判所は、二つの次元で合理性の審査を行う。まず、異なる取扱いをした目的が、個人の尊厳と人格価値の平等という民主主義の根本理念に反しないかが検討される。そして、その目的が正当なものと認められたならば、次に、その目的とその達成手段としての異なる取扱いとの間の合理的関連性が審査される（**合理性の基準**）。

このような「合理性」という不確定概念を基準にした審査をするわが国の判例に対して、アメリカの判例は、**「疑わしい分類」**（suspect classification）**の理論**と呼ばれる審査方法を採る。それは、当該法律の採用する分類の不合理さの程度、換言すれば、違憲の疑いの強さの程度に応じて司法審査の厳格度を変化させるやり方である。そこでは、①個人の力ではコントロールできないような不変的・偶然的属性に基づく分類ではないか、②当該分類によって不利に扱われるグループに対する悲惨な差別の歴史が存在し、彼らに対する根強い偏見が存続しているか、③当該グループは多数者支配的政治過程から疎外された政治的に無力な存在であるか、という三つの観点から当該分類の「疑わしさ」の程度が判断される。換言すれば、①は、個人の尊厳と人格価値の平等という民主主義の根本理念に反しないかを、②は、不合理な偏見や時代錯誤的な固定観念に基づいた分類ではないかを、そして③は、社会の少数者の権利に関わり、それゆえに多数決原理が機能する民主的政治過程を通じた救済が困難なため、裁判所による救済の必要性が高いかどうかを検討しているものといえよう。

そして、この理論の下では、人種に基づく分類はもっとも疑わしいものとされ、ゆえに、もっとも厳格な司法審査に服する。そこでは、人種的分類を採用する目的が「どうしても実現しなければならない公益のため」でなければならず、さらに人種的分類を用いなければその目的が達成できないというほどの目的と手段の整合性が要求される（**厳格審査基準**）。次に、性別、嫡出性および国籍に基づく分類は人種的分類に準じて疑わしいものとされ、そのような分類の採用を正当化する目的としては「重要な公益の実現のため」であることを要し、その目的とその達成手段としての当該分類との間に実質的関連性が求められる（**中間審査基準**）。また、以上のような「疑わしい分類」の範疇（はんちゅう）に属さない、その他の事由による立法上の分類については立法裁量を広く認め、したがって、立法目的が正当なものであり、その目的とその達成手段としての当該分類との関連性について最小限度の合理性が認められれば、合憲とされる（**最小限度の合理性の基準**）。このように、アメリカの判例は、当該立法上の分類の「疑わしさ」の程度に対応して、司法審査の厳格度を三段階に分けている。

最近の学説は、以上のようなアメリカの判例理論の研究に基づき、憲法14条1項後段が列挙する差別禁止事由に基づく立法上の分類については、前述の厳格審査基準または中間審査基準を適用すべきとの主張が有力である。また、後掲の判例のように法律上の不利な扱いについて、その合理的根拠を厳格に審査したものも現れてきている。

〔判　　例〕

尊属殺重罰違憲判決　（最大判昭和48・4・4刑集27巻3号265頁）

事　　実　被告人Yは少女のころから15年間にわたり実父との間で夫婦同様の生活を強いられ、その間数人の子まで産むという悲惨な境遇にあった。本件発生の直前、たまたま正常な結婚の機会にめぐりあったのに、実父がこれを嫌い、10日余りにわたり実父から脅迫虐待を受け、心労と睡眠不足のために心身ともに疲労のきわみにあったところ、いわれのない実父の暴言に触発され、実父を絞殺するに至った。1審は、普通殺人罪（刑法199条）を適用した上で、過剰防衛を理由に刑を免除したが、2審は、尊属殺人罪（旧刑法200条、平成7年の改正で削除。）を適用し、懲役3年6か月の実刑を言い渡したため、Yは上告した。

判　　旨　刑法200条の立法目的は、尊属を卑属またはその配偶者が殺害することをもって一般に高度の社会的道義的非難に値するものとし、かかる所為を通常の殺人の場合より厳重に処罰し、もってとくに強くこれを禁圧しようとするにあるものと解される。ところで、およそ、親族は、婚姻と血縁とを主たる基盤とし、互いに自然的な敬愛と親密の情によって結ばれていると同時に、その間おのずから長幼の別や責任の分担に伴う一定の秩序が存し、通常、卑属は父母、祖父母等の直系尊属により養育されて成人するのみならず、尊属は、社会的にも卑属の所為につき法律上、道義上の責任を負うのであって、尊属に対する尊重報恩は、社会生活上の基本的道義というべく、このような自然的情愛ないし普遍的倫理の維持は、刑法上の保護に値するものといわなければならない。しかるに、自己または配偶者の直系尊属を殺害するがごとき行為はかかる結合の破壊であって、それ自体人倫の大本に反し、かかる行為をあえてした者の背倫理性は特に重い非難に値するということができる。

このような点を考えれば、尊属の殺害は通常の殺人に比して一般に高度の社会的道義的非難を受けて然るべきであるとして、このことをその処罰に反映させても、あながち不合理であるとはいえない。そこで、被害者が尊属であることを犯情のひとつとして具体的事件の量刑上重視することは許されるものであるのみならず、さらに進んでこのことを類型化し、法律上、刑の加重要件とする規定を設けても、かかる差別的取扱いをもってただちに合理的な根拠を欠くものと断ずることはできず、したがってまた、憲法14条1項に違反するということもできないものと解する。

さて、右のとおり、普通殺のほかに尊属殺という特別の罪を設け、その刑を加重すること自体はただちに違憲であるとはいえないのであるが、しかしながら、刑罰加重の程度いかんによっては、かかる差別の合理性を否定すべき場合がないとはいえない。すなわち、加重の程度が極端であって、前示のごとき立法目的達成の手段として甚だしく均衡を失し、これを正当化しうべき根拠を見出しえないときは、その差別は著しく不合理なものといわなければならず、かかる規定は憲法14条１項に違反して無効であるとしなければならない。

この観点から刑法200条をみるに、同条の法定刑は死刑および無期懲役刑のみであり、普通殺人罪に関する同法199条の法定刑が、死刑、無期懲役刑のほか３年以上の有期懲役刑となっているのと比較して、刑種選択の範囲が極めて重い刑に限られていることは明らかである。もっとも、現行刑法にはいくつかの減軽規定が存し、これによって法定刑を修正しうるのであるが、現行法上許される２回の減軽を加えても、尊属殺につき有罪とされた卑属に対して刑を言い渡すべきときには、処断刑の下限は懲役３年６月を下ることがなく、その結果として、いかに酌量すべき情状があろうとも法律上刑の執行を猶予することはできないのであり、普通殺の場合とは著しい対照をなすものといわなければならない。

このようにみてくると、尊属殺の法定刑は、それが死刑または無期懲役刑に限られている点においてあまりにも厳しいものというべく、上記のごとき立法目的、すなわち、尊属に対する敬愛や報恩という自然的情愛ないし普遍的倫理の維持尊重の観点のみをもつてしては、これにつき十分納得すべき説明がつきかねるところであり、合理的根拠に基づく差別的取扱いとして正当化することはとうていできない。

以上のしだいで、刑法200条は、尊属殺の法定刑を死刑または無期懲役刑のみに限つている点において、その立法目的達成のため必要な限度を遥かに超え、普通殺に関する刑法199条の法定刑に比し著しく不合理な差別的取扱いをするものと認められ、憲法14条１項に違反して無効であるとしなければならず、したがつて、尊属殺にも刑法199条を適用するのほかはない。

コメント　本判決は、法律の規定を違憲とした最初の最高裁判決として有名である。法律の合憲性を審査するにあたり、立法目的の正当性とその達成手段の合理性を分けて判断する手法を採用したのも、本判決が最初である。８人の裁判官による多数意見は、刑法200条の立法目的について「尊属に対する尊重報恩は、社会生活上の基本的道義というべく、このような自然的情愛ないし普遍的倫理の維持は、刑法上の保護に値するもの」であり、「尊属の殺害は通常の殺人に比して一般に高度の社会的道義的非難を受けて然るべきであるとして、このことをその処罰に反映させても、あながち不合理であるとはいえない」として、その正当性を認めた。しかし、その目的達成のために採用された手段としての刑罰の程度について「尊属殺の法定刑は、それが死刑または無期懲役刑に限られている点においてあまりにも厳しいものというべく、その立法目的達成のため必要な限度を遥かに超え、普通殺に関する刑法199条の法定刑に比し著しく不合理な差別的取扱いをするものと認められ、憲法14条１項に違反して無効である」とした。これに対して、６人の裁判官による個別意見は、個々の論点については微妙に意見を異にしつつも、立法目的自体の違憲性を主張する点では一致する。つまり、「尊属殺人に関する特別の規定を設けることは、一種の身分制道徳の見地に立つものというべきであり、旧家族制度的倫理観に立脚するものであつて、個人の尊厳と人格価値の平等を基本的な立脚点とする民主主義の理念と牴触するものとの疑いが極めて濃厚であるといわなければならない」（田中裁判官の意見）と指摘する。

ところで、旧刑法は、殺人罪だけでなく傷害致死罪についても尊属に対する場合には、刑を加重する規定を設けていた（旧刑法205条2項）が、最高裁は傷害致死罪については、加重の程度が極端ではないとして合憲とした。しかし、平成7年の法改正により、尊属に対する犯罪の重罰規定はすべて廃止された。

〔判　　例〕

非嫡出子相続分差別事件　（最大決平成7・7・5民集49巻7号1789頁）

事　　実　自分の財産を自分の死後に誰にどれだけ相続させるかは、基本的に個人の自由である（遺言自由の原則）。しかし、遺言のない場合には、民法の法定相続分の制度が適用される（民法900条）。そして、同じ親の子どもでも、非嫡出子は、嫡出子の相続分の半分しか相続できない（旧民法900条4号但書）。この規定が、「法の下の平等」（憲法14条1項）に違反しないかどうかが争われた。

決定要旨

10人の裁判官による多数意見　相続制度は、被相続人の財産を誰に、どのように承継させるかを定めるものであるが、その形態には歴史的、社会的にみて種々のものがあり、また、相続制度を定めるに当たっては、それぞれの国の伝統、社会事情、国民感情なども考慮されなければならず、各国の相続制度は、多かれ少なかれ、これらの事情、要素を反映している。さらに、現在の相続制度は、家族というものをどのように考えるかということと密接に関係しているのであって、その国における婚姻ないし親子関係に対する規律等を離れてこれを定めることはできない。これらを総合的に考慮した上で、相続制度をどのように定めるかは、立法府の合理的な裁量判断にゆだねられているものというほかない。

そして、本件規定を含む法定相続分の定めは、右相続分に従って相続が行われるべきことを定めたものではなく、遺言による相続分の指定等がない場合などにおいて補充的に機能する規定であることをも考慮すれば、本件規定における嫡出子と非嫡出子の法定相続分の区別は、その立法理由に合理的な根拠があり、かつ、その区別が右立法理由との関連で著しく不合理なものでなく、いまだ立法府に与えられた合理的な裁量判断の限界を超えていないと認められる限り、合理的理由のない差別とはいえず、これを憲法14条1項に反するものということはできないというべきである。

憲法24条1項は、婚姻は両性の合意のみに基づいて成立する旨を定めるところ、民法739

条１項は、「婚姻は、戸籍法の定めるところによりこれを届け出ることによつて、その効力を生ずる。」と規定し、いわゆる事実婚主義を排して法律婚主義を採用し、また、同法732条は、重婚を禁止し、いわゆる一夫一婦制を採用することを明らかにしているが、民法が採用するこれらの制度は憲法のその規定に反するものでないことはいうまでもない。

そして、このように民法が法律婚主義を採用した結果として、婚姻関係から出生した嫡出子と婚姻外の関係から出生した非嫡出子との区別が生じ、親子関係の成立などにつき異なった規律がされ、また、内縁の配偶者には他方の配偶者の相続が認められないなどの差異が生じても、それはやむを得ないところといわなければならない。

本件規定の立法理由は、法律上の配偶者との間に出生した嫡出子の立場を尊重するとともに、他方、被相続人の子である非嫡出子の立場にも配慮して、非嫡出子に嫡出子の２分の１の法定相続分を認めることにより、非嫡出子を保護しようとしたものであり、法律婚の尊重と非嫡出子の保護の調整を図ったものと解される。これを言い換えれば、民法が法律婚主義を採用している以上、法定相続分は婚姻関係にある配偶者とその子を優遇してこれを定めるが、他方、非嫡出子にも一定の法定相続分を認めてその保護を図ったものであると解される。

現行民法は法律婚主義を採用しているのであるから、右のような本件規定の立法理由にも合理的な根拠があるというべきであり、本件規定が非嫡出子の法定相続分を嫡出子の２分の１としたことが、右立法理由との関連において著しく不合理であり、立法府に与えられた合理的な裁量判断の限界を超えたものということはできないのであって、本件規定は、合理的理由のない差別とはいえず、憲法14条１項に反するものとはいえない。

５人の裁判官による反対意見

相続制度は社会の諸条件や親族各人の利益の調整等を考慮した総合的な立法政策の所産であるが、立法裁量にも憲法上の限界が存在するのであり、憲法と適合するか否かの観点から検討されるべき対象であることも当然である。

憲法13条は、その冒頭に「すべて国民は、個人として尊重される。」と規定し、さらにこれをうけて憲法24条２項は「相続……及び家族に関するその他の事項に関しては、法律は、個人の尊厳と両性の本質的平等に立脚して、制定されなければならない。」と規定しているが、その趣旨は相続等家族に関する立法の合憲性を判断する上で十分尊重されるべきものである。

そして、憲法14条１項が、「すべて国民は、法の下に平等であつて、人種、信条、性別、社会的身分又は門地により、政治的、経済的又は社会的関係において、差別されない。」としているのは、個人の尊厳という民主主義の基本的理念に照らして、これに反するような差別的取扱いを排除する趣旨と解される。同項は、一切の差別的取扱を禁止しているものではなく、事柄の性質に即応した合理的な根拠に基づく区別は許容されるものであるが、何をもって合理的とするかは、事柄の性質に応じて考えられなければならない。そして本件は同じ被相続人の子供でありながら、非嫡出子の法定相続分を嫡出子のそれの２分の１とすることの合憲性が問われている事案であって、精神的自由に直接関わる事項ではないが、本件規定で問題となる差別の合理性の判断は、基本的には、非嫡出子が婚姻家族に属するか否かという属性を重視すべきか、あるいは被相続人の子供としては平等であるという個人としての立場を重視すべきかにかかっているといえる。したがって、その判断は、財産的利益に関する事案におけるような単なる合理性の存否によってなされるべきではなく、立法目的自体の合理性及びその手段との実質的関連性についてより強い合理性の存否が検討されるべきである。しかしながら、本件においては以下に述べるとおり、単なる合理性についてすら、その存在を肯認することはできない。

本件規定の合理性について多数意見の述べるところは、民法が法律婚主義を採用している以上、婚姻関係から出生した嫡出子と婚姻外の関係から出生した非嫡出子との区別が生じ、法定相続分につき前者の立場を後者より優遇することに合理的根拠があるとの前提に立つものと解される。

婚姻を尊重するという立法目的については何ら異議はないが、その立法目的からみて嫡出子と非嫡出子とが法定相続分において区別されるのを合理的であるとすることは、非嫡出子が婚姻家族に属していないという属性を重視し、そこに区別の根拠を求めるものであって、前記のように憲法24条２項が相続において個人の尊厳を立法上の原則とすることを規定する趣旨に相容れない。すなわち、出生について責任を有するのは被相続人であって、非嫡出子には何の責任もなく、その身分は自らの意思や努力によって変えることはできない。出生について何の責任も負わない非嫡出子をそのことを理由に法律上差別することは、婚姻の尊重・保護という立法目的の枠を超えるものであり、立法目的と手段との実質的関連性は認められず合理的であるということはできないのである。

また、本件規定の立法理由は非嫡出子の保護をも図ったものであって合理的根拠があるとする多数意見は、本件規定が社会に及ぼしている現実の影響に合致しない。すなわち、本件規定は、国民生活や身分関係の基本法である民法典中の１条項であり、強行法規でないとはいえ、国家の法として規範性をもち、非嫡出子についての法の基本的観念を表示しているものと理解されるのである。そして本件規定が相続の分野ではあっても、同じ被相続人の子供でありながら、非嫡出子の法定相続分を嫡出子のそれの２分の１と定めていることは、非嫡出子を嫡出子に比べて劣るものとする観念が社会的に受容される余地をつくる重要な一原因となっていると認められるのである。本件規定の立法目的が非嫡出子を保護するものであるというのは、立法当時の社会の状況ならばあるいは格別、少なくとも今日の社会の状況には適合せず、その合理性を欠くといわざるを得ない。

法律が制定された当時には立法目的が合理的でありその目的と手段が整合的であると評価されたものであっても、その後の社会の意識の変化、諸外国の立法の趨勢、国内における立法改正の動向、批准された条約等により、現在においては、立法目的の合理性、その手段との整合性を欠くに至ったと評価されることはもとよりあり得るのであって、その合憲性を判断するに当たっては、制定当時の立法目的と共に、その後に生じている立法の基礎をなす事実の変化や条約の趣旨等をも加えて検討されなければならない。

本件規定は、その立法当初において反対の意見もあったが、その立法目的は多数意見のいうとおり婚姻の保護にあるとして制定されたものであり、またその当時においては、諸外国においても、相続上非嫡出子を嫡出子と差別して取り扱う法制をとっている国が一般的であった。しかしながら、その後相続を含む法制度上、非嫡出子を嫡出子と区別することは不合理であるとして、主として1960年代以降両者を同一に取り扱うように法を改正することが諸外国の立法の大勢となっている。

そして、わが国においても、本件規定は法の下の平等の理念に照らし問題があるとして、昭和54年に法務省民事局参事官室は、法制審議会民法部会身分法小委員会の審議に基づいて、非嫡出子の相続分は嫡出子の相続分と同等とする旨の改正条項を含む改正要綱試案を発表したが、法案となるに至らず、さらに現時点においても同趣旨の改正要綱試案が公表され、立法改正作業が継続されている。

これを国際条約についてみても、わが国が昭和54［1979］年に批准した、市民的及び政治的権利に関する国際規約26条は「すべての者は、法律の前に平等であり、いかなる差別もなしに法律による平等の保護を受ける権利を有する。このため、法律は、あらゆる差別を禁止し……出生又は他の地位等のいかなる理由による差別に対しても平等のかつ効果的な保護をすべての者に保障する。」と規定し、さらにわが国が平成６年に批准した、児童の権利に関する条約２条１項は「締約国は、その管轄の下にある児童に対し、児童又はその父母若しくは法定保護者の……出生又は他の地位にかかわらず、いかなる差別もなしにこの条約に定める権利を尊重し、及び確保する。」と規定している。

以上の諸事実及び本件規定が及ぼしているとみられる社会的影響等を勘案するならば、少なくとも今日の時点において、婚姻の尊重・保護という目的のために、相続において非嫡出子を差別することは、個人の尊重および平等の原則に反し、立法目的と手段との間に実質的関連性を失っているというべきであって、本件規定を合理的とすることには強い疑念を表明せざるを得ない。

コメント　多数意見は、相続制度を定める上での立法府の裁量を広く認め、また、法定相続分の定めは、遺言による相続分の指定等がない場合などにおいて補充的に機能する規定であることを強調して、いわゆる合理性の基準を適用し、本件規定（旧民法900条４号但書）の合憲性を審査している。そして、その立法目的を「法律婚の尊重と非嫡出子の保護の調整を図ったもの」と認定し、「現行民法は法律婚主義を採用しているのであるから、右のような本件規定の立法理由にも合理的な根拠があるというべきであり、本件規定が非嫡出子の法定相続分を嫡出子の二分の一としたことが、右立法理由との関連において著しく不合理であり、立法府に与えられた合理的な裁量判断の限界を超えたものということはできないのであって、本件規定は、合理的理由のない差別とはいえず、憲法14条１項に反するものとはいえない」と結論した。

これに対し、反対意見は、「本件規定で問題となる差別の合理性の判断は、基本的には、非嫡出子が婚姻家族に属するか否かという属性を重視すべきか、あるいは被相続人の子供としては平等であるという個人としての立場を重視すべきかにかかっているといえる。したがって、その判断は、財産的利益に関する事案におけるような単なる合理性の存否によってなされるべきではなく、立法目的自体の合理性及びその手段との実質的関連性についてより強い合理性の存否が検討されるべき」と述べ、いわゆる厳格な合理性の基準（中間審査基準）の適用を主張する。その上で、「出生について責任を有するのは被相続人であって、非嫡出子には何の責任もなく、その身分は自らの意思や努力によって変えることはできない。出生について何の責任も負わない非嫡出子をそのことを理由に法律上差別することは、婚姻の尊重・保護という立法目的の枠を超えるものであり、立法目的と手段との実質的関連性は認められず合理的であるということはできない」とした。さらには、本件規定の存在が、「非嫡出子を嫡出子に比べて劣るものとする観念が社会的に受容される余地をつくる重要な一原因となっている」と指摘し、その後の社会の意識の変化、諸外国の立法の趨勢（すうせい）、国内における立法改正の動向、批准された条約等を勘案するならば、「少なくとも今日の時点において、婚姻の尊重・保護という目的のために、相続において非嫡出子を差別することは、個人の尊重及び平等の原則に反し、立法目的と手段との間に実質的関連性を失っているというべきで」あるとした。

非嫡出子に対する差別は、個人の意思や努力によってはいかんともしがたい属性に基づくものであり、前述のアメリカの判例理論にいう「疑わしい分類」に該当するものであり、非嫡出子を不利に扱う法律の合憲性は、厳格に審査されるべきであろう。

そして、平成7年大法廷決定から18年後、最高裁は、全員一致で、次のように判示して、この問題に違憲との判断を示したのである（最大決平成25・9・4判時2197号10頁）。

昭和22年民法改正時から現在に至るまでの間の社会の動向、我が国における家族形態の多様化やこれに伴う国民の意識の変化、諸外国の立法のすう勢及び我が国が批准した条約の内容とこれに基づき設置された委員会からの指摘、嫡出子と嫡出でない子の区別に関わる法制等の変化、更にはこれまでの当審判例における度重なる問題の指摘等を総合的に考察すれば、家族という共同体の中における個人の尊重がより明確に認識されてきたことは明らかであるといえる。そして、法律婚という制度自体は我が国に定着しているとしても、上記のような認識の変化に伴い、上記制度の下で父母が婚姻関係になかったという、子にとっては自ら選択ないし修正する余地のない事柄を理由としてその子に不利益を及ぼすことは許されず、子を個人として尊重し、その権利を保障すべきであるという考えが確立されてきているものということができる。

以上を総合すれば、遅くとも〔本件〕相続が開始した平成13年７月当時においては、立法府の裁量権を考慮しても、嫡出子と嫡出でない子の法定相続分を区別する合理的な根拠は失われていたというべきである。

〔判　　例〕

国籍法違憲判決　　（最大判平成20・６・４民集62巻６号1367頁）

事　　実　①　事案の概要　本件は、法律上の婚姻関係にない日本国民である父とフィリピン共和国籍を有する母との間に本邦において出生した上告人が、出生後父から認知されたことを理由として平成15［2003］年に法務大臣あてに国籍取得届を提出したところ、国籍取得の条件を備えておらず、日本国籍を取得していないものとされたことから、被上告人（国）に対し、日本国籍を有することの確認を求めた事案である。

②　国籍法２条１号、３条について　国籍法２条１号は、子は出生の時に父または母が日本国民であるときに日本国民とする旨を規定して、日本国籍の生来的取得について、いわゆる父母両系血統主義によることを定めている。したがって、子が出生の時に日本国民である父又は母との間に法律上の親子関係を有するときは、生来的に日本国籍を取得することになる。

国籍法３条１項は、「父母の婚姻及びその認知により嫡出子たる身分を取得した子で20歳未満のもの（日本国民であった者を除く。）は、認知をした父又は母が子の出生の時に日本国民であった場合において、その父又は母が現に日本国民であるとき、又はその死亡の時に日本国民であったときは、法務大臣に届け出ることによって、日本の国籍を取得することができる。」と規定し、同条２項は、「前項の規定による届出をした者は、その届出の時に日本の国籍を取得する。」と規定している。同条１項は、父又は母が認知をした場合について規定しているが、日本国民である母の非嫡出子は、出生により母との間に法律上の親子関係が生ずると解され、また、日本国民である父が胎児認知した子は、出生時に父との間に法律上の親子関係が生ずることとなり、それぞれ同法２条１号により生来的に日本国籍を取得することから、同法３条１項は、実際上は、法律上の婚姻関係にない日本国民である父と日本国民でない母との間に出生した子で、父から胎児認知を受けていないものに限り適用されることになる。

③　原判決等　上告人は、国籍法２条１号に基づく日本国籍の取得を主張するほか、日本国民である父の非嫡出子について、父母の婚姻により嫡出子たる身分を取得した者のみが法務大臣に届け出ることにより日本国籍を取得することができるとした同法３条１項の規定が憲法14条１項に違反するとして、上告人が法務大臣あてに国籍取得届を提出したことにより日本国籍を取得した旨を主張した。

これに対し、原判決は、国籍法２条１号に基づく日本国籍の取得を否定した上、同法３条１項に関する上記主張につき、かりに同項の規定が憲法14条１項に違反し、無効であったとしても、そのことから、出生後に日本国民である父から認知を受けたにとどまる子が日本国籍を取得する制度が創設されるわけではなく、上告人が当然に日本国籍を取得することにはならないし、また、国籍法については、法律上の文言を厳密に解釈することが要請され、立法者の意思に反するような類推解釈ないし拡張解釈は許されず、そのような解釈の名の下に同法に定めのない国籍取得の要件を創設することは、裁判所が立法作用を行うものとして許されないから、上告人が同法3条1項の類推解釈ないし拡張解釈によって日本国籍を取得したということもできないと判断して、上告人の請求を棄却した。

判　旨　国籍法3条1項による国籍取得の区別の憲法適合性について

(1)　憲法14条1項は、法の下の平等を定めており、この規定は、事柄の性質に即応した合理的な根拠に基づくものでない限り、法的な差別的取扱いを禁止する趣旨であると解すべきことは、当裁判所の判例とするところである（最高裁昭和39年5月27日大法廷判決・民集18巻4号676頁、最高裁昭和48年4月4日大法廷判決・刑集27巻3号265頁等）。

憲法10条は、「日本国民たる要件は、法律でこれを定める。」と規定し、これを受けて、国籍法は、日本国籍の得喪に関する要件を規定している。憲法10条の規定は、国籍は国家の構成員としての資格であり、国籍の得喪に関する要件を定めるに当たってはそれぞれの国の歴史的事情、伝統、政治的、社会的及び経済的環境等、種々の要因を考慮する必要があることから、これをどのように定めるかについて、立法府の裁量判断にゆだねる趣旨のものであると解される。しかしながら、このようにして定められた日本国籍の取得に関する法律の要件によって生じた区別が、合理的理由のない差別的取扱いとなるときは、憲法14条1項違反の問題を生ずることはいうまでもない。すなわち、立法府に与えられた上記のような裁量権を考慮しても、なおそのような区別をすることの立法目的に合理的な根拠が認められない場合、又はその具体的な区別と上記の立法目的との間に合理的関連性が認められない場合には、当該区別は、合理的な理由のない差別として、同項に違反するものと解されることになる。

日本国籍は、わが国の構成員としての資格であるとともに、わが国において基本的人権の保障、公的資格の付与、公的給付等を受ける上で意味を持つ重要な法的地位でもある。一方、父母の婚姻により嫡出子たる身分を取得するか否かということは、子にとっては自らの意思や努力によっては変えることのできない父母の身分行為にかかる事柄である。したがって、このような事柄をもって日本国籍取得の要件に関して区別を生じさせることに合理的な理由があるか否かについては、慎重に検討することが必要である。

(2)　ア　国籍法3条の規定する届出による国籍取得の制度は、法律上の婚姻関係にない日本国民である父と日本国民でない母との間に出生した子について、父母の婚姻及びその認知により嫡出子たる身分を取得すること（以下「準正」という。）のほか同条1項の定める一定の要件を満たした場合に限り、法務大臣への届出によって日本国籍の取得を認めるものであり、日本国民である父と日本国民でない母との間に出生した嫡出子が生来的に日本国籍を取得することとの均衡を図ることによって、同法の基本的な原則である血統主義を補完するものとして、昭和59［1984］年法律第45号による国籍法の改正において新たに設けられたものである。

イ　また、国籍法3条1項の規定が設けられた当時の社会通念や社会的状況の下においては、日本国民である父と日本国民でない母との間の子について、父母が法律上の婚姻をしたことをもって日本国民である父との家族生活を通じたわが国との密接な結び付きの存在を示すものとみることには相応の理由があったものとみられ、当時の諸外国における……国籍法制の傾向にかんがみても、同項の規定が認知に加えて準正を日本国籍取得の要件としたことには、上記の立法目的との間に一定の合理的関連性があったものということができる。

ウ　しかしながら、その後、わが国における社会的、経済的環境等の変化に伴って、夫婦共同生活の在り方を含む家族生活や親子関係に関する意識も一様ではなくなってきており、今日では、出生数に占める非嫡出子の割合が増加するなど、家族生活や親子関係の実態も変化し多様化してきている。このような社会通念及び社会的状況の変化に加えて、近年、わが国の国際化の進展に伴い国際的交流が増大することにより、日本国民である父と日本国民でない母との間に出生する子が増加しているところ、両親の一方のみが日本国民である場合には、同居の有無など家族生活の実態においても、法律上の婚姻やそれを背景とした親子関係の在り方についての認識においても、両親が日本国民である場合と比べてより複雑多様な面があり、その子とわが国との結び付きの強弱を両親が法律上の婚姻をしているか否かをもって直ちに測ることはできない。これらのことを考慮すれば、日本国民である父が日本国民でない母と法律上の婚姻をしたことをもって、初めて子に日本国籍を与えるに足りるだけのわが国との密接な結び付きが認められるものとすることは、今日では必ずしも家族生活等の実態に適合するものということはできない。

また、諸外国においては、非嫡出子に対する法的な差別的取扱いを解消する方向にあることがうかがわれ、わが国が批准した市民的及び政治的権利に関する国際規約及び児童の権利に関する条約にも、児童が出生によっていかなる差別も受けないとする趣旨の規定が存する。さらに、国籍法３条１項の規定が設けられた後、自国民である父の非嫡出子について準正を国籍取得の要件としていた多くの国において、今日までに、認知等により自国民との父子関係の成立が認められた場合にはそれだけで自国籍の取得を認める旨の法改正が行われている。

以上のようなわが国を取り巻く国内的、国際的な社会的環境等の変化に照らしてみると、準正を出生後における届出による日本国籍取得の要件としておくことについて、前記の立法目的との間に合理的関連性を見いだすことがもはや難しくなっているというべきである。

エ　一方、国籍法は、前記のとおり、父母両系血統主義を採用し、日本国民である父または母との法律上の親子関係があることをもって我が国との密接な結び付きがあるものとして日本国籍を付与するという立場に立って、出生の時に父または母のいずれかが日本国民であるときには子が日本国籍を取得するものとしている（２条１号)。その結果、日本国民である父または母の嫡出子として出生した子はもとより、日本国民である父から胎児認知された非嫡出子および日本国民である母の非嫡出子も、生来的に日本国籍を取得することとなるところ、同じく日本国民を血統上の親として出生し、法律上の親子関係を生じた子であるにもかかわらず、日本国民である父から出生後に認知された子のうち準正により嫡出子たる身分を取得しないものに限っては、生来的に日本国籍を取得しないのみならず、同法３条１項所定の届出により日本国籍を取得することもできないことになる。このような区別の結果、日本国民である父から出生後に認知されたにとどまる非嫡出子のみが、日本国籍の取得について著しい差別的取扱いを受けているものといわざるを得ない。

オ　上記ウ、エで説示した事情を併せ考慮するならば、国籍法が、同じく日本国民との間に法律上の親子関係を生じた子であるにもかかわらず、上記のような非嫡出子についてのみ、父母の婚姻という、子にはどうすることもできない父母の身分行為が行われない限り、生来的にも届出によっても日本国籍の取得を認めないとしている点は、今日においては、立法府に与えられた裁量権を考慮しても、わが国との密接な結び付きを有する者に限り日本国籍を付与するという立法目的との合理的関連性の認められる範囲を著しく超える手段を採用しているものというほかなく、その結果、不合理な差別を生じさせているものといわざるをえない。

カ たしかに、日本国民である父と日本国民でない母との間に出生し、父から出生後に認知された子についても、国籍法８条１号所定の簡易帰化により日本国籍を取得するみちが開かれている。しかしながら、帰化は法務大臣の裁量行為であり、同号所定の条件を満たす者であっても当然に日本国籍を取得するわけではないから、これを届出による日本国籍の取得に代わるものとみることにより、本件区別が前記立法目的との間の合理的関連性を欠くものでないということはできない。

なお、日本国民である父の認知によって準正を待たずに日本国籍の取得を認めた場合に、国籍取得のための仮装認知がされるおそれがあるから、このような仮装行為による国籍取得を防止する必要があるということも、本件区別が設けられた理由の一つであると解される。しかし、そのようなおそれがあるとしても、父母の婚姻により子が嫡出子たる身分を取得することを日本国籍取得の要件とすることが、仮装行為による国籍取得の防止の要請との間において必ずしも合理的関連性を有するものとはいい難く、上記オの結論を覆す理由とすることは困難である。

(3) 以上によれば、本件区別については、これを生じさせた立法目的自体に合理的な根拠は認められるものの、立法目的との間における合理的関連性は、我が国の内外における社会的環境の変化等によって失われており、今日において、国籍法３条１項の規定は、日本国籍の取得につき合理性を欠いた過剰な要件を課するものとなっているというべきである。

そうすると、本件区別は、遅くとも上告人が法務大臣あてに国籍取得届を提出した当時には、立法府に与えられた裁量権を考慮してもなおその立法目的との間において合理的関連性を欠くものとなっていたと解される。

したがって、上記時点において、本件区別は合理的な理由のない差別となっていたといわざるを得ず、国籍法３条１項の規定が本件区別を生じさせていることは、憲法14条１項に違反するものであったというべきである。

本件区別による違憲の状態を前提として上告人に日本国籍の取得を認めることの可否

(1) 以上のとおり、国籍法３条１項の規定が本件区別を生じさせていることは、遅くとも上記時点以降において憲法14条１項に違反するといわざるをえないが、国籍法３条１項が日本国籍の取得について過剰な要件を課したことにより本件区別が生じたからといって、本件区別による違憲の状態を解消するために同項の規定自体を全部無効として、準正のあった子（以下「準正子」という。）の届出による日本国籍の取得をもすべて否定することは、血統主義を補完するために出生後の国籍取得の制度を設けた同法の趣旨を没却するものであり、立法者の合理的意思として想定し難いものであって、とりえない解釈であるといわざるをえない。そうすると、準正子について届出による日本国籍の取得を認める同項の存在を前提として、本件区別により不合理な差別的取扱いを受けている者の救済を図り、本件区別による違憲の状態を是正する必要があることになる。

(2) このような見地に立って是正の方法を検討すると、憲法14条1項に基づく平等取扱いの要請と国籍法の採用した基本的な原則である父母両系血統主義とを踏まえれば、日本国民である父と日本国民でない母との間に出生し、父から出生後に認知されたにとどまる子についても、血統主義を基調として出生後における日本国籍の取得を認めた同法3条1項の規定の趣旨・内容を等しく及ぼすほかはない。すなわち、このような子についても、父母の婚姻により嫡出子たる身分を取得したことという部分を除いた同項所定の要件が満たされる場合に、届出により日本国籍を取得することが認められるものとすることによって、同項及び同法の合憲的で合理的な解釈が可能となるものということができ、この解釈は、本件区別による不合理な差別的取扱いを受けている者に対して直接的な救済のみちを開くという観点からも、相当性を有するものというべきである。

そして、上記の解釈は、本件区別にかかる違憲の瑕疵（かし）を是正するため、国籍法3条1項につき、同項を全体として無効とすることなく、過剰な要件を設けることにより本件区別を生じさせている部分のみを除いて合理的に解釈したものであって、その結果も、準正子と同様の要件による日本国籍の取得を認めるにとどまるものである。この解釈は、日本国民との法律上の親子関係の存在という血統主義の要請を満たすとともに、父が現に日本国民であることなどわが国との密接な結び付きの指標となる一定の要件を満たす場合に出生後における日本国籍の取得を認めるものとして、同項の規定の趣旨及び目的に沿うものであり、この解釈をもって、裁判所が法律にない新たな国籍取得の要件を創設するものであって国会の本来的な機能である立法作用を行うものとして許されないと評価することは、国籍取得の要件に関する他の立法上の合理的な選択肢の存在の可能性を考慮したとしても、当を得ないものというべきである。

したがって、日本国民である父と日本国民でない母との間に出生し、父から出生後に認知された子は、父母の婚姻により嫡出子たる身分を取得したという部分を除いた国籍法3条1項所定の要件が満たされるときは、同項に基づいて日本国籍を取得することが認められるというべきである。

(3) 原審の適法に確定した事実によれば、上告人は、上記の解釈の下で国籍法3条1項の規定する日本国籍取得の要件をいずれも満たしていることが認められる。そうすると、上告人は、法務大臣あての国籍取得届を提出したことによって、同項の規定により日本国籍を取得したものと解するのが相当である。

コメント　本判決は、最高裁による違憲判決であり、また単に法律の規定を違憲とするに留まらず、法解釈を通じて具体的救済（国籍の付与）を与えた点でも画期的なものである。

本判決（12人の裁判官による多数意見）は、国籍法3条1項の立法目的について、「同法の基本的な原則である血統主義を基調としつつ、日本国民との法律上の親子関係の存在に加え我が国との密接な結び付きの指標となる一定の要件を設けて、これらを満たす場合に限り出生後における日本国籍の取得を認めることとしたもの」と認定し、昭和59［1984］年の法改正当時においては、「父母の婚姻」（法律婚）をわが国との密接な結び付きの存在を示すものとみることには相応の理由があったとする。しかし、同多数意見は、その後の家族生活や親子関係に関する意識の変化、諸外国による非嫡出子に対する差別解消の動向に鑑み、準正を国籍取得の要件にすることについて、立法目的との間に合理的な関連を見出すことは難しく、日本国民である父から出生後に認知されたにとどまる非嫡出子のみが、日本国籍の取得について著しい差別的取扱いを受けているものといわざるをえないと結論した。

本判決は、「父母の婚姻により嫡出子たる身分を取得するか否かということは、子にとっては自らの意思や努力によっては変えることのできない父母の身分行為に係る事柄」であり、「このような事柄をもって日本国籍取得の要件に関して区別を生じさせることに合理的な理由があるか否かについては、慎重に検討することが必要である」と述べており、単なる合理性の基準よりも厳格な基準の適用を示唆しており、実際、立法目的とその達成手段の関連性については、前述のアメリカの判例理論にいうところの中間審査基準同様に、実質的な関連性を検討しているといえよう。

また、本判決は、国籍法３条１項を憲法14条１項に違反すると判示するにとどまらず、同項の規定する「父母の婚姻」の要件のみを違憲無効とし、他の要件（父親による認知）を適用して、原告らに国籍を認めたのである。

これに対しては、５人の裁判官による反対意見は、そのような解釈は、法の合理的な解釈の範囲を超えたもので実質的に司法による立法に等しいと非難しているが、この解釈は、「不合理な差別的取扱いを受けている者に対して直接的な救済のみちを開くという観点からも、相当性を有するものというべき」（多数意見）であり、救済機関としての裁判所の積極性を評価したい。本判決を受けて国会は法改正のため迅速に対応し、国籍法３条１項は「父又母が認知した子」が国籍を取得できるように改正され、平成21［2009］年１月から施行されている。

〔判　　例〕

再婚禁止期間違憲判決　（最大判平成27・12・16民集69巻8号2427頁）

事　　実　旧民法733条1項は「女は、前婚の解消又は取消の日から6箇月を経過した後でなければ、再婚をすることができない」と規定する。これは、離婚と再婚が引き続いてなされ、妻が妊娠していた場合に、その子の父親を確定することが困難になることを避けるためであり、妊娠するのは女性であるから女性にだけ再婚禁止期間が設けられたのである。

これに対して、最近の有力説は、この制度は「貞女は二夫にまみえず」（貞淑な妻は夫が亡くなっても安易に再婚など考えず、一生の間、夫の家のために尽くすべきである。）というような封建的道徳観に基づいているおそれがあり、婚姻や家族に関する法律は「個人の尊厳と両性の本質的平等に立脚して制定されなければならない」と規定する憲法24条2項に違反すると指摘する。さらには、民法772条2項（嫡出の推定）の規定を考慮すれば、父性の推定の重複を避けるためには、100日間の再婚禁止期間を設ければ十分であり、必要以上の期間を定めている現行の規定は違憲であるという。つまり、民法772条2項は「婚姻の成立の日から二百日を経過した後又は婚姻の解消若しくは取消しの日から三百日以内に生まれた子は、婚姻中に懐胎したものと推定する」と規定する。この規定を離婚に当てはめれば、離婚後300日以内に生まれた子は前夫（離婚した夫）の子と推定される。また、この規定を再婚に当てはめれば、再婚後200日以降に生まれた子は、後夫（再婚した夫）の子と推定される。従って、離婚と再婚を100日間開けてやれば、それぞれの推定が重ならずに、子どもの父親を推定できるというのである。実は、改正法案は、この考えを採用して、再婚禁止期間を100日間に短縮することにしていたが、これで問題は解決したのだろうか。再婚禁止期間の制度の不合理な点として、以下の点を指摘しておこう。

①　民法733条2項は、女性が離婚成立以前から妊娠していた場合には、その出産の日から前項の規定（再婚禁止期間）を適用しないとしており、それとの均衡上、離婚成立の時点で妊娠していない女性に適用されるのは、不合理である。妊娠していなければ、再婚しても何ら問題は無いはずである。実は、この制度は女性が妊娠しているかどうかをお腹が膨らんでくるまで知り得なかった明治時代に作られたのであり、6ヶ月という期間の根拠もそこにあった。今日では、妊娠の有無は、尿検査または超音波検査で簡単に知ることができる。

②　離婚成立時点のはるか以前に結婚生活は破綻しており、それにより新たな関係が始まっていて再婚に至る場合も多く、そのような場合にも離婚成立時を起算点として6ヶ月間の再婚禁止期間を設けるのは無意味ではないか。そもそも期間を置くことで子どもの父親が明らかになる訳ではなく、現在では、いわゆるDNA鑑定で子どもの父親を遺伝子レベルで確定できる時代である。

以上のことから、再婚禁止期間の制度はもはや時代錯誤的なものとなっており、女性の再婚の自由を不当に制限する点で法の下の平等に反しており、制度そのものを廃止すべきではないだろうか？

はたして、最高裁は、2015年12月、離婚した女性の再婚を6か月間禁じた旧民法733条1項の規定を違憲とする判決を下した（最高裁大法廷判決平成27・12・16　民集69巻8号2427

頁)。同判決の多数意見は、次のように判示した。

判　旨　本件規定の立法目的は、父性の推定の重複を回避し、もって父子関係をめぐる紛争の発生を未然に防ぐことにあると解されるところ、民法772条2項の規定を考慮すれば、女性の再婚後に生まれる子については、計算上100日の再婚禁止期間を設けることによって、父性の推定の重複が回避されることになる。これに対し、本件規定のうち100日超過部分については、民法772条の定める父性の推定の重複を回避するために必要な期間ということはできない。同部分は、合理性を欠いた過剰な制約を課すものとなっており、憲法14条1項に違反するとともに、憲法24条2項にも違反する。

コメント　これに対して国会は、再婚禁止期間を100日に短縮したうえで、高齢や避妊手術で妊娠の可能性のない場合など、離婚時に妊娠していないとの医師の証明がある場合には、離婚後100日以内でも再婚を認める形で法改正を行った。

〔判　例〕

生殖不能手術要件違憲判決

(最大決令和5・10・25[裁判所HP参照令和2(ク)993])

事　実　これまで日本においては、いわゆる性的少数者、つまりLGBT(lesbian, gay, bisexual, transgender)に対する社会的差別の問題は、十分に認識されてきたとはいえない。しかし、近年、LGBTに対する国民の理解が急激に高まるとともに法制度上の改革も進められてきた。

2004年に施行された性同一性障害特例法は、戸籍上の性別変更のための要件や手続を定めた。そして、性同一性障害者が性別変更のための審判を請求する資格要件の一つとして、生殖不能手術を受けねばならないと解釈されてきた(同法3条1項4号参照)。

2019年、この要件の合憲性が争われた事件で最高裁は、「その意思に反して身体への侵襲を受けない自由を制約する面があることは否定できない」としつつも、社会に混乱を生じさせかねない、急激な形での変化を避ける等の配慮に基づくもので、これらの配慮の必要性、方法の相当性等は、性自認に従った性別の取扱いや家族制度の理解に関する社会的状況の変化に応じて変わり得るものであり、このような規定の憲法適合性については不断の検討を要するものというべきであるが、現時点では、憲法13条、14条1項に違反するものとはいえない、と結論した(最二小決平成31・1・23集民第261号1項)。

2023年、ついに最高裁は次のように判示して全員一致でこの手術要件を違憲と判断した。

判　旨　自己の意思に反して身体への侵襲を受けない自由は、人格的生存に関わる重要な権利として憲法13条で保障されている。本件規定は、性別変更審判を受けた人について、変更前の性別の生殖機能で子が生まれることがあれば、親子関係などに関わる問題が生じ、社会に混乱を生じさせかねない、長きにわたって生物学的な性別に基づき、男女の区別がされてきた中で急激な形での変化を避ける必要があることなどの配慮に基づくものと解される。本件規定は、医学的知見の進展に伴い、治療としては生殖腺除去手術を要しない性同一性障害者に対し、身体への侵襲を受けない自由を放棄して強度な身体的侵襲である生殖腺除去手術を受けることを甘受するか、性自認に従った法令上の性別の取り扱いを受けるという重要な法的利益を放棄して性別変更審判を受けることを断念するかという過酷な二者択一を迫るものになった。本件規定による身体への侵襲を受けない自由への制約は過剰になっており、その制約の程度は重大で、必要かつ合理的ということはできず、憲法13条に違反し、無効である。

コメント　一方で、最高裁は、性別変更のための別の要件、変更する性別の性器に似た外観を備えていること（同法3条1項5号）、については、高裁段階で検討されていないとして自ら判断を示さず、審理を高裁に差し戻したため、申立人の性別変更を認めるかの結論は、今後の審理に持ち越された。これに対し、三人の裁判官の反対意見は、この外観要件も違憲であり申立人の性別変更を認めるべきであるとした。

4　思想・良心の自由、信教の自由

精神的自由権は、個人の心の中におけるものの見方や考え方の自由といった内面的な精神活動の自由をさす内心の自由と、その内面的な精神活動が外部に行動となって現れる外面的な精神活動の自由の二つに大きく分けることができる。

憲法19条は、「思想及び良心の自由は、これを侵してはならない」と定め、内心の自由の一つである思想・良心の自由を定めている。この思想・良心の自由は、個人の精神活動の自由の中で最も基本的な権利と理解されており、その内面的な精神活動が外部に向かって表現される場合、それは憲法21条の表現の自由の問題となる。また、内心の自由は、憲法19条の思想・良心の自由のほかに、憲法20条の信教の自由および憲法23条の学問の自由でも保障されているが、それらは思想・良心の自由とは異なり、内心の自由にとどまらず、外面的な精神活動をも含む概念であるということに注意する必要があろう。

1　思想・良心の自由

〔解　　説〕

(1)　精神的自由権の基礎となる自由

表現の自由は自分の言いたいことを言う自由であり民主主義に不可欠な政治的言論の自由に関わるものであるが、それは内面的な精神活動に基づく。したがって、内面的な精神活動の自由は民主主義の基礎をなす自由であるといえる。そして、このような基本的な自由を憲法19条は保障している。ところで、諸外国では、思想・良心の自由が表現の自由と密接に結びついているため、憲法で表現の自由を保障すれば十分であると考えられてきた。つまり、憲法により表現の自由や信教の自由等が十分に保障され、さらに、平等原則を保障する憲法の規定により、信条に基づく差別等が禁止されれば、それに加えて思想・良心の自由を憲法で明示的に保障する必要はないと考えられたのである。そのため、諸外国の憲法典において、個別の条文で思想・良心の自由を保障する例はほとんど見当たらない。この点、諸外国とは異なり、日本国憲法は、19条において思想・良心の自由を明示的に保障しているが、その背景には、国家が治安維持法といった言論の自由を制限する法律を通じて、内心における思想そのものまでをも統制しようとした明治憲法下の歴史に対する反省がある。

(2) 内心の自由の絶対性

個人の思想や良心が特異なものであったとしても、それが個人の内心にとどまっている限り、他者との関わり合いは生じないから他者の権利や利益と抵触することはない。そのため、個人の内心の自由が法的規制の対象となることはなく、それは絶対的に保障されるべきものである。したがって、国家権力が特定のものの見方や考え方を国民に押しつけ、強制することが憲法19条に違反するのはいうまでもない。また、国家権力が特定の思想を持っていること、あるいは持たないことを理由に個人に何らかの不利益を課すことは、内心の自由を侵害することにつながるため、当然に憲法19条により禁止されるが、このような思想を理由とした不利益な取扱いは、信条による差別として憲法14条にも違反する。もちろん内心の表明としてなされた行為が、他者の権利や利益を侵害するような場合は、国家権力によりその行為が規制される可能性があるが、その場合の規制は、あくまで内心の表明としてなされた外部的行為のみに着目したものでなければならず、その行為のもととなっている内心の思想が不適切であるという理由で国家権力が当該行為を規制する場合、それは明らかに憲法19条違反となる。さらに、憲法19条は国家権力が内心における思想等を告白するよう強制したり、何らかの方法でそれを推知したりすることも禁止している。国家権力により内心における思想等を告白するよう強制されたり、あるいは推知されたりしない自由は「沈黙の自由」と呼ばれるが、国家権力が沈黙の自由を侵害した場合、当該国家にとって危険な思想の持ち主に対し、国家権力がさまざまな不利益を課すことにつながるおそれがある。したがって、国家が個人に対し、内心における思想等を告白するよう強制したり、それを推知したりすることは、たとえそれが個人に対する不利益な取扱いと結びついていない場合であっても、憲法19条違反となるとみなさなければならないのである。

ところで、この沈黙の自由をめぐる判例として、謝罪広告事件（最大判昭和31・7・4民集10巻7号785頁）があげられる。この謝罪広告事件では、名誉毀損事件における救済方法として裁判所が判決で被告に謝罪広告の掲載を命じることが、被告の沈黙の自由を侵害するかどうかが争われたが、最高裁は、同判決において、「単に事態の真相を告白し陳謝の意を表明するに止まる程度のもの」であれば、沈黙の自由の侵害とはいえないと判示した。

(3) 「思想及び良心」の意味

思想・良心の自由のうち、「良心」は個人の精神的作用の倫理的側面に関するものであり、他方で、「思想」はそれ以外のものに関するものであると理解されている。しかし、この点について、思想・良心の自由を、①宗教的信仰に準ずる世界観、主義、思想、主張等個人の人格形成の核心をなすものに限定してとらえる学説と、②世界観や人生観等に限定せず事物に関する是非弁別の判断を含む個人の内心領域を広く包摂するものととらえる学説との対立がある。また、①説と②説とを対立的にとらえるのではなく、①説は②説の内容をより具体化したものであるとする有力な学説もある。「思想」と「良心」とを区別して理解することに特別な意義は見出せない。つまり、憲法19条の思想・良心の自由とは、「思想」と「良心」を一体的なものとしてとらえ、個人の内心における自由を広く保障するものと理解すべきであろう。

〔判　例〕

「君が代」起立・斉唱の職務命令と思想・良心の自由

（最三小判平成23・6・14民集65巻4号2148頁）

事　実　東京都八王子市および町田市の市立中学校の教諭らが、卒業式または入学式において、国旗掲揚のもと、国歌斉唱の際に起立して斉唱することを命ずる旨の校長の職務命令に従わず、国歌斉唱の際に起立しなかったところ、東京都教育委員会から事情聴取され、戒告処分を受け、服務事故再発防止研修を受講させられるとともに、東京都人事委員会から上記戒告処分の取消しを求める審査請求を棄却する旨の裁決を受けた。そこで、教諭らは、上記職務命令が憲法19条に違反するとともに、上記事情聴取、戒告処分、服務事故再発防止研修および裁決は違法である等主張して、東京都に対し、上記戒告処分および裁決の取消しならびに国家賠償法１条１項に基づく損害賠償を求めた。

本件の一審および原審は、本件職務命令が憲法19条等に違反せず、教育基本法10条１項の教育に対する「不当な支配」にもあたらないとした。また、原審は本件職務命令違反を理由とする戒告処分について、裁量権の範囲の逸脱・濫用はないとして、その取消しを求める教諭らの請求をいずれも棄却すべきであると判示した。そこで、教諭らが本件職務命令の憲法19条違反等を主張して上告した。

判　旨　本件起立斉唱行為は、学校の儀式的行事における慣例上の儀礼的な所作としての性質を有するものであり、わが国において「日の丸」や「君が代」が戦前の軍国主義や国家体制等との関係で果たした役割に関わる当該教諭の「歴史観ないし世界観を否定することと不可分に結び付くもの」ではなく、上記職務命令は、ただちにその歴史観ないし世界観それ自体を否定するものとはいえない。

本件起立斉唱行為は、学校の儀式的行事における「慣例上の儀礼的な所作として外部からも認識されるものであって、……特定の思想又はこれに反する思想の表明として外部から認識されるものと評価することは困難」であり、上記職務命令は、当該教諭らに対して、「特定の思想を持つことを強制したり、これに反する思想を持つことを禁止したりするものではなく、特定の思想の有無について告白することを強要するものともいえない。……もっとも、卒業式等の式典における国歌斉唱の際の起立斉唱行為は、教員が日常担当する教科等や日常従事する事務の内容それ自体には含まれないものであって、一般的、客観的に見ても、国旗及び国歌に対する敬意の表明の要素を含む行為であり、そのように外部から認識されるものであるということができる。そうすると、自らの歴史観ないし世界観との関係で否定的な評価の対象となる『日の丸』や『君が代』に対して敬意を表明することには応じ難いと考える者が、これらに対する敬意の表明の要素を含む行為を求められることは、その行為が個人の歴史観ないし世界観に反する特定の思想の表明に係る行為そのものではないとはいえ、個人の歴史観ないし世界観に由来する行動（敬意の表明の拒否）と異なる外部的行動（敬意の表明の要素を含む行為）を求められることとなり、それが心理的葛藤を生じさせ、ひいては個人の歴史観ないし世界観に影響を及ぼすものと考えられるのであって、……その者の思想及び良心の自由についての間接的な制約となる面があることは否定し難い。……そこで、このような間接的な制約について検討するに、……その制限が必要かつ合理的なものである場合には、……間接的な制約も許容され得るものというべきである」。また、「このような 間接的な制約が許容されるか否かは、職務命令の目的及び内容並びに上記の制限を介して生ずる制約の態様等を総合的に較量して、当該職務命令に上記の制約を許容し得る程度の必要性及び合理性が認められるか否かという観点から判断するのが相当である」。

「これを本件についてみるに、本件職務命令に係る国歌斉唱の際の起立斉唱行為は、……上告人らの歴史観ないし世界観との関係で否定的な評価の対象となるものに対する敬意の表明の要素を含み、そのように外部から認識されるものであることから、そのような敬意の表明には応じ難いと考える上告人らにとって、その歴史観ないし世界観に由来する行動（敬意の表明の拒否）と異なる外部的行動となり、心理的葛藤を生じさせるものである。この点に照らすと、本件各職務命令は、一般的、客観的な見地からは式典における慣例上の儀礼的な所作とされる行為を求めるものであり、それが結果として上記の要素との関係においてその歴史観ないし世界観に由来する行動との相違を生じさせることとなるという点で、……上告人らの思想及び良心の自由についての……間接的な制約となる面があるものということができる。……他方、学校の卒業式や入学式等という教育上の特に重要な節目となる儀式的行事においては、生徒等への配慮を含め、教育上の行事にふさわしい秩序を確保して式典の円滑な進行を図ることが必要であるといえる。……そして、住民全体の奉仕者として法令等及び上司の職務上の命令に従って職務を遂行すべきこととされる地方公務員の地位の性質及びその職務の公共性に鑑み、公立中学校の教諭である上告人らは、法令等及び職務上の命令に従わなければならない立場にあり、……本件各職務命令は、……教育上の行事にふさわしい秩序の確保とともに当該式典の円滑な進行を図るものであるということができる」。以上のようなことから、「本件各職務命令については、前記のように上告人らの思想及び良心の自由についての間接的な制約となる面はあるものの、職務命令の目的及び内容並びに上記の制限を介して生ずる制約の態様等を総合的に較量すれば、上記の制約を許容し得る程度の必要性及び合理性が認められるものというべきであり、本件各職務命令は」、教諭「らの思想及び良心の自由を侵すものとして憲法19条に違反するとはいえないと解するのが相当である」。

コメント 平成18［2006］年、東京地裁は、原告の教諭らが都立学校の入学式および卒業式等の式典において、国旗に向かって起立して国歌を斉唱する義務や国歌斉唱時にピアノ伴奏をする義務を負っていないと判示した（東京地判平成18・9・21判タ1228号88頁）。東京地裁は、当該通達およびこれに関する東京都教育委員会の都立学校各校長に対する一連の指導等が、「教育の自主性を侵害するうえ、教職員に対し一方的な一定の理論や観念を生徒に教え込むことを強制することに等しく、教育における機会均等の確保と一定の水準の維持という目的のために必要かつ合理的と認められる大綱的な基準を逸脱して」おり、教育基本法10条1項所定の不当な支配に該当するものとして違法と解するのが相当であると判示した。

この東京地裁判決の5年後、最高裁は本判決を下した。本判決は、公立学校の式典における国旗掲揚のもとでの国歌斉唱の際の教職員の起立斉唱職務それ自体は、一般的、客観的な見地からは式典における慣例上の儀礼的な所作にとどまると述べるとともに、行為の性質および外部からの認識可能性の観点からは、思想および良心の自由を直接的に制約するものとはいえないとしたが、その一方で、本判決は、起立斉唱行為が一般的、客観的な見地からも国旗および国家に対する敬意の要素を含む行為であると評価される点に着目し、本件職務命令により内心に反して行われる外部的行為の強制が、教諭らの歴史観ないし世界観に由来する行動（敬意の表明の拒否）との相違を生じさせることとなりうるという意味で思想・良心の自由に対する間接的な制約となる場合があると指摘した。

さらに、本判決は、思想・良心の自由に対する間接的制約の許容性、換言すれば、内心に反して行われる外部的行動の強制を許容するに足りる職務命令の必要性および合理性の程度は、職務命令の目的および内容ならびに制約の態様等との相関関係において総合的に判断されるべきものと判示している。そして、学校の式典における国歌斉唱の際に起立斉唱行為を求める本件職務命令が、学校教育の目標や卒業式等の儀式的行事の意義やそのあり方等を定めた関連法令（学校教育法、学習指導要領等）の諸規定の趣旨に沿っているという点、さらに、地方公務員の地位の性質およびその職務の公共性という点等から、教諭らの思想・良心の自由に対する間接的制約を許容しうる程度の必要性および合理性が認められると結論づけている。

2　信教の自由

〔解　　説〕

(1)　信教の自由の保障

ヨーロッパ中世の絶対王政の時代、人々は国家の公認する宗教以外を信仰することは許されず、それに違反する人々は異端者として厳しく罰せられた。そして、このような弾圧に屈せず立ち上がった人々は、信教の自由を獲得するための闘争を通じて精神的自由というものの重要性を自覚するに至った。近代憲法は、ほとんど例外なく信教の自由を保障している。たとえば、アメリカ合衆国憲法修正１条は、「連邦議会は、国教の樹立を規定し、または宗教上の自由な行為を禁止する法律を制定してはならない」と規定している。明治憲法も「日本臣民ハ安寧秩序ヲ妨ケス及臣民タルノ義務ニ背カサル限ニ於テ信教ノ自由ヲ有ス」と定め、信教の自由を保障していた。しかし、安寧秩序を妨げたり、臣民の義務に反したりするような宗教的活動は禁止された。そのうえ、神道を国家の宗教として位置づける国家神道の形成と展開により、国民はその意に反して神道上の儀式や祝典に参加することを強制されていた。このような歴史を経て規定された憲法20条は、個人の信教の自由を保障する（1項前段および2項）とともに、国家が特定の宗教と結びついてはならないという政教分離原則を定めている（1項後段および3項）。

(2) 信教の自由の意義

「信教」という言葉は、超自然的・超人間的本質の存在（たとえば、神、仏、至高の存在等）を信じ、その力にすがることを意味する「信仰」という言葉と同じである。国家権力による干渉なしに信仰を持つ自由を憲法20条は保障しており、これこそが信教の自由の核心である。そして、この信教の自由は、宗教上の儀式を行ったり、それらに参加したりする自由、さらに、布教やその他の宗教的活動を行う自由、ならびに宗教上の集会・結社の自由等を包摂するものである。また、信教の自由には、信仰を持ったり、儀式や宗教的活動等を行ったりする積極的な自由だけでなく、信仰を持たない自由や儀式への出席や宗教的活動等への参加を強制されない消極的な自由も当然含まれる。このように信教の自由の内容は広汎であるが、その保障内容は以下のように分類することができよう。

(3) 信教の自由の保障内容

憲法20条の保障する信教の自由は、①信仰の自由、②宗教的行為の自由、③宗教的結社の自由、という具体的な保障内容で構成される。①信仰の自由とは、内心において信仰を持つ自由と信仰を持たない自由、さらに、自己の信仰を告白する自由と自己の信仰を告白することを強制されない自由を意味する。この信仰の自由とは、絶対的に保障されるべきものである。②の宗教的行為の自由とは、信仰に関連する礼拝・祈祷その他の宗教上の祝典・儀式・行事や布教宣伝を個人または他者と共同して行うことができる自由をさす。この宗教的行為の自由には、宗教的行為を行わない自由や、それらへの参加を強制されない自由、さらに、他の宗教を批判したりすることの自由も当然含まれる。③の宗教的結社の自由とは、信仰を同じくする者が宗教団体を結成し、布教を組織的に行う自由をいう。また、この宗教的結社の自由には、その宗教団体への加入または不加入、あるいは宗教団体からの脱退の自由も含まれる。

②宗教的行為の自由、および③宗教的結社の自由は、他者との関わり合いが生じる可能性があることから制約を受ける場合がある。ただ、その場合においては、信教の自由の侵害とならないよう慎重な配慮が求められる。たとえば、加持祈祷事件判決（最大判昭和38・5・15刑集17巻4号302頁）において、最高裁は、祈祷師が線香護摩により少女を死に至らしめた行為が、信教の自由の保障の限界を逸脱した著しく反社会的なものであるとして処罰を合憲とした。また、オウム真理教解散命令事件判決（最一小判平成8・1・30民集50巻1号199頁）において、最高裁は、大量殺人を目的として計画的、組織的にサリンを生成した宗教法人に対する解散命令は、もっぱら宗教法人の世俗的側面を対象とし、宗教団体や信者の精神的・宗教的側面に容かいする意図によるものではなく、その支障は解散命令に伴う間接的で事実上のものにとどまることを理由に憲法20条に違反しないとした。

⑷ 国家と宗教の分離

国家が特定宗教を国教と指定したり、特定の宗教に特権を与えたりしてそれと結びつくと、それ以外の宗教を信仰する者や無宗教者に対する国家の迫害が生じやすいことは歴史の示すところである。このため、個人の信教の自由を確実に保障するために、近代憲法のほとんどは何らかのかたちで、国家の宗教的中立性を意味する政教分離原則を定めている。ところで、国家と宗教との分離といっても、その度合いは国によって異なっている。たとえば、アメリカやフランスでは国家と宗教とを厳格に分離する立場がとられているが、イギリスにおいては、国教制度が採用されながらも国教以外の宗教について広汎な宗教的寛容をもって臨むことで、実質的にほぼ完全な信教の自由の保障が図られている。わが国の政教分離原則は、国家と宗教との分離を厳格に求めるアメリカやフランスのような類型に属しているとされるが、市が主催する地鎮祭が政教分離原則に違反するとして争われた津地鎮祭事件判決（最大判昭和52・7・13民集31巻4号533頁）において、最高裁は、国家と宗教の完全な分離は事実上不可能に近いため、政教分離原則は「国家が宗教とのかかわり合いを持つことを全く許さないとするものではなく、宗教とのかかわり合いをもたらす行為の目的及び効果にかんがみ、そのかかわり合いが……諸条件に照らし相当とされる限度を超えるものと認められる場合にこれを許さないものである」と述べている。

(5) 政教分離原則の内容

政教分離原則は、①「特権」付与の禁止（20条1項後段）、②宗教団体の「政治上の権力行使」の禁止（20条1項後段）、③国による「宗教的活動の禁止」（20条3項）、④宗教団体への公金支出の禁止（89条）、という具体的内容で構成される。①の「特権付与」の禁止でいう「特権」とは、他の団体や宗教団体と区別して、特定の宗教団体のみに与えられるあらゆる優遇的地位や利益をさす。また、②の宗教団体の「政治上の権力行使禁止」でいう「政治上の権力」とは、国や地方公共団体が独占している統治権に属する権力をさし、課税権や裁判権等がそれに含まれる。しかし、今日において宗教団体が国から政治上の権力を付与され、それを行使するということはほとんど考えられないため、実際に問題となるのは、免税特権の付与や補助金の給付といった「特権付与」に関する事柄になろう。③の国による「宗教的活動の禁止」でいう「国」には、国政を分担している地方公共団体、公法人等も含まれる。国による「宗教的活動の禁止」とは、典型的には、「特定の宗教のための宗教教育」（教育基本法15条参照）の禁止である。したがって、社会生活における宗教一般の機能に関する知識を授けたり、宗教的寛容を養うための教育を行ったりすることまで禁じられているとは考えられず、布教や他の宗教の排斥の意味を持った宗教教育のみが禁じられる。なお、クリスマスツリーを飾ったり、門松を飾ったりする行為は、たとえその起源が宗教的なものであっても、季節の行事や慣習として世俗化したものであれば、もはや宗教的活動とはいえない。④の宗教団体への公金支出の禁止とは、政教分離を財政面から裏づけようとするものである。したがって、宗教団体が設置する幼稚園等への補助金支出は、たとえば、子どもに対する手当等、子どもを受益者とするような形式で行うといった配慮が求められよう。また、文化財保護のための宗教団体に対する補助金支出は、当該団体の利益のためではなく、あくまでも文化財保護を目的に行われるものであるため使途の明確化が求められる。

(6) 政教分離をめぐる訴訟における合憲性判断の手法

① **目的・効果基準**　政教分離原則に違反するか否かを判断する手法として最高裁判例が採用してきたのが、いわゆる目的・効果基準である。この基準は、州による私学助成の補助金交付制度に関するアメリカ連邦最高裁判決[1)]で用いられたもので、アメリカでは一般に**レモン・テスト**と呼ばれている。これは国の行為が、①世俗的目的を持つものか、②その主要な効果が宗教を促進したり抑圧したりしないか、③国家と宗教との過度の関わり合いをもたらすものでないか、という三つの要件をすべてクリアしない限り、政教分離違反とするもので、かなり厳格な基準である。しかしながら、日本の最高裁は、前掲の津地鎮祭事件判決において、国家が宗教とある程度関わり合いを持たざるを得ないことを前提とした上で、その行為の目的と効果にかんがみ、その関わり合いが諸条件に照らし、過度の関わり合いと認められる場合にのみ政教分離原則に違反すると判示した。津地鎮祭事件判決が採用した基準は、主として当該行為の目的と効果という二つの要件によって判断するかのような構造となっており、国家と宗教との過度の関わり合いをもたらすかが独立した要件とされていないため、国家と宗教との緩やかな分離を容認する余地が大きいといえる。この津地鎮祭事件判決において、最高裁は、本件地鎮祭が宗教との関わり合いを持つものであることを否定しえないが、その目的は社会の一般的慣習に従った儀礼を行うというもっぱら世俗的なものであり、さらに、その効果は神道を援助、助長、促進または他の宗教に圧迫、干渉を加えるものとは認められないとして、地鎮祭への市の公金支出は宗教的活動にはあたらないと結論づけた。

② **総合的な判断手法**　市有地の神社への無償提供が問題となった空知太(そらちぶと)事件判決（最大判平成22・1・20民集64巻1号1頁）において、最高裁は宗教との関わり合いをもたらす国の行為の目的および効果に着目した、従来の目的効果基準による枠組みではなく、当該宗教的施設の性格、当該土地が無償で当該施設の敷地としての用に供されるに至った経緯、当該無償提供の態様、これらに対する一般人の評価等といった諸般の事情に着目しながら、国家と宗教が過度の関わり合いを持つか否かについて判断を行い、市有地の神社への無償提供が「違憲状態」にあたると結論づけた。つまり、この空知太事件判決において、最高

1)　Lemon v. Kurtzman, 403 U.S. 602 (1971).

裁は、国の行為が宗教と過度の関わり合いをもたらすものであるのか否かについて、より総合的な判断を行っている。また、最高裁は、孔子廟の敷地を市が無償提供したことが問題となった孔子廟事件判決（最大判令和3・2・24民集75巻2号29頁）においても空知太事件判決を踏襲した総合的な判断を行っている。このように、最高裁は空知太事件判決および孔子廟事件判決において、総合的な判断に依拠し、判決を下しているが、このような総合的な判断手法に対しては、判断要素が多過ぎるため、かえって判断基準としては曖昧であるという批判がある。

〔判　例〕

愛媛県玉串料事件—宗教団体に対する公金支出と政教分離原則

（最大判平成9・4・2民集51巻4号1673頁）

事　実　愛媛県は、昭和56年から同61年にかけて靖國神社の挙行した春秋の例大祭に奉納する玉串料として9回にわたり計4万5000円を、夏のみたま祭に奉納する献灯料として4回にわたり計3万1000円を、また県護國神社に対し、春秋の慰霊大祭に奉納する供物料として9回にわたり計9万円を、それぞれ県の公金から支出した。そこで、同県の住民は、本件支出が憲法20条3項、89条に違反するとして、靖國神社への右支出については、知事およびその委任によりこれを行った職員に対し、さらに、護國神社への右支出については、知事および専決権限に基づきこれを行った職員に対し、地方自治法242条の2第1項4号に基づき、県に代位してそれぞれ当該支出額相当の損害賠償を求めた。

第一審は、本件支出は、その目的が宗教的意義を持つことを否定しえず、その効果が靖國神社または護國神社の宗教活動を援助、助長、促進することになるものであり、本件支出によって生ずる県と靖國神社および護國神社との結びつきは、わが国の文化的・社会的諸条件に照らして考えるとき、もはや相当とされる限度を超えるものであるから、憲法20条3項の禁止する宗教的活動にあたり、違法なものであると判断した。

これに対して、第二審は、本件支出は宗教的な意義を有するが、一般人にとって神社参拝の際の玉串料の支出は過大でない限り社会的儀礼として受容されるという宗教的評価がされており、知事は遺族援護行政の一環として本件支出をしたものであって、それ以外の意図、目的や深い宗教心に基づいてこれをしたものではないし、その支出の程度は少額で社会的な儀礼の程度にとどまっており、その行為が一般人に与える効果、影響は、靖國神社等の第二次大戦中の法的地位の復活や神道の援助、助長についての特別の関心、気風を呼び起こしたりするものではない等の事情を考慮すれば、本件支出は神道に対する援助、助長、促進または他の宗教に対する圧迫、干渉等になるようなものではないから、憲法20条3項、89条に違反しないと判断した。

判　旨　「政教分離原則は、国家が宗教的に中立であることを要求するものではあるが、国家が宗教との関わり合いを持つことを全く許さないとするものではなく、宗教とのかかわり合いをもたらす行為の目的及び効果にかんがみ、そのかかわり合いが我が国の社会的・文化的諸条件に照らし相当とされる限度を超えるものと認められる場合にこれを許さないとするものである」。「憲法20条３項にいう宗教的活動とは、およそ国及びその機関の活動で宗教とのかかわり合いを持つすべての行為を指すのではなく、そのかかわり合いが右にいう相当とされる限度を超えるものに限られるというべきであって、当該行為の目的が宗教的意義を持ち、その効果が宗教に対する援助、助長、促進又は圧迫、干渉等になるような行為をいうものと解すべきである」。「ある行為が右にいう宗教的活動に該当するかどうかを検討するに当たっては、当該行為の外形的側面のみにとらわれることなく、当該行為の行われる場所、当該行為における一般人の宗教的評価、当該行為者が当該行為を行うについての意図、目的及び宗教的意識の有無、程度、当該行為の一般人に与える効果、影響等、諸般の事情を考慮し、社会通念に従って、客観的に判断しなければならない」。また、憲法89条は、「公金その他の公の財産を宗教上の組織又は団体の使用、便益又は維持のために支出すること又はその使用に供すること」を禁止しているが、それは「前記政教分離原則の意義に照らして、公金支出等における国家と宗教とのかかわり合いが……相当とされる限度を超えているものをいうものと解すべきであり、これに該当するかどうかを検討するに当たっては、前記と同様の基準によって判断しなければならない」。

被上告人知事らは、「憲法20条１項後段にいう宗教団体に当たることが明らかな靖国神社又は護国神社が各神社の境内において挙行した恒例の宗教上の祭祀」に際して玉串料等を奉納するため、公金を支出したものである。祭祀は神社神道における中心的な宗教上の活動であり、例大祭および慰霊大祭は、各神社の恒例の祭祀中でも重要な意義を有し、また、みたま祭は靖國神社の祭祀中最も盛大な規模で行われ、いずれも神道の儀式に則って行われる儀式を中心とするものであって、各神社が宗教的意義を有すると考えていることが明らかなものである。したがって、「県が特定の宗教団体の挙行する重要な祭祀にかかわり合いを持ったということは明らかである」。一般に「神社自体がその境内において挙行する恒例の重要な祭祀に際して右のような玉串料等を奉納すること」は、「建築主が主催して建築現場において……行う儀式である起工式」とは異なり、「その宗教的意義が希薄化し、慣習化したり社会的儀礼にすぎないものになっているとまでは到底いうことはできず、一般人が本件の玉串料等の奉納を社会的儀礼の一つにすぎないと評価しているとは考え難い」。そうであれば、「玉串料等の奉納者においても、それが宗教的意義を有するものであるという意識を大なり小なり持たざるを得ない」のであって、「このことは、本件においても同様というべきである」。

このようなことからすれば、「地方公共団体が特定の宗教団体に対してのみ本件のような形で特別のかかわり合いを持つことは、一般人に対して、県が当該特定の宗教団体を特別に支援しており、それらの宗教団体が他の宗教団体とは異なる特別のものであるとの印象を与え、特定の宗教への関心を呼び起こすものといわざるを得ない」。このような点を考慮して判断すると、本件玉串料等の奉納は、その目的が「宗教的意義」を持ち、その効果が「特定の宗教に対する援助、助長、促進」になると認められ、それがもたらす県と靖國神社等との関わり合いは、「我が国が社会的・文化的諸条件に照らし相当とされる限度を超える」ものであって、憲法20条３項の禁止する宗教的活動にあたり、また89条の禁止する公金の支出にあたるものとして違法というべきである。

コメント　本判決の判断基準は、国家と宗教との関わり合いをもたらす行為の目的および効果にかんがみ、その関わり合いが相当とされる限度を超えるものと認められる場合に政教分離違反となるというものであり、津地鎮祭事件判決と基本的に同じである。津地鎮祭事件判決では、市が主催した地鎮祭への公金支出が問題となり、本件では靖國神社および護國神社が挙行した祭祀に際して奉納された玉串料等を公金から支出したことが問題となった。最高裁は、前者については合憲判断を下し、後者については違憲判断を下しているが、その判断の決め手となったのは、本件における公金支出が慣習化した「社会的儀礼」に過ぎないのか否かという点である。本件において、最高裁は、「神社自体がその境内において挙行する恒例の重要な祭祀に際して、……玉串料を奉納することは、建築主が主宰して建築現場において……行う儀式である起工式とは異なり、時代の推移によって既にその宗教的意義が希薄化し、慣習化した社会的儀礼にすぎないものになっているとまでは到底いうことができず、一般人が本件の玉串料等の奉納を社会的儀礼にすぎないと評価しているとは考え難いところである」と判示している。つまり、地鎮祭に対する公金支出は、「時代の推移によって既にその宗教的意義が希薄化し、慣習化した社会的儀礼にすぎないものになっている」が、他方で、本件で問題となった玉串料や例大祭等に対する公金支出は、地鎮祭に対する公金支出のような社会的儀礼と位置づけることができないというのである。また、本判決の「県が特定の宗教団体の挙行する重要な祭祀にかかわり合いを持ったということは明らかである」という論述や、「地方公共団体が特定の宗教団体に対してのみ本件のような形で特別のかかわり合いを持つことは、一般人に対して、県が当該特定の宗教団体を特別に支援しており、それらの宗教団体が他の宗教団体とは異なる特別のものであるとの印象を与え、特定の宗教への関心を呼び起こすものといわざるを得ない」という論述が、アメリカの判例でみられる**エンドースメント・テスト**を想起させるという指摘がある。このエンドースメント・テストとは、レモン・テストを補完するものであり、目的および効果の点から、問題となっている政府の行為が実際に特定の宗教を推奨するメッセージ性を有するのか否かが精査され、当該行為が特定の宗教を推奨するようなメッセージ性を有すると判断された場合、その行為は違憲と判断される。たとえば、アメリカの郡裁判所に設置されたキリストの降誕の場面を描いた像が政教分離原則に違反するとして争われた事件[2)]で、アメリカ連邦最高裁は、政府による宗教的象徴表現は、宗教上の信念を推奨する効果を有する場合、違憲となると述べたうえで、当該像の設置を違憲とした。

2) County of Allegheny v. ACLU, 492 U.S. 573 (1989).

5　表現の自由

憲法21条1項は、「言論、出版その他一切の表現の自由は、これを保障する。」と規定している。表現の自由は、とりわけ重要な人権であるといえるが、それについては次の理由からも根拠づけることができる。第一に、個人が自己の表現を通じて他者と相互に関わり合うことによって、自己の人格を形成し発展させることができること（自己実現の価値）。第二に、個人相互が自由に意見交換することは、民主主義社会の確立にとって不可欠であること（自己統治の価値）。これらの価値を有することから、表現の自由はきわめて重要な人権であるが、その保障は絶対的なものではなく、他者の人権と衝突するような場合、制限されることがある。しかし、表現の自由に対する制限はその重要性にかんがみて必要最小限度にとどめなければならない。ある法律の合憲性が問題とされた場合、原則として裁判所は、立法機関である国会の判断を尊重し、当該法律を合憲であると推定するのに対し、表現の自由の規制立法については、そのような合憲性の推定は排除され、表現の自由を規制する立法が合憲であると主張する側が、当該法律の合憲性について立証できなければ、当該法律は違憲とされるべきと解される。他方、経済的自由の規制立法については、経済的弱者の保護という福祉国家の理念に基づく政策的見地から、その選択について立法部のより広い裁量が認められる。このように、表現の自由の規制立法と経済的自由の規制立法を区別して前者についてより厳格な審査をすべきとする考え方を、「**二重の基準論**」という（本書191頁参照）。

「表現の自由」とは、伝統的な理解によれば、人の内心における精神作用を外部に公表する精神活動の自由であるが、「表現の自由」の現代的意義はこれにとどまらず、「情報」（思想・信条・意見・知識・事実・感情など人の精神活動に関わる一切のものを含む）の伝達に関する活動の自由と解することができる。インターネットの発達に伴い、膨大な情報が溢れている現代社会においては、単に表現することの自由だけではなく、あらゆる情報の中から必要な情報を収集し、その収集した情報をもとに他者に情報を伝達し、その表現が受領されるという情報の自由な流通が保障されるべきである。それゆえ、憲法が表現の自由を保障するのは、情報の流通に関わる国民の諸活動が公権力により妨げられないことを意味する。

1　事前抑制

〔解　　説〕

憲法21条２項前段は、「検閲は、これをしてはならない。」と定める。政府による恣意的な判断によって、表現行為そのものが行えなくなると、伝えたい情報が情報の受け手に全く届かなくなってしまうため、検閲という方法は表現の自由に対する最も強力な規制手段であるといえる。それゆえ、憲法では「検閲」を特に明文で禁止しているのである。最高裁は、この検閲の禁止が絶対的であるとするが、その一方で、最高裁は税関職員が行う輸入禁制品に対する検査が検閲に該当するか否かが争われた札幌税関事件（最大判昭和59・12・12民集38巻12号1308頁）で、「検閲」とは、「行政権が主体となって、思想内容等の表現物を対象とし、その全部又は一部の発表の禁止を目的として、対象とされる一定の表現物につき網羅的一般的に、発表前にその内容を審査した上、不適当と認めるものの発表を禁止すること」であるときわめて限定的に定義している。そのうえで、最高裁は税関職員が行う輸入禁制品に対する税関検査は憲法21条２項が禁止する「検閲」にはあたらないと判示している。このような最高裁の検閲の定義に対しては、狭すぎるとして学説は批判的である。

また、裁判所が名誉毀損を理由に出版物の配布を事前に差し止めることは検閲に該当するのだろうか。この点につき、最高裁は、裁判所による出版物の事前差止めが検閲にあたるか否かが争われた北方ジャーナル事件において、仮処分による事前差止めは、「個別的な私人間の紛争について、当事者の申請に基づき差止請求権等の私法上の被保全権利の存否、保全の必要性の有無を審理判断して発せられるもので」検閲にはあたらないとしつつも、仮処分による事前差止めは事前抑制そのものであるから、表現行為に対する事前抑制は、憲法21

条の趣旨に照らし、「厳格かつ明確な要件のもとにおいてのみ許容されうる」とした。そして、最高裁は、「とりわけ、その対象が公務員又は公職選挙の候補者に対する評価、批判等の表現行為に関するものである場合には」、事前差止めは原則として許されないが、「その表現内容が真実でなく、又はそれが専ら公益を図る目的のものでないことが明白であって、かつ、被害者が重大にして著しく回復困難な損害を被る虞があるとき」は、例外的に許されると判示した（最大判昭和61・6・11民集40巻4号872頁）。

この北方ジャーナル事件判決は名誉毀損を理由とする裁判所の差止命令の許容要件を示したものであった（刑法230条の2、名誉毀損罪の違法性阻却要件参照）。また、同判決以降、モデル小説によるプライバシー侵害を理由とする小説の出版等の差止めの合憲性が争われた「石に泳ぐ魚」事件（最三小判平成14・9・24判時1802号60頁）において、最高裁は①公共の利益に係わらないXのプライバシーにわたる事項を表現内容に含む本件小説の公表により、②公的立場にないXの名誉、プライバシー、名誉感情が侵害されたものであって、本件小説の出版等によりXに③重大で回復困難な損害を被らせるおそれがある場合に、名誉およびプライバシーや名誉感情の侵害を理由とする小説の出版等の差止めが認められるとしたうえで、本件においては上記①、②の要件を満たすことから本件小説の出版等の差止めは憲法21条に違反するものではないとして、小説の出版等の差止めを認めている。このように、プライバシー侵害を理由とする出版の差止めについて認める判例もあるが、政治家の長女の離婚記事が掲載された雑誌の出版差止めを裁判所が認容しなかった事例について次に紹介する。

〔判　　例〕

週刊文春事件—プライバシー侵害と出版の差止め

（東京高決平成16・3・31判時1865号12頁）

事　　実　出版社が田中真紀子衆議院議員の長女の離婚についての記事を「週刊文春」に掲載し販売しようしたところ、長女と元夫がそれを知り、長女らはプライバシー侵害を理由として、民事保全法に基づき、その出版を禁止する仮処分命令を申し立てた。東京地裁はこの申立てを認めて、離婚に関する記事を含んだ形での雑誌販売を禁じる仮処分命令をした。出版社側は、これを不服として同地裁に保全異議を申し立てたが、同地裁はこれをしりぞけ、仮処分命令を認可した（東京地決平成16・3・19判時1865号18頁）。その決定を不服とした出版社は、東京高裁に保全抗告を申し立てた。

決定要旨 「本件記事は、現時点においては一私人にすぎない相手方らの離婚という全くの私事を、不特定多数の人に情報として提供しなければならないほどのことでもないのに、ことさらに暴露するものというべきであり、相手方らのプライバシーの権利を侵害したものと解するのが相当である」。原決定と同様に、出版物の差止めの要件として、①本件記事が、「公共の利害に関する事項に係るものといえないこと」、②本件記事が「専ら公益を図る目的のものでないことが明白であること」、③本件記事によって「被害者が重大にして著しく回復困難な損害を被るおそれがあること」、という三つの要件を採用し、これらすべてを満たせば出版物の差止めは許容される。

上記三要件を本件記事に当てはめると、まず①については、相手方が高名な政治家を親族に持つとしても、本人が政治家を志望していない時点においては、将来、政治の世界に入るという抽象的可能性があることをもって、ただちに、公共性の根拠とすることは相当とはいえない。次に、②については、本件記事は、現時点では一私人にすぎない長女と元夫の婚姻・離婚という全くの私事を内容とするものであり、「専ら公益を図る目的のものではないことが明白である」というべきである。しかし、③について、離婚は……それ自体は、当事者の人格に対する非難など、人格に対する評価に常につながるものではなく、日常生活上、人はどうということもなく耳にし、目にする情報の一つに過ぎない。そして、表現の自由は、民主主義体制の存立と健全な発展のために必要な、憲法上最も尊重されなければならない権利である。出版物の事前差止めは、この表現の自由に対する重大な制約であり、これを認めるには慎重な上にも慎重な対応が要求されるべきであることを考えあわせると、本件記事が相手方らに、「重大な著しく回復困難な損害を被らせるおそれがある」とまでいうことはできないと考えるのが相当である。

コメント　本件は、プライバシー権と表現の自由という、どちらも憲法で保障された人権が衝突する場合において、それをどのように調整するかという問題が、出版物の事前差止めを認めるか否かというかたちで争われた。原決定は、北方ジャーナル事件および「石に泳ぐ魚」事件を参考にして、先述した三つの要件を設定し、出版の差止めを命じた。名誉権に基づく出版物の販売等の事前差止めの要件については、北方ジャーナル事件判決において確立しているが、「石に泳ぐ魚」事件判決はプライバシー権の侵害だけではなく、名誉や名誉感情が侵害された場合に差止めが認められうることを示したものである。これに対し本決定は、プライバシー権の侵害だけを理由とする出版物の事前差止めの許容性が問題となった事例であることから、東京高裁は名誉毀損の場合の要件がそのまま適用されるべきか躊躇しつつも、上記三要件を採用するのが相当であるとした。一方、本件で用いられた三要件をより厳格なものにするために、アメリカの判例理論にいう**「現実の悪意」**の法理を要件に組み込むべきという見解がある。いわゆる「現実の悪意」の法理とは、「公的存在」（公務員だけでなく社会的に著名な存在も含む）に対する名誉毀損的表現について、その表現が虚偽であることを表現者本人が知っていながらなされたものか、または虚偽か否かを気にもかけずに無視してなされたものかについて「公的存在」の側が立証しなければならない、とする考え方である。原告側が、表現行為が「現実の悪意」によってなされたものであることを立証することは事実上困難であるため、よほどのことがなければ差止めが許容されることはなくなり、これにより、表現の自由の優越性を維持することができよう。北方ジャーナル事件判決でも言われているように、事前差止めの場合には、それが事前抑制にあたることからきわめて例外的な場合にしか出版物の差止めは認められるべきではないであろう。

2　内容規制

〔解　説〕

事後規制には、ある特定の表現内容に着目して規制する内容規制と、表現内容に無関係に規制する内容中立規制とがある。このうち、内容規制は、ある特定の表現内容を規制するため、国民はその表現内容に関するものについて、一切知ることができなくなってしまうことに加えて、表現内容が虚偽であるとか、危険であるといったことを理由に表現行為を政府が規制することを許容してしまえば、政府による思想統制へとつながりかねない。それゆえ、内容規制が表現の自由に与える影響力は大きく、このことから裁判所は、内容規制の合憲性を判断する際、表現内容と無関係な規制の場合に比して、より厳格に審査すべきであるといえる。

(1)　わいせつな表現

刑法175条は、わいせつな文書・図画等の頒布・販売等を処罰の対象としており、同条は「わいせつな表現」という表現内容に基づいた規制であるといえる。わいせつな表現は元来、表現の自由の保障が及ばないものと解されており、当該表現の規制根拠として、「性的秩序を守り、最少限度の性道徳を維持すること」、

「性犯罪の防止」、「善良な性風俗の維持」など、さまざまな根拠が示されているが、いずれも説得力が十分ではない。さらには、わいせつな表現の規制根拠として、「わいせつ物を見たくない人の保護」や「青少年の保護」があげられるが、これらの目的を達成するためには、表現内容のわいせつ性を問題にする必要はなく、表現の時、場所、方法に対する制限で十分であるという見解が現在の通説の考え方である。

最高裁は、わいせつ文書とは「徒に性欲を興奮又は刺戟せしめ、且つ普通人の正常な性的羞恥心を害し、善良な性的道義観念に反するもの」と定義し、当該規制は「性的秩序を守り、最少限度の性道徳を維持する」という公共の福祉による制限であり合憲であると判示した（最大判昭和32・3・13刑集11巻3号997頁）。その後、最高裁は、わいせつ性の有無については、「文書全体との関連において」判断すべきであるという全体的考察方法を採用した（最大判昭和44・10・15刑集23巻10号1239頁）。もっとも、「四畳半襖の下張」事件において、最高裁は、わいせつ性を判断する際には、性描写の程度・手法、性描写の全体に占める比重、文書に表現された思想等と性描写の関連性、文書の構成・展開、芸術性・思想性等による性的刺激の緩和の程度の観点から、「該文書を全体としてみたときに、主として、読者の好色的興味にうったえるものと認められるか否かなどの諸点を検討することが必要である」とし、客観的な判断方法を示そうという努力を示している（最二小判昭和55・11・28刑集34巻6号433頁）。ただ、それでもやはり、上記のわいせつ性の判断においては主観的要素が入り込む余地があるといえよう。前述のように、わいせつな表現の規制は、時、場所、販売方法など表現内容に中立な規制で十分である。

(2) 名誉・プライバシー

名誉は、個人の人格価値にかかわる評価であることから、今日、憲法13条を根拠に保障される人格権の一内容と解されている。そのような名誉を毀損する表現は、個人の人格に対する社会的評価を低下させる言動であるため、人の名誉を毀損した者は、刑法230条の名誉毀損罪として処罰されることに加えて、民法709条が規定する不法行為にあたるとして民事上の損害賠償責任を負わなければならない。しかし、名誉毀損罪については、その内容が真実であっても成立してしまうことから、表現者の側の表現の自由を侵害するおそれがあるといえるため、名誉毀損的表現を規制する場合においては、名誉権と表現の自由との調整が必要となり、刑法230条の2という規定が設けられている。同条1項は、当該表現が「公共の利害に関する事実」についてのものであり、「その目的が専ら公益を図る」目的である場合には、「真実であることの証明があったときは、これを罰しない」と規定している。また、「公共の利害に関する事実」については、同条2項において、「公訴の提起されるに至っていない人の犯罪行為に関する事実は、公共の利害に関する事実とみなす」とし、また、同条3項において、「公務員又は公選による公務員の候補者に関する事実に係る場合」には、「真実であることの証明があったときは、これを罰しない」と規定する。以上の違法性阻却の要件は、民法上の不法行為としての名誉毀損にも妥当すると解されている。

一方で、最高裁は、名誉権と表現の自由の調整に関して、「真実であることの証明がない場合でも、行為者が真実であると誤信し、それが確実な資料、根拠に照らして相当の理由があるとき」は名誉毀損罪が成立しないと判示している（「夕刊和歌山時事」事件・最大判昭和44・6・25刑集23巻7号975頁）。なお、アメリカでは、公務員に対する名誉毀損については、その表現内容が虚偽であることを知っていたか、あるいはそれが真実であるか否かを全く意に介しなかったことを原告（公務員）側が立証しなければならないとする、「現実の悪意」の法理が採用されており、わが国でも学説上は、同法理を採用すべきであるとの主張が有力である。

ところで、近年、高度情報化社会の進展に伴い、名誉毀損をめぐる新たな問題が生じている。たとえば、インターネットの発達により、個人が情報を簡単に得ることができるようになったことに加えて、自身のブログやソーシャル・ネットワーキング・サービス（SNS）を利用して情報を提供したり、掲示板に投稿することも可能となった。インターネットによって発信された情報には有用なものだけではなく、特定の個人に対する誹謗中傷などが含まれる場合もあり、インターネットの発達は新たな名誉毀損の危険性を増大させている。実際、テレビ番組に出演していた女性が、番組中の言動を理由にSNS上で、誹謗中傷を受けたことが原因で自ら命を絶ってしまうという悲惨な事件も起こっており、高度情報化社会の進展に伴う名誉毀損の問題は喫緊の課題である。

プライバシーの権利についても、名誉権と同様に憲法13条によって保障される人格権の一つであるが、名誉毀損とは異なり、プライバシーを侵害する表現を処罰する規定は現行法上存在しない。よって、プライバシーを侵害する表現に対しては、もっぱら民事上の不法行為を理由とする損害賠償請求を行うことになる。「宴のあと」事件において、東京地裁は、プライバシーの侵害に対し法的な救済が与えられるためには、公開された内容が①私生活上の事実または私生活上の事実らしく受け取られるおそれのある事柄であること、②一般人の感受性を基準にして当該私人の立場に立った場合、公開を欲しないであろうと認められる事柄であること、③一般の人々に未だ知られていない事柄であること、の三つの要件を満たさなければならないとしている（東京地判昭和39・9・28下民集15巻9号2317頁）。

(3) 違法な行為の煽動

現行法上、犯罪または違法な行為の煽動（あおり）を処罰対象とする法律がいくつか存在する（たとえば、破壊活動防止法38条〜40条、不納税扇動を処罰する国税犯則取締法22条、違法な争議行為の扇動を処罰する国家公務員法110条など）。煽動罪は、実際に煽動された行為が実行されたか否かにかかわらず、煽動行為そのものを処罰の対象とする点で、実行行為がなければ成立しない教唆犯（刑法61条）とは異なる。しかし、煽動はそれ自体としては言論にすぎず、具体的な危険が現実に発生していないにもかかわらず、犯罪等の「煽動」を、当該犯罪等の実行行為とは無関係に処罰することは、表現の自由に対する重大な制限であるといえる。最高裁は、「主要食糧ノ政府ニ対スル売渡ヲ為サザルコトヲ煽動シタル者」を罰する食糧緊急措置令11条の規定の合憲性が争われた事例において、「言論の自由といえども、国民の無制約な恣意のままに許されるものではなく、常に公共の福祉によって調整されなければならない」とし、政府の政策を批判することは、公共の福祉を害するものであるとともに、「社会生活において道義的に責むべきものであるから」、煽動を犯罪として処罰する法規は憲法21条に反するものではないと判示している（最大判昭和24・5・18刑集3巻6号839頁）。違法行為の煽動を処罰の対象にできるのは、その違法行為がなされる切迫した具体的な危険が認められる場合に限られるべきであろう。

(4) 差別的表現

近年、問題となってきた表現類型として差別的表現（ヘイトスピーチ）が挙げられる。「差別的表現」とは、一定の人種、民族、宗教等の属性、アイデンティティに基づいて、罵り、侮辱し、社会からの排斥を主張したりする表現のことであり、日本においては特に、在日韓国・朝鮮人に向けて発せられる場合が多い。表現の自由の保障を優先するアメリカでは、差別的表現を禁止する法律は制定されていないが、ヨーロッパ諸国では法規制が認められている。日本においても、差別的表現を規制すべきか否かについて、これまで数多くの議論がなされてきたが、2016年に「ヘイトスピーチ解消法」（本邦外出身者に対する不当な差別的言動の解消に向けた取組の推進に関する法律）が制定された。そして、同法の制定に先立って施行されたのが、「大阪市ヘイトスピーチ対処条例」（大阪市ヘイトスピーチへの対処に関する条例）であり、同条例はヘイトスピーチに関して拡散防止措置等を定めた全国最初の条例である。また、2018年には「東京都人権条例」（東京都オリンピック憲章にうたわれる人権尊重の理念の実現を目指す条例）が、さらに2019年には「川崎市人権条例（川崎差別のない人権尊重のまちづくり条例）がそれぞれ制定されている。

ヘイトスピーチ解消法は、同法２条において、「本邦外出身者に対する不当な差別的言動」を「専ら本邦の域外にある国若しくは地域の出身である者又はその子孫であって適法に居住するもの（以下この条において［本邦外出身者］という。）に対する差別的意識を助長し又は誘発する目的で公然とその生命、身体、自由、名誉若しくは財産に危害を加える旨を告知し又は本邦外出身者を著しく侮蔑するなど、本邦の域外にある国又は地域の出身であることを理由として、本邦外出身者を地域社会から排除することを煽動する不当な差別的言動」と定めている。そして、「本邦外出身者に対する不当な差別的言動の解消が喫緊の課題であることに鑑み、その解消に向けた取組について、基本理念を定め、及び国等の責務を明らかにするとともに、基本的施策を定め、これを推進すること」（同法１条）を目的としており、差別的表現を行なった者に対する罰則等の規定は定められていない。他方で、大阪市ヘイトスピーチ対処条例及び東京都人権条例は、公表制度を導入し、当該表現を行った者に対しては、制裁として氏名または名称等を公表する措置がとられている。また、川崎市人権条例には、差別的表現を行った者が、再度同様の行為を行おうとした際に市長が勧告し、さらに勧告に違反した者が再度同様の行為を行おうとした際には禁止命令を出すが、この命令の違反者に対しては刑罰（最大50万円の罰金）が科される。これらの条例のうち、大阪市ヘイトスピーチ対処条例については、その合憲性が争われた結果、最高裁は同条例が憲法21条1項に違反しないと判示した。同判決は、ヘイトスピーチに関する条例について、最高裁が初めて憲法判断を示したものである。

〔判　　例〕

大阪市ヘイトスピーチへの対処に関する条例の合憲性

（最三小判令和4・2・15民集76巻2号190頁）

事　　実　「大阪市ヘイトスピーチへの対処に関する条例」（以下、「本件条例」という）は、「ヘイトスピーチの抑止を図る」ことを目的として制定された。本件条例2条1項各号は、本件条例においてヘイトスピーチとは、次の(ア)から(ウ)のいずれにも該当する表現活動であると定義している（以下、この表現活動を「条例ヘイトスピーチ」という）。

(1)次のいずれかを目的として行われるものであること（(ウ)については、当該目的が明らかに認められるものであること）。(ア)人種もしくは民族にかかる特定の属性を有する個人または当該個人により構成される集団（以下特定人等という）を社会から排除すること、(イ)特定人等の権利または自由を制限すること、(ウ)特定人等に対する憎悪若しくは差別の意識または暴力をあおること。

(2)表現の内容又は表現活動の態様が次のいずれかに該当すること(ア)特定人等を相当程度侮蔑し又は誹謗中傷するものであること、(イ)特定人等（当該特定人等が集団であるときは、当該集団に属する個人の相当数）に脅威を感じさせるものであること。

(3)不特定多数の者が表現内容を知り得る状態に置くような場所または方法で行われるものであること。

ある者が、2013年に大阪市内で行われた「2月24日韓国交断絶国民大行進 in 鶴橋」と称するデモ活動を撮影した動画をインターネット上に投稿し、本件条例施行後も不特定多数による視聴が可能な状態においたことについて、大阪市長は、審査会の審議を経て、本件表現行為をヘイトスピーチに該当すると認め、また本件表現行為者のハンドルネームを公表した（以下、本件公表という）。本件は、大阪市の住民である原告らが、大阪市長に対し(a)本件条例が憲法13条、21条1項、31条、94条等に違反し無効であることおよび(b)本件公表が憲法21条1項に違反することを主張し、これらに関連する支出命令が違法であるとして、監査請求を経て住民訴訟（地方自治法242条の2第1項4号）を提起した事例の最高裁判決である。なお、第一審（大阪地判令和２・１・17民集76巻２号207頁）、控訴審（大阪高判令和２・11・26民集76巻２号268頁）ともに原告が敗訴したため、原告が上告した。

判　旨　①「憲法21条１項により保障される表現の自由は、立憲民主政の政治過程にとって不可欠の基本的人権であって、民主主義社会を基礎付ける重要な権利であるものの、無制限に保障されるものではなく、公共の福祉による合理的で必要やむを得ない限度の制限を受けることがあるというべきである。そして、本件において、本件各規定の目的のために制限が必要とされる程度と、制限される自由の内容及び性質、これに加えられる具体的な制限の態様及び程度等を較量して決めるのが相当である」。

②本件各規定（本件条例２条及び５条から10条）の「目的は、……条例ヘイトスピーチの抑止を図ることにあると解される。そして、条例ヘイトスピーチに該当する表現活動のうち、特定の個人を対象とする表現活動のように民事上又は刑事上の責任が発生し得るものについて、これを抑止する必要性が高いことはもとより、民族全体等の不特定かつ多数の人々を対象とする表現活動のように、直ちに上記責任が発生するとはいえないものについても、……人種又は民族に係る特定の属性を理由として特定人等を社会から排除すること等の不当な目的をもって公然と行われるものであって、その内容又は態様において、殊更に当該人種若しくは民族に属する者に対する差別の意識、憎悪等を誘発し若しくは助長するようなものであるか、又はその者の生命、身体等に危害を加えるといった犯罪行為を扇動するようなものであるといえるから、これを抑止する必要性が高いことに変わりはないというべきである。加えて、市内においては、実際に上記のような過激で悪質性の高い差別的言動を伴う街宣活動等が頻繁に行われていたことがうかがわれること等をも勘案すると、本件各規定の目的は合理的であり正当なものということができる」。

③「また、本件各規定により制限される表現活動の内容及び性質は、上記のような過激で悪質性の高い差別的言動を伴うものに限られる上、その制限の態様及び程度においても、事後的に市長による拡散防止措置等の対象となるにとどまる。そして、拡散防止措置については、市長は看板、掲示物等の撤去要請や、インターネット上の表現についての削除要請等を行うことができると解されるものの、当該要請等に応じないものに対する制裁はなく、認識等公表についても、表現活動をしたものの氏名又は名称を特定するための法的強制力を伴う手段は存在しない」。「そうすると、本件各規定による表現の自由の制限は、合理的で必要やむを得ない限度にとどまるものというべきである。そして、本件各規定のうち、……本件条例２条１項及び…本件条例５条１項は、……不明確なものということはできないし、過度に広汎な規制であるということもできない。……したがって、本件各規定は憲法21条１項に違反するものということはできない」。

コメント　最高裁は前記判旨①において、「表現の自由は民主主義社会を基礎付ける重要な権利である」と述べつつも、「公共の福祉による合理的で必要やむを得ない限度の制限を受けることがある」として本件条例の合憲性については利益衡量によって判断するとした。この審査手法は、相対立する利益を衡量して妥当な結論を得ようするものであるが、たとえば公益と私益との比較においては、ほとんどの場合、公益が優先されがちであることから、表現の自由の規制立法の合憲性を判断する手法としては、批判が多いものであるといえる。

まず、最高裁は前記判旨②において、目的の正当性の審査を行っている（目的審査については本書190頁を参照）。本件条例は、「ヘイトスピーチの抑止を図る」（1条）ことを目的として制定されたのであるが、本件条例制定前の数年間、大阪市内において現実に特定の民族や国籍の人々を排斥する差別的言動が行われていたことや、特定の民族等に属する者らに危害を加える旨の内容の言動を伴うデモや街宣活動が頻繁になされており、またそれらの一部の動画はインターネットに投稿され、ネット上で拡散されていた。このような「過激で悪質性の高い差別的言動を伴う街宣活動等が頻繁に行われていたこと」等を考慮すると、本件条例の目的は合理的であり正当なものといえるだろう。

続いて、最高裁は、判旨③において、立法目的達成のための手段の合理性の審査を行なっている（手段審査については本書190～191頁を参照）。本件条例は、該当する表現行為について、ヘイトスピーチ解消法とは異なる独自の定義を用いているが、本件条例により制限される表現活動を「過激で悪質性の高い差別的言動を伴うもの」に限定している。また、その制限の態様および程度においても、事後的に市長による拡散防止措置等の対象となるにとどまっていることに加え、当該要請等に応じないものに対する制裁はないこと等からも、最高裁が本件条例による表現の自由の制限は、合理的で必要やむを得ない限度にとどまるものというべきであると判断したことは妥当であろう。

本件条例においては違反者に対する罰則規定は設けられていないが、仮に罰則規定を設ける条例の合憲性が問題とされた場合、規制対象を明確に定義していなければ、本来保障されるべき表現をも規制する可能性があり、国民が制裁を恐れて、その表現行為を自主的に差し控えてしまうことにもなりかねない。また、何よりも罪刑法定主義の観点から犯罪の構成要件の明確性が求められるといえよう（本書189頁の「明確性の原則」を参照）。

3 内容中立規制

〔解　説〕

内容中立規制とは、表現内容と無関係に、その表現を行う時間、場所や方法に着目して規制するものである。たとえば、道路上での街頭演説やビラ配り、集団行進や集会などは、道路交通の安全確保の観点から道路交通法によって警察署長の許可を得なければ行うことができない（道交法77条1項4号）。最高裁は、街頭演説について「道路において演説その他の方法により人寄せをすることは、場合によっては道路交通の妨害となり、延いて、道路交通上の危険の発生、その他公共の安全を害するおそれがないでもない」との理由で、街頭演説の許可制を合憲と判示しているが（最一小判昭和35・3・3刑集14巻3号253頁）、許可基準があいまいであることに加え、街頭演説などの表現行為を一律に許可制とする規制手段は、必要最小限度の規制を超えるものであるという批判がある。

また、電柱や電信柱にビラやポスターを貼り付ける、いわゆるビラ貼りについては、屋外広告物法に基づいて、多くの地方公共団体が条例による規制を行っている。このような条例は、主に美観風致を維持することを目的として、ビラ貼り等を規制するために制定されている。そもそもこの「美観」とは建物等の人工的な美しさをさし、また「風致」とは付近の自然の美しさを意味することから、美観風致の判断は主観的なものとなりやすいといえる。それゆえ、美観風致の維持のために表現行為を規制する場合は慎重でなければならない。表現の自由の保護の観点からは、ビラ貼りを規制するのであれば、歴史的景観や史跡名勝の維持といったより明確かつ限定的な目的のために規制すべきではないだろうか。

さらに、政治的意見を記載したビラを配布する目的で公務員宿舎に立ち入った行為が、刑法130条の住居侵入罪に該当するとして起訴された事案において、最高裁は、「本件で、被告人らが立ち入った場所は、集合住宅の共用部分及びその敷地であり、一般に人が自由に出入りすることのできる場所ではない」と述べたうえで、「たとえ表現の自由の行使のためとはいっても、このような場所に管理権者の意思に反して立ち入ることは、管理権者の管理権を侵害するのみならず、そこで私的生活を営む者の私生活の平穏を侵害するものといわざるを得ない」のであるから、被告人らの行為を刑法130条の罪に問うことは、憲法21条１項に違反するものでないと判示した。この最高裁の判断に対して、学説は表現の自由の重要性を十分に検討していないと批判的である。なお、本件一審判決においては、表現の自由の優越的地位について言及し、政治ビラの配布について刑事罰を科すほどの違法性はないとして無罪とされたのが注目される。

〔判　　例〕

立川反戦ビラ配布事件　（東京地判平成16・12・16刑集62巻５号1337頁）

事　　実　市民団体「立川自衛隊監視テント村」のメンバーである被告人らは、「自衛隊のイラク派兵反対！」などと記載したビラを各室玄関ドア新聞受けに投函する目的で、管理者および居住者の承諾を得ないで、防衛庁立川宿舎の敷地に数回にわたって立ち入った行為が刑法130条の住居侵入罪にあたるとして起訴された。

判　　旨「構成要件に該当する行為であっても、その行為に至る動機の正当性、行為態様の相当性、結果として生じた被害の程度等諸般の事情を考慮し、法秩序全体の見地からして、刑事罰に処するに値する程度の違法性を備えるに至っておらず、犯罪が成立しないものもあり得るというべきである」。「被告人らが立川宿舎に立ち入った動機は正当なものといえ、その態様も相当性を逸脱したものとはいえない。結果として生じた居住者および管理者の法益の侵害も極めて軽微なものに過ぎない。さらに、被告人らによるビラの投函自体は、憲法21条１項の保障する政治的表現活動の一態様であり、民主主義社会の根幹をなすものとして、同法22条１項により保障されると解される営業活動の一類型である商業的宣伝ビラの投函に比して、いわゆる優越的地位が認められている。そして、立川宿舎への商業的宣伝ビラの投函に伴う立ち入り行為が何ら刑事責任を問われずに放置されていることに照らすと、被告人らの各立ち入り行為につき、……防衛庁ないし自衛隊又は警察からテント村に対する正式な抗議や警告といった事前連絡なしに、いきなり検挙して刑事責任を問うことは、憲法21条１項の趣旨に照らして疑問の余地なしとしない。以上、諸般の事情に照らせば、被告人らが立川宿舎に立ち入った行為は、法秩序全体の見地からして、刑事罰に処するに値する程度の違法性があるものとは認められないというべきである」。

コメント　政治ビラの戸別配布をする目的で許可なく防衛庁宿舎へ立ち入った被告人らの行為について、最高裁は、表現の自由が「民主主義社会において特に重要な権利として尊重されなければならない」が、「憲法21条１項も、表現の自由を絶対無制限に保障したものではなく、公共の福祉」により制限されるとして、表現の自由の重要性について十分検討することなく、被告人らの行為を刑法130条の罪に問うことは憲法21条1項に違反するものではないと判示している。これとは対照的に本件一審判決は、被告人らによる政治ビラの配布という行為が政治的表現活動の一態様であることに配慮するとともに、政治ビラの投函については商業的宣伝ビラの投函と比べて優越的地位が認められると明言したうえで、被告人らの行為について、刑事罰を科すほどの違法性はないとして無罪としている。一審判決のように、表現の自由の優越的地位について明確に言及し、結論として表現の自由を保障した判決は他に類はなく、この点において本件一審判決の判断は注目すべきものであるといえよう。

ビラ配布は、伝統的に用いられてきた表現手段であり、特にビラの戸別配布は自分が伝達したいメッセージを伝えたい相手に確実に伝えることができるという点で、路上等でのビラ配布に比べて効果的な表現手段であることから、ビラの戸別配布は表現手段として重要な意義を有しており、できる限り尊重されなければならない。ビラ配布に対する規制は、外形的にはその内容に無関係な、いわゆる内容中立規制であるが、その実質はビラの内容を問題にした内容規制である可能性があり、実際、本件において商業的ビラの配布や宗教の勧誘などについては取り締まりが行われていないことから、本件におけるビラ配布に対する規制は特定の政治的主張を規制する側面があったと指摘されている。

ビラ配布に関連して、公務員の政治的行為を禁止する規定の合憲性が争われた事例としては、次の事件が重要である。

〔判　　例〕

国家公務員の政治活動の自由

①堀越事件　（最二小判平成24・12・7刑集66巻12号1337頁）

②世田谷事件　（最二小判平成24・12・7刑集66巻12号1722頁）

事　　実　［①事件］被告人X_1は社会保険庁に年金審査官として勤務していたが、平成15年11月9日施行の衆議院議員総選挙に際し、公務員であることを明らかにせず、日本共産党を支持する目的で、同党の機関紙及び同党を支持する政治目的を有する文書を住居や事務所に配布したため、その行為が国家公務員法110条1項19号（以下、国公法とする。）、102条1項、人事院規則14-7第6項7号・13号（5項3号）に反するとして起訴された。第一審判決（東京地判平成18・6・29刑集66巻12号1627頁）は、X_1を有罪としたが、控訴審判決（東京高判平成22・3・29刑集66巻12号1687頁）はX_1の行為に本件罰則規定を適用することは憲法21条1項・31項に違反するとして、第一審判決を破棄しX_1を無罪としたため、検察官が上告した。

［②事件］厚生労働省大臣官房の総括課長補佐として勤務する厚生労働事務官X_2は2005年の衆議院議員総選挙に際し、日本共産党を支持する目的で、公務員であることを明らかにせず、同党の機関紙を警視庁の職員住宅に配布したため、その行為が国公法110条1項19号、102条1項、人事院規則14-7第6項7号に反するとして起訴された。第一審判決（東京地判平成20・9・19刑集66巻12号1926頁）、控訴審判決（東京高判平成22・5・13刑集66巻12号1964頁）ともにX_2を有罪としたため、X_2が憲法21条1項・31条違反等を主張して上告した。

判　　旨　⑴　国公法102条1項の目的について

国公法102条1項は「公務員の職務の遂行の政治的中立性を保持することによって行政の中立的運営を確保し、これに対する国民の信頼を維持することを目的とする」が、国民の政治活動の自由は「立憲民主政の政治過程にとって不可欠の基本的人権であって、民主主義社会を基礎付ける重要な権利であることに鑑みると、上記の目的に基づく法令による公務員に対する政治的行為の禁止は、国民としての政治活動の自由に対する必要やむを得ない限度にその範囲が画されるべきものである」。国公法102条1項の「文言、趣旨、目的や規制される政治活動の自由の重要性に加え、同項の規定が刑罰法規の構成要件となることを考慮すると、同項にいう『政治的行為』とは、公務員の職務の遂行の政治的中立性を損なうおそれが、観念的なものにとどまらず、現実的に起こり得るものとして実質的に認められるものを指し」、同項の委任に基づく人事院規則の各規定も、「それぞれが定める行為類型に文言上該当する行為であって、公務員の職務の遂行の政治的中立性を損なうおそれが実質的に認められるものを当該各号の禁止の対象となる政治的行為と規定したものと解するのが相当である」。「公務員の職務の遂行の政治的中立性を損なうおそれが実質的に認められるかどうかは、当該公務員の地位、その職務の内容や権限等、当該公務員がした行為の性質、態様、目的、内容等の諸般の事情を総合して判断するのが相当である」。

⑵　本件罰則規定の憲法適合性について

本件罰則規定の合憲性は、「政治的行為に対する規制が必要かつ合理的なものとして是認されるかどうかによることになるが、これは、本件罰則規定の目的のために規制が必要とされる程度と、規制される自由の内容及び性質、具体的な規制の態様及び程度等を較量して決せられるべきものである」。本件罰則規定の目的は合理的かつ正当なものであり、禁止される対象は「公務員の職務の遂行の政治的中立性を損なうおそれが実質的に認められる政治的行為に限られ」るため、「その制限は必要やむを得ない限度にとどまり、前記の目的を達成するために必要かつ合理的な範囲のものというべきである。そして、上記の解釈の下における本件罰則規定は、不明確なものとも、過度に広範な規制であるともいえないと解される」。

⑶　本件配布行為が本件罰則規定の構成要件に該当するか否かについて

［①事件について］X_1による「本件配布行為は、管理職的地位になく、その職務の内容や権限に裁量の余地のない公務員によって、職務と全く無関係に、公務員により組織される団体の活動としての性格もなく行われたものであり、公務員による行為と認識し得る態様で行われたものでもないから、公務員の職務の遂行の政治的中立性を損なうおそれが実質的に認められるものとはいえない。そうすると、本件配布行為は本件罰則規定の構成要件に該当し

ない」。

［②事件について］X_2が「政党機関紙の配布という特定の政党を積極的に支援する行動を行うことについては、それが勤務外のものであったとしても、国民全体の奉仕者として政治的に中立な姿勢を特に堅持すべき立場にある管理職的地位の公務員が殊更にこのような一定の政治的傾向を顕著に示す行動に出ているのであるから、当該公務員による裁量権を伴う職務権限の行使の過程の様々な場面でその政治的傾向が職務内容に現れる蓋然性が高まり、その指揮命令や指導監督を通じてその部下等の職務の遂行や組織の運営にもその傾向に沿った影響を及ぼすことになりかねない。したがって、これらによって、当該公務員及びその属する行政組織の職務の遂行の政治的中立性が損なわれるおそれが実質的に生ずるものということができる」。「そうすると、本件配布行為が、勤務時間外である休日に、国ないし職場の施設を利用せずに、それ自体は公務員としての地位を利用することなく行われたものであること、公務員により組織される団体の活動としての性格を有しないこと、公務員による行為と認識し得る態様ではなかったことなどの事情を考慮しても、本件配布行為には、公務員の職務の遂行の政治的中立性を損なうおそれが実質的に認められ、本件配布行為は本件罰則規定の構成要件に該当するというべきである」。

コメント　国公法102条1項は、一般職の国家公務員に対して、「人事院規則で定める政治的行為」を禁止しており、この委任を受けて人事院規則14-7が禁止される「政治的行為」を広範囲に定めている。そして、上記規定に違反した場合には刑罰も科される。このような国家公務員の政治的行為の禁止規定の合憲性については、いわゆる猿払事件最高裁判決（最大判昭和49・11・6刑集28巻9号393頁）を先例として、本件罰則規定を含む国家公務員法の規定による公務員の政治的行為の禁止が、憲法21条1項及び31条に違反しないと判断されてきた。

約40年後、同法による政治的ビラ配布の規制に関する二つの事件において、最高裁は禁止されるべき行為を公務員の職務の遂行の政治的中立性を損なうおそれが実質的に認められる行為に限定したうえで、もっぱら被告人の職務の内容や権限に裁量の余地があるか否かの点を重視し、結論として、①事件の被告人を無罪、②事件の被告人を有罪とした。前者はその職務内容や権限に裁量の余地のない公務員であり、本件配布行為にはその職務遂行の政治的中立性を損なうおそれが実質的に認められないので、本件罰則規定の構成要件に該当せず無罪とされた。これに対し②事件の被告人は管理職的地位にあり、その指揮命令や指導監督を通じてその部下等の職務の遂行や組織の運営にもその政治的傾向に沿った影響を及ぼすことになりかねない。したがって、これらによって、当該公務員およびその属する行政組織の職務の遂行の政治的中立性が損なわれるおそれが実質的に認められるので、有罪とされた。

公務員の職務の遂行の政治的中立性を損なうおそれについては、単なる抽象的な危険では不十分であり、より具体的な危険についての論証が求められるべきであり、本判決も「観念的なものにとどまらず、現実的に起こり得るものとして実質的に認められるものを指す」と述べている。その意味で、②事件の被告人による職務の遂行の政治的中立性を損なうおそれについての判示は、十分に説得的といえるだろうか。

6　学問の自由と大学の自治

〔解　　説〕

学問の自由は、大学における自由を核心に発展をしてきた。西洋における大学の起源は、11世紀から12世紀にかけて創設されたイタリアのボローニャ大学やフランスのパリ大学といわれるが、これら大学は、教師・学生が自ら作り出した自治組織であり、都市や市民から自由な存在として認知されていた。

学問の自由の保障を近代的憲法の中で、はじめて明文化した国は、ドイツである。思想・良心の自由や表現の自由などの市民的自由が憲法上確保されていたアメリカとは異なり、ドイツではそれらの権利保障が十分ではなかった。それゆえ、国家権力から独立した大学の設置、ならびに、大学での自由な学問研究の確保が必要であった。1848年のフランクフルト憲法はその嚆矢となったもので「学問およびその教授は自由である」とする規定が設けられた。その後に制定されたプロイセン憲法（1850年)、ワイマール憲法（1919年）でも同様の規定が見られる。

大日本帝国憲法は、ドイツのプロイセン憲法を範に制定されたが、学問の自由を保障した日本国憲法23条に相当する規定を持たない。しかし、大学設立の必要性は説かれた。そこで、1810年に開学したベルリン大学を参考に、日本でも1886年に帝国大学令が発令されるにいたった（帝国大学以外の官公私立大学は、1918年の大学令による)。とはいうものの、その設置目的は、「国家ノ須要ニ応スル学術技芸ヲ教授シ及其蘊奥ヲ攷究」（帝国大学令１条）とされ、国家に役立つ人材の育成が主要目的であった。また、教員に対しても、国の官吏として天皇への忠誠を義務づける（1887年改正・官吏服務規律）など、真理の探究といった自由な学問研究とは程遠い状況であった。例えば、1933年の瀧川事件（京都帝国大学の瀧川幸辰教授の刑法学説が自由主義的であるとして、文部大臣が教授会に諮らずに同氏の休職処分を命じ、その処分に反発した教授団全員が辞表を提出した事件）、1935年の天皇機関説事件（天皇機関説を代表する美濃部達吉東京帝国大学名誉教授の著書が反国体的内容であるとして発禁処分にされたことに端を発する事件）などは、研究者の研究内容に対する政治的な干渉や圧迫などの存在を示すものといえよう。

日本国憲法において学問の自由を保障する規定が設けられたのは、上記のような大学における学問研究や教授において、公権力からの干渉ないし弾圧を受けた歴史的経緯に基づくものである。

1　学問の自由

(1)　学問の自由の保障

日本国憲法23条は、「学問の自由は、これを保障する」と規定する。その保障の範囲は、①学問研究の自由、②研究成果発表の自由、③教授の自由（教育の自由）、④大学の自治の四つの内容に及ぶと解されている。

①　**学問研究の自由**　　学問研究とは、真理の探究に向けられた知的活動を指す。これは、純粋な思索のみならず、実験・資料収集・調査など、研究活動全般に及ぶ。しかも、これら研究において、国家から研究内容について干渉されたり、制限されたりすることのない自由をいう。このような自由は、憲法19条の思想・良心の自由の保障にも含まれる。

②　**研究成果発表の自由**　　学問研究の成果を論文や書籍の形で外部に公表する自由であり、憲法21条の表現の自由の側面を持つ。公表された研究成果が第三者による検証や批判にさらされることで、真理の追究という学問の目的が、いっそう推し進められるためである。

③　**教授の自由（教育の自由）**　　研究成果を講義という形で、学生に教える自由をいう。この自由は研究成果発表の自由の一形態でもある。とはいえ、この自由が大学における教授の自由に限定されるのか、あるいは高等学校以下の初等中等教育機関の教員にも保障されるのかについては議論がある。この問題について、今日の判例の基本的な立場を示した旭川学力テスト事件最高裁判決（最大判昭和51・5・21刑集30巻5号615頁）は、初等中等教育機関の教員にも、直接憲法23条に基づいて「一定の範囲内」の教授の自由が認められると判示する。

この点は、第10章「教育を受ける権利」を参照。

④大学の自治については、本章「**2　大学の自治**」の項目で説明する。

(2)　学問の自由の保障の限界

学問研究は、思索の段階においては内心的な精神活動であり、絶対的な保障を受ける。このことは学問研究が、既存の学問の研究成果を批判・検証することで発展してゆく性質のものであることから、国家の干渉になじまないことを意味する。しかし、その研究も、真理の探究という学問の自由の究極目的に背く行為は、許されない。たとえば、人格権の侵害行為や法令違反となる他者加害行為、あるいは研究者に有利な結論を導くために、故意になされる実験データ改ざん行為などが、これに該当する。

とはいえ、科学技術の進展は、目覚ましい。特に、遺伝子研究やウイルス研究は、その好例といえよう。ただ、これらは人類の生存に必要不可欠な研究ではあるが、研究成果の利用如何によっては、軍事転用などの可能性も秘めている（これを「デュアル・ユース［軍民両用研究］」といい、例えば、人の生存に必要なワクチン開発研究が、人類の生存を脅かす生物兵器の技術にも転用可能となることをさす）。それゆえ、細菌兵器（生物兵器）及び毒素兵器の開発、生産及び貯蔵の禁止ならびに廃棄に関する条約の実施に関する法律（1982年制定）などの法律による規制や、研究者や所属機関などによる自主的規制などもなされている。しかし、研究規制を行うことは、科学技術の進展に水を差すことに通じるだけでなく、どのような研究対象であっても軍事転用の可能性は否定できないために、最善の解決策とは言い難い側面を持つ。科学技術の進展と研究規制はまさに諸刃の剣ともいえよう。

なお、2013年に発表された国の防衛大綱では、安全保障の観点から、大学や研究機関との連携の充実等により、防衛にも応用可能なデュアル・ユース研究の積極的な活用に努めるとする方針が示され、大学や民間の研究施設においては、国からの研究資金の受託も可能となった。また、2022年には、国際安全保障の観点から経済安全保障推進法が制定され、サイバー犯罪や経済封鎖などの研究支援も可能となった。しかし、平和と安全を脅かす可能性を秘める軍事研究に慎重な姿勢を示すところも少なくない。

2　大学の自治

〔解　　説〕

憲法23条の学問の自由の内容として、大学の自治が含まれる。それは、学問研究の中心である大学における自治が、学問の自由の確保にとって必要不可欠だからである。このことから大学の自治は、学問の自由の制度的保障とするのが一般的な見方である。この点、東大ポポロ事件第１審判決（東京地判昭和29・5・11刑集17巻４号428頁）は、大学の自治について「既に確立された、制度的とすら言ってよい慣行として認められている」と判示した。

ちなみに、大学の自治の確保に不可欠とされる、大学の教授団などによって構成される教授会については、1913年に起きた沢柳事件（京都帝国大学の沢柳政太郎学長が、教授会の同意なく７人の教授を辞職させようとしたところ、教授一同が辞表を提出して抵抗した結果、教授の任免に関しては、教授会の同意を必要とする旨の文部大臣覚書が示されたという事件）を契機に、慣行上確立されたとされるが、日本国憲法下では、学校教育法93条において教授会の設置を明文で義務づけられた。同法は教授会の権限について「重要な事項を審議」すると規定するだけであったが、教員人事を始めとする教授会自治は、以下で示す判例のごとく、伝統的に守られてきた。ただし、2003年の国立大学法人化法制定以降、教授会の権限は大幅に縮小されており、大学の自治を脅かすとの多数の批判がある。

(1)　大学の自治の内容

大学の自治について、東大ポポロ事件最高裁判決（後掲）は、「大学における学問の自由を保障するために、伝統的に大学の自治が認められている。」とし、その内容について①学長・教授等の教員人事の自治、②大学の施設管理・学生管理の自治の２点をあげる。その他に近年では、③予算管理における自治、④研究内容および研究方法の自主決定権にまで大学の自治の内容を拡大する見方が一般的である。ここでは①・②について判例を中心に説明する。

①　**教員人事の自治**　　大学の人事の自治を容認した事例として、九州大学井上教授事件（東京地判昭和48・5・1）がある。これは、井上教授が大学評議会

において学長事務取扱に選考され、教育公務員特例法10条により九州大学は文部大臣に井上教授を学長に任命すべきことを申し出たが、文部省はそれまでの教授の政治的言動について大学に問い合わせをするなどして、その任命を放置したという事件である。東京地裁は、文部大臣が任命を不当に長期にわたって放置したものとはいえないとして訴えを棄却したものの、「大学の自主的選考を経て選出された以上、(任命権者である文部大臣は)その申出に羈束されて、申出のあった者を任命すべく、そこに選択の余地、拒否の権能はなく……」とし、教員人事の実質的決定権は大学側にあると認めた。また、東大ポポロ事件最高裁判決(後掲)でも、「この(大学の)自治は、とくに大学の教授その他の研究者の人事に関して認められ、大学の学長、教授その他の研究者が大学の自主的判断に基づいて選任」すると判示し、教員人事の自由を大学の自治の核心とする立場をとる。

加えて、私立大学においても、教員人事の自治が当然に確保されるべきである。多くの場合、教員人事は、教授会での審議を経て大学の管理機関である理事会で決定される。ただし、独自の建学精神に基づき、私人の寄附行為により設立された私立大学の場合(私立学校法30条)には、その教育方針に準じた人事を行うことは、その大学の自治の範囲内のこととして許される(たとえば特定の宗教法人が設立する私立大学において、その信者であることを教員採用の要件とするような場合)。ちなみに、私立大学を運営する法人が、勤務する教員に対して、その政治的発言を理由として教授会への出席その他の教育活動をやめるよう業務命令をだすことを無効とする最高裁判所の判断(最判平成19・7・13集民225号117頁)もある。私立大学教員の場合、学問の自由や教授会自治といった教育法に関する規定と業務命令や懲戒処分といった労働法関係の規定との二重性が指摘されるが、本件の場合、前者の学問の自由の側面にウエイトを置いた判決といえる。

② **施設管理・学生管理の自治**　大学における施設管理・学生管理上の自治も、大学の自治の確保には、必要不可欠である。これらは当然、大学の自主的判断に基づいてなされなければならない。しかし、伝統的な大学の自治の見方からすれば、自治の主体は、教授その他の研究者の組織であり、学生は除外されていた。東大ポポロ事件最高裁判決でも、学生を大学の「自由と自治の効果

として、……施設の利用を認められ」るとして、学生を単に「営造物利用者」と位置づける。とはいえ、学生も自治の主体であるとする議論は根強い。下級審判決では、学生も「大学における不可欠の構成員として、……大学自治の運営について要望をし、批判し、あるいは反対する当然の権利を有し」ているとする注目すべき判断がある（東北大学事件控訴審判決［仙台高判昭和46・5・28刑集29巻11号1074頁］）。

(2) 国立大学法人化と大学の自治

大学の自治について、新たな視点を提示する国立大学法人法が、2003年に制定された。国立大学法人化とは、これまで「国の施設」であった国立大学（旧国家行政組織法8条2項）を、独立行政法人として位置づけ、国が必要な財政措置を行いながら、法人化した各大学に「経営協議会」を新たに設置し、各大学に実際の運営を委ねるとする（国立大学法人化法20条）。法制定当時の政権は、国政全般にわたる行政サービスの減量化や事務事業の効率化を推し進めており、大学も対象としたためである。それを受け、2004年4月からすべての国立大学が、国立大学法人へと移行した（同法6条）。

とはいえ、当該法の制定に際しては、大学の自治を脅かすものではないかとの指摘が大学関係者を中心に当初から存在した。これまでの教授会を中心とした教員が教員人事を担い、国が大学運営を担うボトムアップ形式から、人事・運営の全ての権限を学長・学内委員、さらには学内委員と同数の学外委員を含む理事会の決定事項とするトップダウン方式へとその組織の在り様の大変革を生じさせたためである。

特に、大学の自治の象徴の一つともいえる教員人事では、その傾向が強い。従前、教員人事は、教授会を中心とした教員が人事を担い、学長はそれを追認することが一般的であったが、現行制度のもとでは、学長をトップとする「教育研究評議会」の審議事項（同法21条4項の4）へと変更された。また、学長の選考についても、これまで大学内の教授陣における自主的選考が行われてきたが、法制定後は新たに設置された「学長選考・監察会議」（同法12条2項）が、候補者を選出し、文部科学大臣による任命の方式に改められた（同法12条1項）。これら教授陣の意向に拘束されない教員人事の仕組みの採用は、政府を含む大学外からの干渉を容易とするため、自由闊達な研究活動を阻害するのではないかとの危機感が広まったことはいうまでもない。

加えて、2023年の改正国立大学法人化法（同法34条の4）では、収入・支出額、学生数などが特に大きい国立大学に対して、予算や経営計画の決定権をもつ合議体である「運営方針会議」の設置を義務づけた。この会議では、学長と、外部の有識者も想定されているが、それらを含む3人以上の委員で構成され、大学の中期目標や予算の決定を行う。委員の承認は、文部科学大臣が行う。加えて、学長選考に対して意見を述べることが可能な強い権限をもつなど、政府や外部委員の意見反映をこれまで以上に強化した。当然ともいえるが、このような会議の設置は、主に大学の内部から、大学の自治を脅かすものと非難の声があがった。ちなみに、本改正法は当初、国際卓越研究大学に選定された大学のガバナンス（組織統治）を目的としたものとされていたが、2024年2月現在、卓越大学以外の大学も対象となるのではないかとの懸念がある。それ以前に、そもそも法改正に必要な議論がなされていないとの疑義も示されており、本法改正には、いまだ多くの問題をはらむ。

(3)　大学の自治と警察権

施設・大学管理の自治に関わる重要な問題として、警察権との関係がある。大学の自治が保障されているとはいえ、大学構内は治外法権の場ではない。学問の自由の保障範囲とは無関係な領域（たとえば、犯罪の捜査）に関しては、一般社会と同じ規制に服する。つまり正規の令状がある場合、大学は、構内への立入りを容認せざるをえず、むしろ警察に協力することが要請される。しかし、将来生起するかもしれない犯罪を予防するための情報収集目的で、警察が令状を持たず、また、大学の了解なしに構内に立ち入る場合には、学問研究の自由が阻害される危険性がある。以下であげる東大ポポロ事件判決は、学問の自由に関する重要な先例であるが、同時に、大学構内における警備情報収集活動の適否について最高裁判所がはじめて判断を示した事例でもある。

〔判　　例〕

東大ポポロ事件――大学の自治と警察権

（最大判昭和38・５・22刑集17巻４号370頁）

事　　実　東京大学の教室内において、大学公認の団体「劇団ポポロ」が大学の許可を受けて、松川事件（福島県で発生した機関車転覆事件）を題材とした有料の演劇会を開催した。この演劇会に、私服警察官３名が情報収集の目的で、チケットを購入したうえで入場し、監視活動をしていた。しかし、その様子に気づいた学生が、警察官を取り押さえ、警察手帳も取り上げた。この学生と警察官の一連のやりとりの中で、学生が警察官に対し、暴力行為処罰等ニ関スル法律１条１項に該当する暴力行為をしたとして起訴されたのが本件である。

第１審（東京地判昭和29・５・11刑集17巻４号428頁）は、本件演劇会を正規の学内集会と認めたうえで、①学生の側に暴行などの違反行為があったものの、警察官が演劇会に立ち入ったことは学問の自由・大学の自治を侵害する行為であること、②学生の行動は、警察官の立入りという違法行為を排除するための正当な行為で、違法性が阻却されることを理由として、学生を無罪とした。第２審（東京高判昭和31・５・８高刑集９巻５号425頁）も、第１審と同様で、無罪とした。

判　　旨　最高裁判所は、原審判決と第１審判決を破棄し、東京地方裁判所に差し戻した。（以下では、大学内における警察権の行使に関わる判示部分を示す。）

①「憲法23条の学問の自由は、学生も一般の国民と同じように享受する。しかし、大学の学生としてそれ以上に学問の自由を享受し、また大学当局の自治的管理による施設を利用できるのは、大学の本質に基づき、大学の教授その他の研究者の有する特別な学問の自由と自治の効果としてである。」

②「大学における学生の集会も、右の範囲（①の部分・筆者注）において自由と自治を認められるものであつて、大学の公認した学内団体であるとか、大学の許可した学内集会であるとかいうことのみによつて、特別な自由と自治を享有するものではない。」

③「学生の集会が真に学問的な研究またはその結果の発表のためのものではなく、実社会の政治的社会的活動に当る行為をする場合には、大学の有する特別の学問の自由と自治は享有しないといわなければならない。」

④本件演劇会は、「一般の公衆が自由に入場券を買つて入場することを許されたものと判断されるのであって、本件の集会は決して特定の学生のみの集会とはいえず、むしろ公開の集会と見なされるべきであり、すくなくともこれに準じるものというべきである。」

⑤以上のことから、「本件集会は、真に学問的な研究と発表のためではなく、実社会の政治的社会的活動であり、かつ公開の集会またはこれに準じるものであつて、大学の学問の自由と自治は、これを享有しないといわなければならない。したがつて、本件の集会に警察官が立ち入つたことは、大学の学問の自由と自治を犯すものではない。」

コメント　本判例では、学問の自由と大学の自治が保障されているにもかかわらず、警察官が大学構内で許可なく警備情報収集活動を行ったことが問題とされた。しかし最高裁は、本件集会における警察官の立入りを容認する判断をした。その理由として、本件集会はチケット販売された公開のものであり、その演劇内容も、松川事件を題材とした政治的・社会的活動に位置づけられるもので、大学の自治と学問の自由が保障された学問的集会に該当しないとしたためである。

同様に、学問の自由と大学の自治の範囲を公共の福祉の見地から狭義に解し、警備情報収集活動のための警察官の立入りを容認するとの判断をした事例としては、大阪学芸大学事件控訴審判決（大阪高判昭和41・5・19下刑集8巻5号686頁）がある。こちらは、大学外で学生自治会の活動の把握のため情報収集活動をしていた警察官を学生が大学構内に連れ込み暴力をふるった事件である。大阪高裁は、大学当局の要請ないし事前承認のない警備情報収集活動についても、「純粋に治安維持の観点から強制を伴わない任意な方法で事実上の行為」に過ぎないと位置づけ、大学外における警備情報活動をも容認した。

しかし、学内における警備情報収集活動は、学問の自由・大学の自治に対する干渉に該当するとしつつも、一定の要件を充足した場合にのみ、警備情報収集活動を認めるとした事例もある。愛知大学事件控訴審判決（名古屋高判昭和45・8・25刑月2巻8号789頁）は、①緊急やむをえない場合、②令状による場合、③大学の許諾または了解がある場合に限定して、立入りを容認する判断をした。

多数説は、大学に対する警備情報収集活動が容認される範囲を限定的に解した愛知大学事件控訴審判決を支持する。これを東大ポポロ事件に当てはめるならば、大学により承認された団体の正規の手続を経た大学構内での活動の場合には、原則として、大学管理者の自主的判断に委ね、大学側の要請がある場合に限定して警察権が行使されるべきと考えられるだろう。

7　経済活動の自由

経済的自由とは、人々が国家の干渉を受けないで、さまざまな財・サービスの生産・交換・消費等を行いうる権利をいう。日本国憲法においては、22条および29条の2か条が、この経済的自由を保障している。具体的には、22条1項で「何人も、公共の福祉に反しない限り、居住、移転及び職業選択の自由を有する」と定め、2項で「何人も、外国に移住し、又は国籍を離脱する自由を侵されない」と定める。また、29条1項では「財産権は、これを侵してはならない」、2項では「財産権の内容は、公共の福祉に適合するやうに、法律でこれを定める」、3項では「私有財産は、正当な補償の下に、これを公共のために用ひることができる」と定め、財産権を保障している。

従来の通説は、これらの諸権利をすべて経済的自由に属する権利であると解してきた。そして、12条および13条において、人権が「公共の福祉」による制約に服することを通則的に定めておきながら、あえて22条と29条においてのみ「公共の福祉」による制約を重ねて規定していることに注目する。つまり、12条および13条において、すべての人権が人権相互の調整原理（内在的な制約）に服することを宣言し、さらに22条・29条で重ねて「公共の福祉」による制約を規定するのは、経済的自由に関しては、内在的制約に加えて、社会国家の理念に基づく政策的な制約にも服することを明らかにするためだと解するのである。

1　居住・移転の自由と外国移住および国籍離脱の自由

〔解　　説〕

(1) 居住・移転の自由

居住・移転の自由とは、個人がどこに居住するか、住居をどこに移転するかについて国家の干渉を受けない自由を意味する。一時的な移動（国内旅行）の自由も含むか否かについては争いがあるが、時間的に限定された移動の自由を排除すべき格別の理由がないことから、通説はこれを含むものと解している。

従来、居住・移転の自由は、22条1項において、職業選択の自由とともに保障される経済的自由の一つとして考えられてきた。これは歴史的には意味がある。封建制度のもとでは、身分に拘束された領民たちは、土地に束縛され自由な移住が許されず、職業を変えることも認められなかった。このような封建的な身分制社会から近代市民社会に移行する際に、居住、移転の自由が職業選択の自由と結びつきながらその前提として保障されるに至ったのである。

しかし、「国家により自由な移動を制約されない」という権利の性質から考えれば、居住・移転の自由は身体的自由であるとも考えられる。また、自由に移動しさまざまな人々と意見交換をすることは精神活動や人格形成にとって必須である。もちろん、ある地域で商いをするというような場合には、経済的自由の側面を有する。したがって、今日では、居住・移転の自由は、経済的自由、身体的自由、精神的自由、さらに人格権としての面を併せもつ権利であると解すべきであろう。居住・移転の自由をこのような多面的な性格を有する権利であると解するならば、いずれの側面に向けられた規制であるかによって、規制の限度や司法審査の方法に違いが生ずることになろう。

ちなみに、現行法上、居住・移転の自由を直接制限する例としては、受刑者の身体拘束（刑事収容施設法）、刑事被告人の住居制限（刑訴法93条・95条）、感染症予防法による隔離（感染症予防法19条）、精神保健福祉法による措置入院（精神保健福祉法29条）などがあるが、これらの規制は一般に合憲と解されている。しかし、公衆衛生の観点からの制限については、「過去にハンセン病、後天性免疫不全症候群等の感染症の患者等に対するいわれのない差別や偏見が存在したという事実を重く受け止め［る］」（感染症予防法前文）ことが必要であろう。

また、居住・移転の自由は自由権に位置づけられるが、これをすべての国民に対して実質的に保障しようとすれば、国家による積極的な関与が必要となることも附言しておきたい。たとえば、身体障害者や高齢者が円滑かつ安全に公共交通機関や宿泊施設など公共的施設を利用できるようにするためには、国家による積極的施策が必要不可欠である。そのため、今日では「高齢者、障害者等の移動等の円滑化の促進に関する法律」や「高齢者、身体障害者等が円滑に利用できる特定建築物の建築に関する法律」等が定められるに至っている。憲法論としては、居住、移転の自由に、このような社会権的側面がどこまで認められるかが、今後の検討課題となってこよう。

(2) 外国移住および国籍離脱の自由

外国移住の自由および国籍離脱の自由とは、国外に移り住むこと、日本国籍を離脱することについて、国家の干渉を受けないことをいう。もちろん、国際慣習法上、外国に入国できるか否かは受入国の裁量に関わる事柄であり、ここでの外国移住の自由は受入国が入国を承認していることが前提になる。

外国移住の自由は本来、居住、移転の自由に含まれると解されるが、移住先が外国であるために特別に規定されたものだといわれる。海外への一時的な移動（海外旅行）の自由が、外国移住の自由の中に含まれるか否かについても見解は分かれるが、最高裁判所は含まれるものと解しており、学説の多くもこれを支持している。

国籍離脱の自由については、国籍法11条は「日本国民は、自己の志望によつて外国の国籍を取得したときは、日本国籍を失う」と規定し、無国籍や多重国籍の自由を認めてはいない。しかし、国際化が進展する中で多重国籍を認める国々も増えてきており、わが国においても再考の余地があろう。

外国旅行の自由については、旅券法が旅券の取得を義務づけているうえ同法13条１項７号において「著しく、かつ、直接に日本国の利益又は公安を害する行為を行うおそれがある」と判断する場合には外務大臣は旅券の発給を拒否しうるとしている。この規定の合憲性については争いがあるが、最高裁判所は、次にあげる判例で、このような制約は合理的なものであるとしている。

〔判　　例〕

旅券発給拒否事件――海外旅行の自由

（最大判昭和33・9・10民集12巻13号1969頁）

事　　実　原告らは、モスクワで開催される国際会議に参加するため、ソビエト社会主義共和国連邦へ渡航するための一般旅券の申請を行ったが、外務大臣は旅券法13条1項5号（現旅券法13条1項7号）の趣旨により発給を拒否した。そこで、原告らは、旅券法13条1項5号が憲法22条2項に違反し、同号に基づく処分が無効であると主張して、国家賠償を請求した。

判　　旨　「憲法22条2項の『外国に移住する自由』には外国へ一時旅行する自由を含むものと解すべきであるが、外国旅行の自由といえども無制限のままに許されるものではなく、公共の福祉のために合理的な制限に服するものと解すべきである。そして旅券発給を拒否することができる場合として、旅券法13条1項5号が、『著しく且つ直接に日本国の利益又は公安を害する行為を行う虞（おそれ）があると認めるに足る相当の理由がある者』と規定したのは、外国旅行の自由に対し、公共の福祉のために合理的な制限を定めたものとみることができ、所論のごとく右規定が漠然たる基準を示す無効なものであるということはできない」。原告は、旅券法13条1項5号が合憲であったとしても本件での適用が違憲であると主張するが「日本国の利益又は公安を害する行為を将来行う虞れある場合においても、なおかつその自由を制限する必要のある場合のありうることは明らかであるから、同条をことさら所論のごとく『明白かつ現在の危険がある』場合に限ると解すべき理由はない」。

コメント　海外旅行の自由が、憲法上の権利であることについては、学説上異論はないが、その根拠規定については諸説がある。海外旅行を一時的な外国への移住ととらえて、憲法22条2項の海外移住の自由に含まれると解するのが、通説・判例の立場である。しかし、22条1項の「居住、移転の自由」に根拠づける説からの有力な批判がある。つまり、この説によれば、2項に規定する「移住」とは、永久にもしくは相当長期にわたって外国に居を移すために日本の主権から離脱することをいうのであって、一時的な海外旅行や一定期間の海外滞在など、日本に帰国することを予定しているものは含まれない。海外旅行は、1項の国内旅行と区別することなく「移転」の中に含めて解すべきであるとする。また、もう一つの説は、上記判決における田中・下飯坂裁判官の補足意見によるもので、一時的な旅行の自由は国内外を問わず、22条で保障されるものではなく、13条の幸福追求権によって保障されるとする。

しかし、幸福追求権に根拠を求めるのは、個別の人権規定によっては保障されていないと考えられるときに限るべきであろう。したがって、問題は、22条1項か2項か、いずれに根拠を求めるかである。22条1項説も2項説も、法文の文理解釈のみからは優劣がつけがたい。「公共の福祉」の文言があるという理由での政策的規制を安易に認めることができないとすれば、22条1項と2項のいずれに位置づけても実質的な差異はない。結局、問題は、いかなる状況下において、いかなる制限が許容されうるかという点に帰着しよう。

海外旅行の自由は、それが身体的自由、精神的自由いずれの側面をも持つことから、政策的な制約は認められないと考えるべきである。したがって、合理性審査のような緩やかな審査基準ではなく、精神的自由の規制に準じて厳格な審査を要すると考えるべきであろう。それゆえ、学説の多くは、「著しく且つ直接に日本国の利益又は公安を害する行為」という規定が、きわめて漠然かつ不明確であり、外務大臣に恣意的な裁量権行使を許す危険性があるため、当該規定を法令違憲であると解している。また、この規定は刑法の内乱罪・外患罪・麻薬取締法違反などの犯罪行為を行う蓋然性が高い者に限って適用すべきであるという合憲的限定解釈を施し、それ以外の発給拒否は適用違憲とすべきであるとする説もある。法令違憲でないと解しても、危険の発生が客観的に存在しないにもかかわらず、旅券の発給を拒否するような場合は、少なくとも適用違憲と解すべきであろう。

2　職業選択の自由

〔解　　説〕

(1)　職業選択の自由

職業選択の自由とは、個人が職業を選択することについて、国家による干渉を受けない自由を意味する。ここにいう職業とは、一般的には「人が自己の生計を維持するために行う継続的活動」と解されている。しかし、職業を、たんに生計を維持するための手段（＝経済的自由）に過ぎないととらえるには問題があろう。多くの人々は職業を通じて自己実現を図り、社会参加している。実際、職業に生きがいを求める人々も多いと思われる。男女雇用機会均等法や障害者雇用促進法が制定されたのも、職業をそのようにとらえているからであろう。最高裁も薬事法判決において、職業が個人の人格的価値と不可分の関連を有することを認めている。

(2) 職業選択の自由の制約

職業が人格的価値と不可分の関連を有する重要な権利であると解しても、職業はその性質上、言論活動等と比べて他者の人権と衝突する可能性が高いということも事実である。とりわけ他者の生命や健康を脅かすおそれがある職業（医師、飲食店等）に関しては、言論活動に対しては原則として禁じられている事前抑制、すなわち資格制や許可制等が許容されなければならないということには異論はないであろう。このように、自由な職業活動に伴う弊害の防止を目的とする規制を、消極的規制という。

また、社会国家の理念を実現するためには、国は「国民経済の健全な発達と国民生活の安定を期し、もつて社会経済全体の均衡のとれた調和的発展を図る」必要があろう。そのために、過当競争から経済的弱者（中小企業等）を守るための積極的規制を講ずることも必要であると考えられている（小売商業特別措置法事件判決［最大判昭和47・11・22刑集26巻9号586頁］）。

これらの職業選択の自由に対する規制手段としては、①届出制（理容業等）、②許可制（飲食店、薬局、風俗営業等）、③資格制（医師、薬剤師等）、④特許制（電気事業、ガス事業、鉄道等）等がある。22条1項の「公共の福祉に反しない限り」という文言も、このような事前抑制を許容すべきことを意味するものと解されよう。しかし、職業選択の自由に対する規制の必要性が認められるからといって、どのような規制でも許されるというわけではない。裁判所は、職業選択の自由が人格的価値と不可分の関連を有する重要な権利と考えるならば、これらの規制が職業選択の自由に対する不当な侵害にならないように精査すべきであろう。

〔判　　例〕

薬事法距離制限事件　（最大判昭和50・4・30民集29巻4号572頁）

事　　実　Xは、A市で経営する店舗において医薬品の販売を行うために、Y（知事）に対して医薬品の一般販売業の許可申請を行った。ところがYは薬事法6条2項および薬局等の適正配置を定める広島県条例3条に違反するとして不許可処分とした。そこで、Xは薬事法6条2項および県条例3条が憲法22条に違反すると主張して処分の取消しを求めた。

判　　旨「職業は、人が自己の生計を維持するためにする継続的活動であるとともに、分業社会においては、これを通じて社会の存続と発展に寄与する社会的機能分担の活動たる性質を有し、各人が自己のもつ個性を全うすべき場として、個人の人格的価値とも不可分の関連を有するものである。……職業の開始、継続、廃止において自由であるばかりでなく、選択した職業の遂行自体、すなわちその職業活動の内容、態様においても、原則として自由であることが要請されるのであり、したがつて、右規定は、狭義における職業選択の自由のみならず、職業活動の自由の保障をも包含しているものと解すべきである。もつとも、職業は、前述のように、本質的に社会的な、しかも主として経済的な活動であつて、その性質上、社会的相互関連性が大きいものであるから、職業の自由は、それ以外の憲法の保障する自由、殊にいわゆる精神的自由に比較して、公権力による規制の要請がつよ」い。職業は、「その種類、性質、内容、社会的意義及び影響がきわめて多種多様であるため、その規制を要求する社会的理由ないし目的も、国民経済の円満な発展や社会公共の便宜の促進、経済的弱者の保護等の社会政策及び経済政策上の積極的なものから、社会生活における安全の保障や秩序の維持等の消極的なものに至るまで千差万別で、その重要性も区々にわたるのである。……裁判所は、具体的な規制の目的、対象、方法等の性質と内容に照らして、これを決すべき」である。「一般に許可制は、……狭義における職業選択の自由そのものに制約を課するもので、職業の自由に対する強力な制限であるから、その合憲性を肯定しうるためには、原則として、重要な公共の利益のために必要かつ合理的な措置であることを要し、また、それが社会政策ないし経済政策上の積極的な目的のための措置ではなく、自由な職業活動が社会公共に対してもたらす弊害を防止するための消極的、警察的措置である場合には、許可制に比べて職業の自由に対するより緩やかな制限である職業活動の内容及び態様に対する規制によつては右の目的を十分に達成することができないと認められることを要するもの、というべきである」。「薬局等の偏在—競争激化—一部薬局等の経営の不安定—不良医薬品の供給の危険又は医薬品乱用の助長の弊害という事由は、いずれもいまだそれによつて右の必要性と合理性を肯定するに足りず、また、これらの事由を総合しても右の結論を動かすものではない」。

コメント　本判決において、最高裁は、消極的規制が合憲となるためには、重要な公共の利益のために必要かつ合理的な措置であり、より制限的でない規制手段では立法目的を達成できないことが必要であるとして、消極的規制に対する審査には「厳格な合理性の基準」（LRAの基準）を用いるべきことを明らかにした。

他方、昭和47［1972］年の小売商業特別措置法事件判決（前掲）においては、「積極的に、国民経済の健全な発達と国民生活の安定を期し、もって社会経済全体の均衡のとれた調和的発展を図るため」の積極的規制の場合には「著しく不合理であることの明白である場合」に限って違憲となると述べて、違憲審査基準に「明白性の原則」を適用することを明らかにしたと解されている。これら二つの判決から、最高裁は職業選択の自由を規制する立法を目的により二分し、各々に対する違憲審査基準を定式化したと考えられている。

しかし、本判決も指摘するように、職業は、「その種類、性質、内容、社会的意義及び影響がきわめて多種多様であるため、その規制を要求する社会的理由ないし目的も……千差万別で」あり、消極的規制に該当するのか、積極的規制に該当するのか、判断がむずかしいケースがある。あるいは、公衆浴場の距離規制のように、従来、消極的規制と考えられていたものが、事情の変化により、積極的規制と解されるようになったものもある（最大判昭和30・1・26刑集9巻1号89頁、最判平成1・3・7集民156号299頁）等、規制目的二分論に対しては問題点が指摘されている。そこで、規制の目的だけでなく、いかなる行為がどの程度規制されるのか等、規制の態様もあわせて考える必要があると説かれている。その場合に、立法事実の審査をどこまで踏み込んで行うべきか、規制措置の必要性と合理性について立法裁量をどの程度尊重するかという点が問題となろう。

本判決においても、規制目的が何であれ、「許可制は、狭義における職業選択の自由そのものに制約を課するもので、職業選択の自由に対する強力な制限であるから、その合憲性を肯定しうるためには、原則として、重要な公共の利益のために必要かつ合理的な措置であることを要」すると述べており、規制の態様からも精査の必要性を説いている。

問題は、積極的規制に属するとされる規制の場合である。積極的規制の場合、「社会経済全体の均衡のとれた調和的発展＝費用対効果が最大となる」等、規制措置の合理性判断基準が考えられないでもない。しかし、これを判断することは裁判所の能力からして難しい。また、そもそも生存権の保障を経済政策や労働政策の分野で実現しようとするのか、福祉政策の分野で実現しようとするのかは、立法裁量の問題である。ただし、かかる規制の場合にあっても、たんに既存業者の既得権益を守るための規制は許されない。過当競争による弊害が特に顕著と認められる等、規制の必要性（立法事実）についての精査の必要があろう。

3　財産権の保障

〔解　　説〕

(1)　財産権の保障の意義

憲法29条1項は「財産権は、これを侵してはならない」と定める。ここにいう財産権とは、物権、債権のほか、著作権、特許権、商標権などの無体財産権、水利権、河川利用権などの公法上の権利、鉱業権、漁業権などの特別法上の権利など、経済的価値を有するすべての権利を含むといわれる。財産権の保障とは、国民が現に有しているこれらの財産権を国が奪ったり制限を加えたりしてはならないことを意味する。これは、国民の側からすれば自己の財産権を自由に行使して、経済的活動を営むことができるということであり、かかる意味で財産権の保障は経済的自由の一つとして考えられる。

しかし、同条２項は「財産権の内容は、公共の福祉に適合するやうに、法律でこれを定める」と規定する。本項は財産権の社会的性格に注目し、公共の福祉からの制約を認めたものであると解されるが、問題は１項では財産権が不可侵の権利であると規定していることとの整合性である。財産権の内容を法律でいかようにでも定めることができるとすれば、１項の規定は全く無意味なものとなってしまう。そこで、通説は、私有財産制の核心部分については、立法をもってしても侵しえないと主張する。したがって、１項の意味するところは、二つあることになる。一つは、国民が現に有する具体的な財産上の権利の保障であり、もう一つは、私有財産制という制度の保障である。

(2) 財産権の制約

憲法29条２項では、財産権の内容が「公共の福祉」による制約に服すると規定されている。ここにいう「公共の福祉」による制約とは、第一に、各人の権利が衝突した場合に、それを調整するための内在的制約を意味する（12、13条にいう「公共の福祉」）。具体的には、生命・健康などに対する危害を防止するための各種の規制、相隣関係的な規制などがあげられる。最高裁は、ため池保全条例による堤とうの使用禁止によって財産権の行使が全面的に禁止されても、それは災害を未然に防止するという社会生活上のやむをえない必要からくることであるという理由で、これを容認している（最大判昭和38・６・26刑集17巻５号521頁）。

第二に、社会・経済政策実現のための政策的制約が考えられる。耕作者の地位の安定と農業生産力の増進のための「農地法」や、借地・借家人の保護のための「借地借家法」などによる規制があげられる。最高裁は、農地や採草放牧地の賃貸借の解除には知事の許可（認可）を必要とするとした旧農地法20条については、「農業経営の民主化の為め小作農の自作農化の促進、小作農の地位の安定向上を重要施策としている現状の下では、右程度の不自由さは公共の福祉に適合する合理的な制限」であるとしている（最大判昭和35・2・10民集14巻2号137頁）。また、「他人の土地を宅地として使用する必要のある者がなお圧倒的に多く、しかも宅地の不足が甚だしい現状において」借地権者を保護するために土地所有者の更新拒絶権を制限する旧借地法4条1項は公共の福祉の観点から是認されるとしている（最大判昭和37・6・6民集16巻7号1265頁）。また、自然環境・社会環境・史跡名勝天然記念物維持保存のための制限（「文化財保護法」、「古都における歴史的風土の保存に関する特別措置法」、「土地基本法」、「土地区画整理法」など）もある。

(3)「公共のために用ひる」の意味

憲法29条3項は「私有財産は、正当な補償の下に、これを公共のために用ひることができる」と定める。公用収用によって当該私人に生じた損失を金銭等で補償することで、公共事業の必要性を満たしつつ、財産権不可侵の原則を貫こうとする「損失補償の制度」を定めるものである。同時に、公共の利益のために特定人に加えられる損失は、全体で負担すべきであるという公平原則の考え方も含まれている。

「公共のために用ひる」とは、鉄道、道路、学校、病院、公園などの建設等、公共事業のために、私人の土地を収用するような場合を意味する。判例・通説は、より広く社会公共の利益のために、財産権を制約する場合も含むと解している。最高裁は戦後の食糧難に対処するための食料緊急措置令違反事件で、食料の拠出などによる財産権の制限は「国民の食糧の確保及び国民経済の安定を図るため」のもので、29条3項の公共のために用いるものであるとしている（最大判昭和27・1・9刑集6巻1号4頁）。

(4) 補償の要否の判断基準

どのような場合に、補償がなされるのか。従来の通説は「特別犠牲説」と呼ばれ、財産権の制限が「特定の個人」に対して、「特別の犠牲」を強いるものであるときには補償が必要であると解していた。つまり、1項で、財産権は不可侵とされているので、2項の公共の福祉による制約は、一般的な制約であって特定の者に対して不利益を課すものであってはならず、また財産権の剥奪にまで至ることは許されない。したがって、3項は、それ以外の財産権の制約であると解するのである。

「特別の犠牲」にあたるか否かは、①侵害行為の対象が広く一般人か、特定の個人・集団であるかという形式的要件と、②侵害行為が財産権に内在する社会的制約として受忍すべき限度のものか、財産権の本質的内容を侵害するほど強度なものかという実質的要件の二要素から判断すべきであるとされる。

これに対して、最近では、特別犠牲説の実質的要件を中心に補償の要否を判断すべきであるとする見解が有力となってきている。つまり、2項による制約と3項による剥奪を分けて考える必要はなく、財産権の剥奪のみならず財産権の本来的効用を妨げることになるような制約については、権利者側にこれを受忍すべき理由がある場合でない限り、当然に補償すべきであると考える。そして、制約がその程度にまで至らない場合、①建築基準法による建築制限のように、財産権に内在する制約と考えられる場合には補償を要しないが、②文化財保護のような特定の公益目的のため、偶然に課される場合には補償を要する、とするのである。形式的要件が相対的なものに過ぎないことから、実質的要件説が妥当と思われる。

〔判　　例〕

自作農創設特別措置法事件　　　（最大判昭和28・12・23民集7巻13号1523頁）

事　実　本件は農地改革のため、自作農創設特別措置法6条3項により所有地を買収された原告が同法14条に基づき買収対価の是正変更を求めて争った事件である。同法6条3項は、買収最高価格を田については賃貸借価格の40倍、畑については48倍の額を最高限度とすべきものとしていた。原告は最高価額で買収されたが、極度のインフレにより、田1反の買収価額が鮭3尾の代価にも及ばないことになり、経済事情の変化を考慮にいれた正当な補償を求めて出訴した。

判　旨　「憲法29条3項にいうところの財産権を公共の用に供する場合の正当な補償とは、その当時の経済状態において成立することを考えられる価格に基づき、合理的に算出された相当な額をいうのであつて、必ずしも常にかかる価格と完全に一致することを要するものでないと解するを相当とする。けだし財産権の内容は、公共の福祉に適合するように法律で定められるのを本質とするから（憲法29条2項）、公共の福祉を増進し又は維持するため必要ある場合は、財産権の使用収益又は処分の権利にある制限を受けることがあり、また財産権の価格についても特定の制限を受けることがあつて、その自由な取引による価格の成立を認められないこともあるからである」。実際、「地主の農地所有権の内容は使用収益又は処分の権利を著しく制限され、ついに法律によつてその価格を統制されるに及んでほとんど市場価格を生ずる余地なき」状態にあったのである。

そのため、農地買収の対価を算出する必要が生じるのだが、対価の採算方法を地主採算価格によらず自作収益価格によったことは「農地を耕作地として維持し、耕作者の地位の安定と農業生産力の維持増進を図ろうとする」等の国策に基づく法の目的からいって当然であり、自作収益価格の算出過程においても不合理は認められない。また農地の買収対価を算出するにあたり公定価格たる米価によったのは「米価を特定することは国民食糧の確保と国民経済の安定を図るためやむを得ない法律上の措置であり、その金額も当時において相当であつたと認めなければならないから、農地の買収対価を算出するにあたり、まずこの米価によつたことは正当であ」る。

そもそも、「わが国の全土にわたり自作農を急速且つ広汎に創設する自創法の目的を達成するため自創法3条の要件を具備する農地を買収し、これによつて大多数の耕作者に自作農としての地位を確立しようとするのであるから、各農地のそれぞれについて、常に変化する経済事情の下に自由な取引によつてのみ成立し得べき価格を標準とすることは許されない」。「従つて対価基準が買収当時における自由な取引によつて生ずる他の物価と比べてこれに正確に適合しないからといつて適正な補償でないということはできない。……以上に述べた理由により自創法6条3項の買収対価は憲法29条3項の正当な補償にあたると解するのを相当と」する。

コメント　本件においては「正当な補償」の内容が論点となった。学説では、正当な補償とは収用・制限される財産権の客観的価値の全額と解する説（完全補償説）と、制限の目的や公共の必要性の程度、社会的・経済的事情などを考慮して相当または合理的な額を補償することで足りるとする説（相当補償説）の対立があったが、本件は、最高裁が相当補償説をとることを明らかにした、リーディング・ケースとして受け取られている。

しかし、本件の先例的価値は農地改革の特殊性を踏まえ、かつ憲法29条1項で保障される財産権と農地改革の関係を明らかにしなければ確定できるものではないであろう。そもそも、井上・岩松少数意見が指摘するように、「憲法29条3項は例えば鉄道の敷設等公共事業の為めに、これを必要な局部的に限定された個々の土地を買収する様な場合に関する規定であり、汎（あまね）く全国の地主から農地を取上げてこれを小作人に交付することを目的とする本法買収の如き革命的な場合を考えて居るとは思えない」。

農地改革は、連合国軍総司令部の指令による近代的土地所有権を確立するための革命的ものであったと解すべきであろう。すなわち、対象となった地主の権利は前近代的なものであり、29条1項の保障の範囲外だったと解される。

これに対して、通常の公用収用に際して生じる損失の公平な負担の見地からすれば、収用の前後における財産的価値に増減がないということをもって正当な補償と解すべきである。その後、最高裁が「土地収用法における損失の補償は、特定の公益上必要な事業のために土地が収用される場合、その収用によつて当該土地の所有者等が被る特別な犠牲の回復をはかることを目的とするものであるから、完全な補償、すなわち、収用の前後を通じて被収用者の財産価値を等しくならしめるような補償をなすべきであり、金銭をもつて補償する場合には、被収用者が近傍において被収用地と同等の代替地等を取得することをうるに足りる金銭の補償を要する」(最判昭和48・10・18民集27巻9号1210頁)として、完全補償説の立場をとったことから、自作農創設特別措置法事件判決はもはや判例としての地位を実質的に失っているものと考えられる。

問題は何をもって完全補償といいうるかである。特別の犠牲の回復とは、単に財産価値だけの補償ではなく、収用前後の「生活権の維持」という意味であると解するならば、市場価格による対価補償だけでなく、移転に伴う付随的損失や愛着ある土地を離れる精神的苦痛などの非財産的損失まで補償しなければ、完全補償とはいえないであろう。

8 人身の自由

人身の自由とは、公権力によって不当に身体を拘束されない権利をいう。日本国憲法は、人身の自由を手厚く保障している。それは、人身の自由の保障が欠如していれば、自由権そのものの意義を実質的に失わせるからであり、また、明治憲法下において人身の自由の保障は法律に委ねられ憲法によって保障されておらず、残虐な拷問が行われるなど、人身の自由に対する侵害が存在したからである。これらの点に対する深い反省から、日本国憲法は、18条の奴隷的拘束の禁止および苦役からの自由をはじめ、31条以下において適正手続の保障（31条)、逮捕の要件（33条)、住居の不可侵（35条)、拷問及び残虐刑の禁止（36条)、刑事被告人の権利（37条）等、詳細にわたる規定を置いた。

1 適正手続の保障

〔解　説〕

憲法31条は、「何人も、法律の定める手続によらなければ、その生命若しくは自由を奪はれ、又はその他の刑罰を科せられない」と定めている。規定の文言から見ると、単に科刑手続の法定を求めているに過ぎないと思われるかもしれない。しかし、憲法31条は、手続面と実体面の双方について適正さを求めるアメリカ合衆国憲法のいわゆる「デュー・プロセス条項」(修正５条・修正14条）と同趣旨であると解されている。アメリカ合衆国憲法修正５条は、「何人も、……適正な法の手続（due process of law）によらずに、生命、自由または財産を奪われない」と定めている。両者の文言を比較してみると、修正５条は「生命、自由または財産を奪われない」としているのに対し、憲法31条は「生命若しくは自由を奪はれ、又はその他の刑罰を科せられない」と定め、被保護利益として、「財産」をあげていないという違いがある。このような違いは、アメリカ合衆国憲法は財産権の不可侵性を強調する18世紀の憲法であるのに対し、日本国憲法は社会国家の理念に立った20世紀の憲法であり、29条2項によって、個人の財産権に対する公共の福祉による制限を明示的に宣言している点に理由を求めることができよう。

憲法31条の法意について、通説的見解は、たんに手続が法律で定められることを要求するだけでなく、法律で定められた手続が適正でなければならないこと（たとえば、告知と聴聞の手続を含むこと）、さらに刑罰の内容もまた法律で定められなければならず（罪刑法定主義）、その内容も適正でなければならないことを意味すると解している。

日本国憲法の場合、適正な手続については31条以外の規定によって具体的に保障されているが、刑事手続等における「告知と聴聞」（notice and hearing）の権利については、明示的に保障していない。昭和37［1962］年の判決では、最高裁は、第三者の所有物を没収するにあたっては、その所有者に対しても告知・弁解・防御の機会を与えねばならず、第三者に代わって被告人は没収の違憲性を争うこともできると判示した（後掲、〔判例〕**第三者所有物没収事件**を参照）。そして翌年に、この判決の趣旨を具体化した「刑事事件における第三者所有物の没収手続に関する応急措置法」が制定され、最高裁も、同法を合憲としている（最判昭和37・11・28刑集16巻11号1593頁）。

憲法31条が手続の適正さだけでなく刑罰等の内容の適正さまで求めているとする見解について、最高裁は、「刑罰規定が罪刑の均衡その他種々の観点からして著しく不合理なものであつて、とうてい許容し難いものであるときは、違憲の判断を受けなければならない」（最大判昭和49・11・6刑集28巻9号393頁）と述べている。

なお、憲法31条の法定手続の保障は、刑事手続にとどまらず、行政手続にもその保障が及ぶと解されている。いわゆる成田新法（新東京国際空港の安全確保に関する緊急措置法）に基づく工作物の利用禁止処分に関連して、最高裁は、「憲法31条の定める法定手続の保障は、直接には刑事手続に関するものであるが、行政手続については、それが刑事手続ではないとの理由のみで、そのすべてが当然に同条による保障の枠外にあると判断することは相当ではない」としている。しかし、同条による保障が及ぶと解すべき場合であっても、最高裁は「……

一般に、行政手続は、刑事手続とその性質においておのずから差異があり、また、行政目的に応じて多種多様であるから、行政処分の相手方に事前の告知、弁解、防御の機会を与えるかどうかは、……行政処分により達成しようとする公益の内容、程度、緊急性等を総合較量して決定されるべきものであって常に必ずそのような機会を与えることを必要とするものではないと解するのが相当である」と述べている（最大判平成4・7・1民集46巻5号437頁）。

〔判　例〕

第三者所有物没収事件　（最大判昭和37・11・28刑集16巻11号1593頁）

事　実　被告人らは、韓国向けに密輸出を企てたが、沖合で時化（しけ）のため未遂に終わり、関税法違反の疑いで、海上警備中の警察官に発見され逮捕された。第1審は、被告人らを関税法違反の未遂として有罪とし、懲役6か月を言い渡すとともに、関税法118条1項により、犯罪行為に用いられた船舶および犯罪に係る貨物を没収した。第2審も第1審を支持したため、被告人らは、没収された貨物の所有者は不明であり、犯罪の行われることをあらかじめ知っていたか否かを確かめることなく、かつ所有者に財産権擁護の機会を与えないで没収を行ったのは、憲法31条および29条1項に違反すると主張して上告した。

判　旨「関税法118条1項の規定による没収は、同項所定の犯罪に関係ある船舶、貨物等で同項但書に該当しないものにつき、被告人の所有に属すると否とを問わず、その所有権を剥奪して国庫に帰属せしめる処分であつて、被告人以外の第三者が所有者である場合においても、被告人に対する付加刑としての没収の言渡により当該第三者の所有権剥奪の効果を生ずる趣旨であると解するのが相当である。」

「しかし、第三者の所有物を没収する場合において、その没収に関して当該所有者に対し、何ら告知、弁解、防禦の機会を与えることなく、その所有権を奪うことは、著しく不合理であつて、憲法の容認しないところであるといわなければならない。けだし、憲法29条1項は、財産権は、これを侵してはならないと規定し、また同31条は、何人も、法律の定める手続によらなければ、その生命若しくは自由を奪われ、又はその他の刑罰を科せられないと規定しているが、前記第三者の所有物の没収は、被告人に対する付加刑として言い渡され、その刑事処分の効果が第三者に及ぶものであるから、所有物を没収せられる第三者についても、告知、弁解、防禦の機会を与えることが必要であつて、これなくして第三者の所有物を没収することは、適正な法律手続によらないで、財産権を侵害する制裁を科するに外ならないからである。そして、このことは、右第三者に、事後においていかなる権利救済の方法が認められるかということとは、別個の問題である。然るに、関税法118条1項は、同項所定の犯罪に関係ある船舶、貨物等が被告人以外の第三者の所有に属する場合においてもこれを没収する旨規定しながら、その所有者たる第三者に対し、告知、弁解、防禦の機会を与えるべきことを定めておらず、また刑訴法その他の法令においても、何らかかる手続に関する規定を設けていないのである。従つて、前記関税法118条1項によつて第三者の所有物を没収することは、憲法31条、29条に違反するものと断ぜざるをえない。」

「……かかる没収の言渡を受けた被告人は、たとえ第三者の所有物に関する場合であつても、被告人に対する付加刑である以上、没収の裁判の違憲を理由として上告をなしうる……」が、「被告人としても没収に係る物の占有権を剥奪され、またはこれが使用、収益をなしえない状態におかれ、更には所有権を剥奪された第三者から賠償請求権等を行使される危険に曝される等、利害関係を有することが明らかであるから、上告によりこれが救済を求めることができるものと解すべきである。これと矛盾する……昭和35年10月19日当裁判所大法廷言渡の判例は、これを変更するを相当と認める。」

(なお、この他、入江俊郎裁判官ほかの補足意見、藤田八郎裁判官の少数意見、下飯坂潤夫裁判官ほかの反対意見がある。)

コメント　一般に、犯罪に関わる物の没収は、将来犯罪に使われないための保安処分的措置の意味をもっている。しかし、没収される物に第三者の所有物が含まれている場合もある。旧関税法83条は、犯罪のために使われた船舶等で犯人の所有・占有に係る物を没収できると規定している。当該目的物の所有が犯人ではなく第三者に帰属していた場合、第三者の善意・悪意にかかわらず無条件に没収されることが憲法に違反するという主張に対し、当初、最高裁は、犯罪の事情を知っている「悪意」の第三者の所有物に限って没収するという限定解釈を行い、関税法の規定は憲法29条に違反しないと判示した(最大判昭和32・11・27刑集11巻12号3132頁)。その後、国会は「善意」の第三者の所有物を没収から除外するように関税法を改正した。しかしながら、この改正にもかかわらず、関税法は「所有者である第三者に対し、告知、弁解、防御の機会を与えるべきことを定めておらず、」このような「適正な」手続によらないで第三者の所有物を没収することは、憲法31条および29条に違反することになるとされたのである。また、この判決を受けて、国会は「刑事事件における第三者所有物没収手続に関する応急措置法」(昭和38[1963]・7・12、法律138号)を制定した。この法律では、所有者である第三者に対して、係属する刑事事件の事前参加を許し(3条)、主張立証の権利を与え(4条・6条)、事件の上訴においても、継続して参加でき(8条)、および没収の裁判取消し請求の手続(13条)まで認めたのである。最高裁は、同法を合憲としている(最判昭和39・7・1刑集18巻6号290頁)。

本判決は、はたして関税法の当該規定そのものを違憲無効としたのか(法令違憲)、それとも当該規定を本件に適用することを違憲としたのか(適用違憲)

について理解が分かれている。手続を定めた法律の不存在を違憲としたとの見方もできるので、法令違憲とする立場もあるが、「関税法118条1項によって第三者の所有物を没収することは」違憲とする判決文の形式から、適用違憲と理解する立場が多数説と思われる。

本判決では、被告人は第三者の権利の主張をしているが、先例では「訴訟において、他人の権利に容喙(ようかい)干渉し、これが救済を求めるが如きは、本来許されない筋合いのものと解するを相当とする」と判示し、被告人に第三者の憲法上の権利の侵害を主張する当事者適格を否定していた(最大判昭和35・10・19刑集14巻12号1574頁)。これに対し、本判決は先例を変更し、被告人に第三者の憲法上の権利の侵害を主張する当事者適格を認めている。

2 令状主義

〔解 説〕

憲法33条は、「何人も、現行犯として逮捕される場合を除いては、権限を有する司法官憲が発し、且つ理由となつてゐる犯罪を明示する令状によらなければ、逮捕されない」と定め、逮捕については令状主義の原則を要求している。この原則は、裁判官による事前の判断により、捜査機関の恣意的な逮捕を防止することを目的として採用されたものである。つまり、捜査機関に対する司法的抑制を通して、個人の人身の自由を確保する狙いが令状主義の要請には込められている。

まず、「権限を有する司法官憲」が発する令状でなければならない。「権限を有する司法官憲」とは、裁判官を指し、検察官・司法警察職員は含まれない(刑事訴訟法199条1項)。裁判官は検察官または司法警察員の請求により逮捕状を発する(刑事訴訟法199条2項)。

次に、令状は、逮捕の「理由となつてゐる犯罪を明示」するものでなければならない。これは、いわゆる一般令状を禁止する趣旨である。逮捕令状には、被疑者の氏名および住居、罪名、被疑事実の要旨、引致すべき官公署その他の場所、有効期間および期間経過後の逮捕の禁止ならびに発布の年月日、その他裁判所の規則で定める事項が記載され、裁判官の記名押印を必要とする(刑事訴訟法200条１項)。

「令状によらなければ、逮捕されない」とは、逮捕状により被疑者を逮捕する際には、逮捕状を被疑者に示さなければならない趣旨と解されている。刑事訴訟法もこの点を明示しているが（201条１項)、例外として、逮捕状を所持しない場合において、急を要するときに限り、犯罪事実の要旨および令状が発せられている旨を告げてその執行を行いうる（刑事訴訟法73条３項・201条２項)。ただその場合にも、できるだけ速やかに令状を示すことを要する。

現行犯逮捕・緊急逮捕

前述の令状主義の原則には「現行犯逮捕」と「緊急逮捕」という２つの例外がある。

(1) 現行犯逮捕

現行犯逮捕は憲法33条が自ら定める例外である。「現行犯」とは、現に罪を行いまたは現に罪を行い終わった者を指す（刑事訴訟法212条１項)。また、現行犯の場合には、何人も逮捕状なくして逮捕しうる（刑事訴訟法213条)。

(2) 緊急逮捕

緊急逮捕とは、刑事訴訟法210条で定められた令状主義のもう一つの例外にあたる逮捕であり、次の実質的要件、形式的要件に適合することを要するものをいう。

実質的要件として、① 死刑または無期もしくは長期３年以上の懲役もしくは禁錮にあたる罪を犯したこと、② ①の犯罪の嫌疑が十分であること、③ 急を要し裁判官の逮捕状を求めることができないことが求められる。

形式的要件として、逮捕後、ただちに逮捕状を求める手続をしなければならない。

この緊急逮捕の制度は、戦後刑事訴訟応急措置法で設けられ、現行刑事訴訟法210条に定められるに至ったが、現行犯逮捕と異なり、当初から合憲性について争いがあった。最高裁は昭和30［1955］年にはじめて合憲の判断を下した（後掲、〔判例〕**森林法違反事件**を参照)。違憲論も存在するが、大方の学説は緊急逮捕をやむをえない制度と解している。ただ、最高裁の判決では、後にみるように説得力のある理由を示しておらず、そのためもあってか学説においては対立が見られる。

(3) 別件逮捕

逮捕について述べる場合、別件逮捕という捜査方法の合憲性または正当性も令状主義の原則との関係で問題になる。別件逮捕とは、重大な犯罪（本件）について、逮捕の要件を具備していないのに、容疑者を取り調べるために、逮捕要件の具備しているより軽微な犯罪（別件）を理由に逮捕・勾留し、本件の証拠収集を図ることをいう。このような捜査方法は、令状主義の原則から逸脱するものだという批判が強い。しかし、最高裁は、狭山事件（最判昭和52・8・9刑集31巻5号821頁）において、別件逮捕は違法ではないと判示している。

〔判　　例〕

森林法違反事件　（最大判昭和30・12・14刑集9巻13号2760頁）

事　　実　徳島県の山村で農業を営んでいた被告人Aは昭和24［1949］年に、他人の山林内に育成している棕櫚（しゅろ）皮710枚（当時の時価で約920円相当）を窃取したという密告により緊急逮捕された。その際、司法巡査BとCは、被告人Aに対して最初は任意同行を求めたが、暴力行為で拒否され、証拠隠滅・逃亡のおそれがあるために、旧森林法83条違反の容疑により自宅で緊急逮捕した。同日裁判所は逮捕状を発付している。被告人は、逮捕状によらずに被疑者を逮捕しうることを捜査機関に認めた刑事訴訟法210条が憲法33条に違反すると主張した。被告人の訴えは、第1・2審でともにしりぞけられたため最高裁に上告した。

判　　旨　「刑訴210条が、検察官、検察事務官又は司法警察職員に対し逮捕状によらず被疑者を逮捕することができることを規定しているのは憲法33条に違反するというのである。しかし、刑訴210条は、死刑又は無期若しくは長期3年以上の懲役若しくは禁錮にあたる罪を犯したことを疑うに足る充分な理由がある場合で、且つ急速を要し、裁判官の逮捕状を求めることができないときは、その理由を告げて被疑者を逮捕することができるとし、そしてこの場合捜査官憲は直ちに裁判官の逮捕状を求める手続を為し、若し逮捕状が発せられないときは直ちに被疑者を釈放すべきことを定めている。かような厳格な制約の下に、罪状の重い一定の犯罪のみについて、緊急已（や）むを得ない場合に限り、逮捕後直ちに裁判官の審査を受けて逮捕状の発行を求めることを条件とし、被疑者の逮捕を認めることは、憲法33条規定の趣旨に反するものではない」。

斎藤（悠）裁判官の補足意見。「憲法33条中の『現行犯として逮捕される場合を除いては』とある規定並びに同35条中の『第33条の場合を除いては』とある規定は、アメリカ憲法修正第4条と同じく、合理的な捜索、逮捕、押収等を令状を必要とする保障から除外する趣旨と解すべきものと考える。されば、右憲法33条の除外の場合には、刑訴212条１項の現行犯逮捕の場合は勿論同条２項のいわゆる準現行犯逮捕の場合及び同法210条のいわゆる緊急逮捕の場合をも包含するものと解するを相当とする。」（なお、この他に小谷、池田各裁判官の補足意見がある。）

コメント　本判決は、緊急逮捕の制度は合憲であることを判示したものの、何ら理由を示していない。唯一斎藤裁判官の補足意見が、アメリカ合衆国憲法の修正４条を根拠に、合理的逮捕は令状主義の例外として認められると述べている。

緊急逮捕の制度は、昭和22［1947］年の刑事訴訟応急措置法においてはじめて設けられ、その当時から令状逮捕の原則と「現行犯逮捕」の例外のみを認めている憲法33条との抵触について疑義論争があった。

多数説は緊急逮捕を合憲としている。合憲解釈による学説は多様である。(a)事後ではあるが逮捕に接着した時期において逮捕状が発せられる限り、逮捕手続を全体として令状による逮捕と見ることができないわけではないという緊急逮捕を令状主義の一種と考える立場（準令状逮捕説）。(b)現行犯に準じて合憲と考える立場（準現行犯逮捕説）。(c)刑事訴訟法210条は対象となる犯罪の範囲を限定しかつ令状の発布されなかった被疑者に相当額の補償が与えられることを条件とする立場（相対的合憲説）。そして(d)不合理な逮捕を禁じたアメリカ合衆国憲法修正４条の例にならい、令状なしの逮捕であってもそれが合理的と見られる場合には合憲と考える立場（合理的逮捕説）。

以上の合憲説に対し、違憲とする説は次のように反論している。(a)準令状逮捕説に対しては、文理解釈から、たとえ後で速やかに令状が発せられようと、逮捕の時点で令状が出ていないことに変わりはないので合憲性を説明できない。(b)準現行犯逮捕説に対しては、刑事訴訟法210条は逮捕状が発せられない場合を想定しているので、令状による逮捕と説明することはできない。(c)相対的合憲説に対しては、憲法33条の関係で論証されていない。そして(d)緊急逮捕はアメリカの制度を例にならって合理的な逮捕にあたるので許されるとする解釈に対しては、逮捕について日米法体系が異なることや、憲法33条は「……現行犯として逮捕される場合を除いては……令状によらなければ、逮捕されない」と規定しており、このような文言上、厳格に要件を定める規定から「合理的な逮捕」という「例外」をどのように導き出すか、また、刑事訴訟法で緊急逮捕という「例外」を設けることができるかという疑問などが残る。

緊急逮捕の合憲性の根拠は、「社会秩序に対する重大な侵害を排除する緊急の措置としての緊急行為」にあると考えるべきであろう。したがって、「緊急」逮捕は、あくまでも「緊急の措置」であるため、刑事訴訟法210条の要件を厳格に解する必要があり、逮捕直後に「直ちに裁判官の逮捕状を求め」、重大な犯罪の場合に限定することが求められる。

3 憲法34条前段と接見交通権

〔解　説〕

憲法34条前段は、被疑者は「抑留」(一時的拘束) または「拘禁」(継続的拘束) をされる場合、弁護人を依頼する権利を保障されると定めている。これに関連して刑事訴訟法203条・204条も警察官・検察官などが被疑者を逮捕したときは、「直ちに犯罪事実の要旨及び弁護人を選任することができる旨」を告知すべきことを定めている。また、刑事訴訟法39条1項は、身体の拘束を受けている被告人・被疑者と弁護人との接見交通権を保障している。

このことについて最高裁は、後掲の接見交通制限事件判決において以下のように述べている。憲法34条前段の弁護人に依頼する権利は「単に被疑者が弁護人を選任することを官憲が妨害してはならない」ということだけでなく、「弁護人を選任した上で、弁護人に相談し、その助言を受けるなど弁護人から援助を受ける機会を持つこと」を保障するものである。一方、刑事訴訟法39条3項は、捜査のため必要があるときは、公訴の提起前に限り、捜査機関に被疑者と弁護人との接見の日時、場所および時間を指定する権限を与えている。こうした接見等を一方的に制限できる捜査機関の権限行使のあり方についてはしばしば問題とされてきた。

そこで、従来の捜査事務内容の運用を改善するために、1988年に法務省と日弁連は「接見交通権に関する協議会」を継続的に開催した。その結果、従来の許可制のような「一般的指定方式」を廃止し、「捜査のため必要があるときは、その日時、場所および時間を指定することがあるので通知する」旨の「接見等の指定に関する通知書」に改め、また、指定書の持参を一律に要求するのではなく、口頭やファックスによる指定でもよいとされるなど、弾力的な運用体制を導入した。日弁連は、その後も刑事訴訟法39条３項の規定内容は憲法上の権利である接見交通権に抵触し違憲・無効であると主張し続けてきた。この日弁連の主張に正面から答えたのが1999年の最高裁の「接見交通制限事件」判決である（後掲、〔判例〕接見交通制限事件を参照）。この判決で最高裁は、刑事訴訟法39条３項は憲法違反ではないと判示したうえで、被疑者の取調べ等の捜査の必要性と接見交通権の行使との調整を図るための基準を示している。

〔判　　例〕

接見交通制限事件　　（最大判平成11・３・24民集53巻３号514頁）

事　実　昭和62［1987］年に恐喝未遂の疑いで逮捕・勾留されたＸの弁護人ＡとＢは、再三にわたりＸの接見を申し入れたが、担当検察官Ｙが接見指定書の受領と携行を要求したために折り合いがつかなかったので、弁護人は検察官による違法な接見妨害として国家賠償を請求した。第１審は、弁護人側の請求を認容したが、第２審はこれを破棄したので、弁護人側は、捜査機関が接見等を一方的に制限しうる刑訴法39条３項本文の規定は憲法34条前段（および憲法37条３項ならびに38条１項）に違反すると主張して上告した。

判　旨　①刑訴法39条３項本文の規定と憲法34条前段

「憲法34条前段は、」「単に被疑者が弁護人を選任することを官憲が妨害してはならないということにとどまるものではなく、被疑者に対し、弁護人を選任した上で、弁護人に相談し、その助言を受けるなど弁護人から援助を受ける機会を持つことを実質的に保障しているものと解すべきである。」

「捜査権を行使するためには、身体を拘束して被疑者を取り調べる必要が生ずることもあるが、憲法はこのような取調べを否定するものではないから、接見交通権の行使と捜査権の行使との間に合理的な調整を図らなければならない。憲法34条は、身体の拘束を受けている被疑者に対して弁護人から援助を受ける機会を持つことを保障するという趣旨が実質的に損なわれない限りにおいて、法律に右の調整の規定を設けることを否定するものではないというべきである。」

「刑訴法39条の立法趣旨、内容に照らすと、捜査機関は、弁護人等から被疑者との接見等の申出があったときは、原則としていつでも接見等の機会を与えなければならない」。接見等の日時等を指定できるのは、「取調べの中断等により捜査に顕著な支障が生ずる場合に当たると解すべきである。」それ故、「刑訴法39条３項本文の規定は、憲法34条前段の弁護人依頼権の保障の趣旨を実質的に損なうものではない。」

「なお、刑訴法39条３項本文が被疑者側と対立する関係にある捜査機関に接見等の指定の権限を付与している点も、刑訴法430条１項及び２項が、捜査機関のした39条３項の処分に不服がある者は、裁判所にその処分の取消し又は変更を請求することができる旨を定め、捜査機関のする接見等の制限に対し、簡易迅速な司法審査の道を開いていることを考慮すると、そのことによって39条３項本文が違憲であるということはできない。」

②刑訴法39条３項本文の規定と憲法37条３項

所論（被告人側の主張）は「憲法37条３項の規定は、公訴提起後の被告人のみならず、公訴提起前の被疑者も対象に含めているとし、それを前提に、刑訴法39条３項本文の規定は憲法37条３項に違反するというのである。」「しかし、憲法37条３項は『刑事被告人』という言葉を用いていること、同条１項及び２項は公訴提起後の被告人の権利について定めていることが明らかであり、憲法37条は全体として公訴提起後の……被告人に関する規定であって、これが公訴直前の被疑者についても適用されるものと解する余地はない。」

③刑訴法39条３項本文の規定と憲法38条１項

「憲法38条１項の不利益供述の強要の禁止を実効的に保障するためどのような措置が採られるべきかは、基本的には捜査の実状等を踏まえた上での立法政策の問題に帰するものというべきであり、憲法38条１項の不利益供述の強要の禁止の定めから身体の拘束を受けている被疑者と弁護人等との接見交通権の保障が当然に導き出されるとはいえない。」

コメント　本判決は、最高裁がはじめて刑事訴訟法39条３項の規定の合憲性について判断を示した判例である。最高裁は、憲法に照らして刑事訴訟法の定める接見指定要件は、憲法34条前段の弁護人依頼権を実質的に損なうものではないと結論づけている。

このように、原告側の違憲主張は全員一致で退けられたが、その際、最高裁は被疑者の取調べ等の捜査の必要性と接見交通権の行使との調整を図る必要がある場合の基準（接見指定要件）を示している。すなわち、憲法34条前段の弁護人依頼権の保障の趣旨を損なわないためには、捜査機関は次のような要件に従わなければならない。(a)接見等の制限に関して日時を弁護人等の申出とは別の日時とするか、接見等の時間を申出より短縮させることしかできない。(b)接見等の指定をできるのは、弁護人等から接見等の申出を受けた時に現に捜査機関において被疑者を取調べ中である場合などのように、接見を認めると取調べの中断等により捜査に顕著な支障が生ずる場合に限られる。(c)もし取調べの捜査の必要性と接見交通権の行使との調整を図る必要がある場合、弁護人等との協議を行う必要があり、できる限り速やかな接見等のための日時等を指定し、被疑者が弁護人等の防御の準備をすることができるような措置をとらなければならない。

この判決の影響もあり、その後、最高裁は平成12［2000］年の国家賠償請求事件の判決において本判決を引用しつつ、逮捕直後における弁護人選任のための初回接見を制限したことを違法と判断している（最三小判平成12・6・13民集54巻5号1635頁を参照）。この判決における興味深い点は、従来の国家賠償訴訟はほとんどが弁護人の接見交通権の侵害という視点から出発していたのに対し、本判決では、防御の主体である被疑者本人の接見交通権の保障という視点に発想を転換している点である。また、平成17［2005］年の最高裁判決は、接見のために適切な部屋のない場合であっても、検察官は立会人のいる部屋での短時間での接見でも良いかどうかを弁護人等に確認する義務があるとしている（最三小判平成17・4・19民集59巻3号563頁を参照）。

4　公平・迅速・公開の裁判を受ける権利

〔解　　説〕

憲法37条1項は、「すべて刑事事件においては、被告人は、公平な裁判所の迅速な公開裁判を受ける権利を有する」と定め、刑事裁判における三要件を要求している。

(1)　公平な裁判

「公平な裁判所の裁判」とは、最高裁によれば、「構成その他において偏頗の惧（おそ）れなき裁判所による裁判の意味」（最判昭和23・5・26刑集2巻5号511頁）とされる。刑事訴訟法は、公正を損ない、不公平な裁判をするおそれのある裁判官を当該事件から排除するため、除斥・忌避・回避の制度（刑事訴訟法20・21条、刑事訴訟規則2章参照）を設けこの点を具体化している。また、憲法37条1項は、裁判所の構成が公平であることだけでなく、訴訟手続もまた公正でなければならないことを要求している。この点に関しもっとも重要と考えられるのが起訴状一本主義の原則であろう。これは、裁判官があらかじめ事件について予断をいだくことを防止するために設けられたものであり、「起訴状には、裁判官に事件につき予断を生ぜしめる虞（おそれ）のある書類その他の物を添付し、又はその内容を引用してはならない。」（刑事訴訟法256条6項）とされている。

(2) 迅速な裁判

「迅速な裁判」とは、適正な裁判を確保するために必要な期間を越えて不当に遅延した裁判でない裁判をいう、とされる。「裁判の遅延は裁判の拒否」といわれるように、裁判の長期化のために、被告人が有利な証拠を確保しえなかったり、多大な精神的・肉体的負担を被るならば、事実上裁判を拒否されたに等しいといえよう。

最高裁は、従来、「迅速な裁判」を受ける権利を保障した37条1項を裁判所に努力義務を課したにすぎないプログラム規定と解していた（最大判昭和23・12・22)。学説においてもプログラム規定説が有力であったが、その後、最高裁は昭和47年［1972］の高田事件において、従来の立場を改め、注目された。同判決は、「審理の著しい遅延の結果、迅速な裁判をうける被告人の権利が害せられたと認められる異常な事態」に立ち至ったとして、免訴判決を言い渡し、具体的救済措置を講じたのである（後掲、〔判例〕高田事件を参照。)。

(3) 公開裁判

「公開裁判」とは、その対審および判決が公開法廷で行われる裁判をいう。裁判の公開に関しては憲法82条にも定められているが、37条1項が刑事裁判に関し特別に公開を定めたのは、明治憲法下の予審制度のような非公開の裁判を禁止する趣旨と解されている。

〔判　例〕

高田事件　（最大判昭和47・12・20刑集26巻10号631頁）

事　実　昭和27［1952］年に名古屋市内で起きた住居侵入、放火予備、傷害その他一連の事件（これら一連の事件が高田事件と総称される）の罪に問われていた被告人ら（約40人）のうち、上告した28人の審理は裁判所が別事件との併合審理を希望した弁護側の要望を認め、その結審を待ったため、2年後から中断になり、その後15年を経た1969年に再開された。第1審は、こうした長期の審理中断は異常な事態であるとする被告人側の主張を認め、公訴時効の完成に準じて免訴を言渡した。第2審は、裁判の遅延から被告人側を救済する具体的立法がないことを理由に破棄差戻しにしたため、憲法違反および憲法解釈の誤りを主張して上告した。

判　旨　「憲法37条1項の保障する迅速な裁判をうける権利は、憲法の保障する基本的な人権の一つであり、右条項は、単に迅速な裁判を一般的に保障するために必要な立法上および司法行政上の措置をとるべきことを要請するにとどまらず、さらに個々の刑事事件について、現実に右の保障に明らかに反し、審理の著しい遅延の結果、迅速な裁判をうける被告人の権利が害せられたと認められる異常な事態が生じた場合には、これに対処すべき具体的規定がなくても、もはや当該被告人に対する手続の続行を許さず、その審理を打ち切るという非常救済手段がとられるべきことをも認めている趣旨の規定であると解する。」「刑事事件について審理が著しく遅延するときは、被告人としては長期間罪責の有無未定のまま放置されることにより、ひとり有形無形の社会的不利益を受けるばかりでなく、当該手続においても、被告人または証人の記憶の減退・喪失、関係人の死亡、証拠物の滅失などをきたし、ために被告人の防禦権の行使に種々の障害を生ずることをまぬがれず、ひいては、刑事司法の理念である、事実の真相を明らかにし、罪なき者を罰せず罪ある者を逸せず、刑罰法令を適正かつ迅速に適用実現するという目的を達することができないこととともなるのである。上記憲法の迅速な裁判の保障条項は、かかる弊害発生の防止をその趣旨とするものにほかならない。」

「そこで、本件において、審理の著しい遅延により憲法の定める迅速な裁判の保障条項に反する異常な事態が生じているかどうかを、次に審案する。そもそも、具体的刑事事件における審理の遅延が右の保障条項に反する事態に至つているか否かは、遅延の期間のみによつて一律に判断されるべきではなく、遅延の原因と理由などを勘案して、その遅延がやむをえないものと認められないかどうか、これにより右の保障条項がまもろうとしている諸利益がどの程度実際に害せられているかなど諸般の情況を総合的に判断して決せられなければならないのであつて、たとえば、事件の複雑なために、結果として審理に長年月を要した場合などはこれに該当しないこともちろんであり、さらに被告人の逃亡、出廷拒否または審理引延しなど遅延の主たる原因が被告人側にあつた場合には、被告人が迅速な裁判をうける権利を自ら放棄したものと認めるべきであつて、たとえその審理に長年月を要したとしても、迅速な裁判をうける被告人の権利が侵害されたということはできない。」

「被告人らが迅速な裁判をうける権利を自ら放棄したとは認めがたいこと、および迅速な裁判の保障条項によつてまもられるべき被告人の諸利益が実質的に侵害されたと認められることは、前述したとおりであるから、本件は、昭和44年第１審裁判所が公判手続を更新した段階においてすでに、憲法37条１項の迅速な裁判の保障条項に明らかに違反した異常な事態に立ち至つていたものと断ぜざるを得ない。したがつて、本件は冒頭説示の趣旨に照らしても、被告人らに対して審理を打ち切るという非常救済手段を用いることが是認されるべき場合にあたるものといわなければならない。刑事事件が裁判所に係属している間に迅速な裁判の保障条項に反する事態が生じた場合において、その審理を打ち切る方法については現行法上よるべき具体的な明文の規定はないのであるが、前記のような審理経過をたどつた本件においては、これ以上実体的審理を進めることは適当でないから、判決で免訴の言渡をするのが相当である。」

コメント　本判決で最高裁は、いかなる場合に憲法の保障する迅速な裁判を受ける権利に違反するか一応の判断基準を示している。

まず、本判決は、裁判の遅延は被告人の被る不利益として二つの点を指摘している。つまり、「長期間罪責の有無未定のまま放置されることにより、ひとり有形無形の社会的不利益を受ける」こと、さらに「被告人または証人の記憶の減退・喪失、関係人の死亡、証拠物の滅失などをきたし、ために被告人の防禦権の行使に種々の障害を生ずる」ことである。

次に、遅延期間の長さについて本判決は、遅延期間の経過のみによって一律に判断すべきではなく、諸般の状況を総合的に判断して決すべきであると述べている。これに対して、起訴された犯罪の公訴時効期間を一応の基準と考え、それを越える審理中断が被告人側の審理引き延ばし以外の理由でなされた場合には一律に審理を打ち切るべきだ、との考えが学説としては一般的である。

遅延の原因・理由の正当化について本判決は、被告人側の事情（審理の引き延ばしや病気等）によって遅延した場合にのみ限られ、遅延の原因が裁判所や検察官にあれば正当化されないと述べている。

この点と関連して、被告人が審理促進を申し出て迅速な裁判を受ける権利の主張をなさない限り救済を与えられないか否かが問題となる。本判決では、「少なくとも検察官の立証がおわるまでの間に……被告人側が……審理を促す挙に出なかつたとしても……迅速な裁判をうける権利を放棄したと推定することは許されない」と述べ、消極的ではあるが、一応被告人が審理促進を申し出なかった場合でも、迅速な裁判を受ける権利を放棄したと推定することはできないと解している。

以上のような判断基準を示し、最高裁は、迅速な裁判を受ける権利に違反する事態が生じている場合、法律の規定がなくても直接憲法を根拠に審理打ち切りという非常救済手段で対応すべきものと判断している。もっとも、本判決以降、１審・２審を通じて約25年を費やした事案について、最高裁は審理打ち切りの判断をとらず、原告の主張を退けている（峯山事件［最判昭和55・2・7］）。

近年の司法制度改革の一環として裁判員制度の創設に伴い、「裁判の迅速化に関する法律」（平成５年法律107号、以下「裁判迅速法」という）が制定された。裁判迅速法２条は、「……第一審の訴訟手続については二年以内のできるだけ短い期間内にこれを終局させ、その他の裁判所における手続についてもそれぞれの手続に応じてできるだけ短い期間内にこれを終局させること……」を目標として、裁判の迅速化を図るものとしている。また、裁判の迅速化を推進するために、最高裁判所は、２年ごとに裁判所における手続に要した期間の状況、その長期化の原因、その他必要な事項についての調査および分析を行い、裁判所の迅速化に係る総合的、客観的かつ多角的な検証を行うことになっている（裁判迅速法8条）。

9 生存権

憲法25条１項は、「すべて国民は、健康で文化的な最低限度の生活を営む権利を有する」と規定し、同条２項は、「国は、すべての生活部面について、社会福祉、社会保障及び公衆衛生の向上及び増進に努めなければならない」と規定している。これが生存権を規定した条文であり、社会権の根本規定と解される。つまり、教育を受ける権利（26条）、勤労権（27条）、労働基本権（28条）は、いわば生存権を根拠に形づくられている。わが国では、これらの四つの権利を総称して、社会権と呼んでいる。

生存権の規定は、いわゆるマッカーサー憲法草案にはなかったが、衆議院の修正によって加えられたという経緯がある。衆議院議員の森戸辰男や鈴木義男が強くその必要性を主張し、新憲法の中に取り入れられたのである。憲法25条１項のもとになる規定は、民間の憲法草案の一つである、憲法研究会の憲法草案要綱にある「国民ハ健康ニシテ文化的水準ノ生活ヲ営ム権利ヲ有ス」という規定であった。日本国憲法がアメリカに押しつけられたかどうかが、しばしば論争になることがある。しかし、憲法25条の規定は、わが国会側の創意によって設けられた規定であるといえよう。

生存権がどのような権利なのかをめぐっては、以下の三つの立場の対立があった。

1　プログラム規定説

〔解　　説〕

プログラム規定説とは、憲法25条はあくまで国家に対する政治指針（プログラム）を示したに過ぎず、法的な権利を保障したものではないとする。つまり、憲法25条は国民がそれに基づいて裁判を提起し、法的救済を求める権利を保障したのではなくて、国家に対して国民が人間らしい生活ができるように配慮する政治的・道義的責務を課したに過ぎないと解するのである。

この説は、次のような根拠に基づいている。①自由競争を基本原理とする資本主義経済体制のもとでは、個人の生活は、原則として、自己の努力と責任において維持されるべきである。②生存権の実現には、予算が必要であるから、それは国家の財政上の制約に服さざるをえない。

しかし、この根拠に対しては、次のような批判が可能である。①資本主義経済体制をとっていることは、生存権の法的な権利性を否定する根拠にはならない。生存権は、資本主義経済体制が生み出す貧富の格差問題に対処するための権利であり、あるいは資本主義経済体制の存続のために必要な権利であるということもできる。②憲法上「健康で文化的な最低限度の生活を営む権利」と明記されている以上、これは法的な権利であり、これを実現するように予算を組むことが求められている。

2　抽象的権利説

〔解　　説〕

抽象的権利説によれば、憲法25条は、国民が「最低限度の生活」を営むために必要な措置を講ずることを国家に要求する法的な権利を保障するもので、国家はそれに対応する法的義務を負う。しかし、何が「健康で文化的な最低限度の生活」であるかは、一義的に明らかとはいえないうえ、生存権の具体的な実現にはさまざまな手段がありうるので、その権利内容を具体化するためには立法措置を講ずることが必要である。したがって、生存権は法律の制定によって権利内容が具体化されてはじめて、裁判で救済を受けることができる具体的な権利となる。そして、生活保護法のように、生存権を具体化する法律の制定を国会が行った場合には、憲法25条は、生活保護法の解釈基準として機能することになる。

いわゆる朝日訴訟は、生存権をめぐる著名な事件であるが、その第１審判決は抽象的権利説を明確に採用した。朝日訴訟は、生活保護を受給していた朝日茂氏が、日用品費として月額600円というのは「健康で文化的な最低限度の生活」水準にほど遠いと主張して、提訴した事件である。日用品費600円という額は、厚生大臣（当時）が生活保護法に基づいて、算定・決定したものである。

第１審（東京地判昭和35・10・19行裁例集11巻10号2921頁）は、日用品費600円は低過ぎであり、「健康で文化的な最低限度の生活」を営む水準に至っておらず、違法であるという判決を下した。判決の論理は次のとおりである。①憲法25条は抽象的であるが故に、それのみを根拠として裁判的救済を受けることはできない。②しかし、憲法25条を具体化する法律として生活保護法が制定されている。③そうすると、裁判所としては、生活保護法を憲法25条の趣旨を踏まえて解釈することで、日用品費600円という額の妥当性について考えることが許される。④そこで考えるに、「健康で文化的な生活水準」とは、「人間に値する生存」を可能にする程度のものでなければならない。その具体的内容は、絶えず変化するものの、「人間に値する生存」の最低限度という一線は、特定の国の特定の時点において一応客観的に決定できる。⑤そうすると、日用品費600円はやはり低過ぎであり、これでは「健康で文化的な生活水準」は到底望めない。⑥よって、日用品費600円しか支給しないとする厚生大臣の決定は、直接的には生活保護法に違反するものであるが、ひいては憲法25条の趣旨にも反するものでもある。

以上が抽象的権利説の考え方であるが、この判決は東京高裁（東京高判昭和38・11・４行裁例集14巻11号1963頁）で覆された。日用品費600円はたしかに低過ぎであり、670円程度が適当であるけれども、これは「当不当」の問題であり、厚生大臣（当時）の裁量の範囲内の判断として「違法」とまでは評価できないというのが東京高裁判決の結論であった。

最高裁（最大判昭和42・５・24民集21巻５号1043頁）も、原告の朝日氏の死亡により、訴訟は終了したと宣告したが、「なお、念のため」として、生活保護基準の適否について次のように付言している。「何が健康で文化的な最低限度の生活であるかの認定判断は、いちおう、厚生大臣の合目的的な裁量に委されており、その判断は、当不当の問題として政府の政治責任が問われることはあつても、直ちに違法の問題を生じることはない。ただ、現実の生活条件を無視して著しく低い基準を設定する等憲法および生活保護法の趣旨・目的に反し、法律によつて与えられた裁量権の限界をこえた場合または裁量権を濫用した場合には、違法な行為として司法審査の対象となることをまぬかれない」。

本判決は、保護水準の決定に裁量権の逸脱・濫用が認められる場合には、裁判的救済が可能であるという立場であり、プログラム規定説ではなく、抽象的権利説に立脚していると解されている（堀木訴訟・最大判昭和57・7・7民集36巻7号1235頁参照）。

3　具体的権利説

〔解　　説〕

具体的権利説は、憲法25条にいう「健康で文化的な最低限度の生活」の意味は決して漠然不明確ではなく、他の憲法上の人権保障規定と比較しても具体性をもっており、したがって、法律が存在しない場合においても、直接的に憲法25条に基づいて裁判で救済を求めることができるとする。では、私たちはどのような救済を裁判所に求めることができるのか。この点、具体的権利説は、その名称にもかかわらず、個々の国民が具体的給付を求める権利を有すると主張するわけではない。というのも、最低限度の生活を実現する方法は、複数ありうるからである。現金を支給するという方法もあれば、衣食住の現物支給という方法もありうる。あるいは、職業訓練等の自立支援という仕方もある。これらの選択肢のうち、どれを選ぶのかは、やはり国会の判断に委ねられるべきであり、個々の裁判官が裁判によって決める事柄ではない。

そうすると、具体的権利説は何を主張するものなのか。この説は、生存権を実現する義務を国家が果たさない場合（つまり具体的な法律が存在しない場合）、国民は立法不作為の違憲確認を求めることができると主張する。たとえば、ある問題が原因で厳しい生活困窮状態に陥った人々が存在するにもかかわらず、国がそれを漫然と放置しているとする。この場合、問題の解決につながる法律を作らないという国会の怠慢、つまり立法不作為が憲法25条に照らし違憲であるということを裁判所が「確認」する判決を下すというわけである。

しかし、この具体的権利説には、次のような問題が指摘されている。①今日、生活保護法はじめさまざまな社会福祉立法が制定されている状況では、立法不作為のような事態はほとんど想定できない。②仮に裁判所が立法不作為の違憲を確認する判決を下したとしても、それにより国会は立法義務を負うわけではない。もし国会が立法義務を負うとすれば、それは司法権による立法裁量の侵害となり、憲法の権力分立の理念に反する疑いがある。よって、立法不作為の違憲確認訴訟は、国会に立法化を促す圧力にはなるが、具体的な救済とはならない。実は、そもそも、立法不作為の違憲性を確認するという訴訟は可能かどうかについては争いがあった。これについては、平成16［2004］年の行政事件訴訟法改正により、同法4条に「公法上の法律関係における確認訴訟」が規定されたことで、現行法上の根拠が与えられた。

在外国民が、公職選挙法上選挙権の行使を制限されていたことに対して、立法不作為の違法確認と国家賠償請求を行った訴訟で、最高裁（最大判平成17・9・14民集59巻7号2087頁）は、次のように判示した（16 **司法** を参照）。

「立法不作為が国民に憲法上保障されている権利を違法に侵害するものであることが明白な場合や、国民に憲法上保障されている権利行使の機会を確保するために所要の立法措置を執ることが必要不可欠であり、それが明白であるにもかかわらず、国会が正当な理由なく長期にわたってこれを怠る場合などには、例外的に、国会議員の立法行為又は立法不作為は、国家賠償法1条1項の規定の適用上、違法の評価を受けるものというべきである」。

選挙権とは異なり、生存権の実現の仕方については、国家財政上の制約もあり一般に広範な立法裁量が認められるため、立法不作為の違憲性が認められる余地はそう多くない。しかし、生存権の実現につき、あまりに広範な立法裁量を認めることには問題がある。これに関して次の判例が重要である。

〔判　　例〕

学生無年金障害者訴訟　　（最二判平成19・9・28民集61巻6号2345頁）

事　　実　国民年金法は、昭和34［1959］年の制定当初、20歳以上60歳未満の国民を強制加入の対象とし、20歳前に障害を負った者（20歳前障害者）については、無拠出制の障害福祉年金を支給していた。しかし、20歳以上の学生は「任意加入」とされ、無拠出制の年金制度も設けられなかった。

その後、昭和60［1985］年の法改正で、障害年金は障害基礎年金に改められ、支給額が大幅に増額されるとともに、20歳前障害者にも、障害基礎年金が支給されることとなった。他方、20歳以上の学生は、依然として、任意加入のままであり、無拠出制の年金制度も設けられなかった。学生の任意加入制度は、保険料免除がなく、保険料を全額納めなければならなかったため、学生には極めて加入しにくい制度であった。実際、20歳以上の学生の加入者は、わずか１％程度にとどまっていた。その後、平成元［1989］年の法改正により、20歳以上の学生も、強制加入の対象となり、保険料納付猶予制度が整備されるにいたった。

Ｘらは、平成元年の法改正前、20歳以後の大学在学中に障害を負った者であり、障害基礎年金の支給を申請したが、不支給処分を受けた。その理由は、Ｘらが国民年金に任意加入しておらず、よって被保険者資格が認められない、というものであった。そこで、Ｘらは、不支給処分の取消しと、立法不作為の違憲に基づく国家賠償を求めて提訴した。

判　　旨　20歳以上の学生を「強制加入被保険者」としなかったことは違憲ではない

国民年金制度は、憲法25条の趣旨を実現するために設けられた社会保障上の制度であるところ、同条の趣旨にこたえて具体的にどのような立法措置を講じるかの選択決定は、立法府の広い裁量に委ねられており、それが著しく合理性を欠き明らかに裁量の逸脱、濫用とみざるをえないような場合を除き、裁判所が審査判断するのに適しない。もっとも、同条の趣旨にこたえて制定された法令において受給権者の範囲、支給要件等につき何ら合理的理由のない不当な差別的取扱いをするときは、憲法14条の平等原則違反の問題を生じる。

国民年金制度は、老齢、障害または死亡によって国民生活の安定が損なわれることを国民の共同連帯によって防止することを目的とし、被保険者の拠出した保険料を基として年金給付を行う保険方式を制度の基本とし、雇用関係等を前提とする厚生年金保険法等の被用者年金各法の適用対象となっていない者（農林漁業従事者、自営業者等）を対象とする年金制度として創設された。それゆえ、強制加入被保険者を、就労し保険料負担能力があると一般に考えられる年齢によって定めることとし、他の公的年金制度との均衡等をも考慮して、原則として20歳以上60歳未満の者としたものである。

学生は、一般的には収入がなく、保険料負担能力を有していない。また、20歳以上の者が学生である期間は、数年間と短く、その間の傷病により重い障害の状態となる確率は低い上に、多くの者は卒業後は就労し、被用者年金各法等による公的年金の保障を受けることとなる。一方、国民年金の保険料は、老齢基礎年金に重きを置いて、その適正な給付と保険料負担を考慮して設定されていた。20歳以上の学生にとって、学生のうちから老齢、死亡に備える必要性はそれほど高くはない。学生が専ら障害による稼得能力の減損の危険に備えて国民年金の被保険者となることは、保険料納付の負担に見合う程度の実益が常にあるとまではいい難い。他方、障害者については障害者基本法等による諸施策が講じられており、生活保護法に基づく生活保護制度も存在している。

以上の事情からすれば、20歳以上の学生を国民年金の強制加入の対象として一律に保険料納付義務を課すのではなく、任意加入を認めて国民年金に加入するかどうかを20歳以上の学生の意思に委ねることとした措置は、著しく合理性を欠くということはできない。よって、20歳以上の学生を強制加入とするなどの措置を講じなかったことは、憲法25条、14条に違反しない。

無拠出制の年金の支給措置をとらないという「立法不作為」は違憲ではない

無拠出制の年金給付の実現は、国民年金事業の財政および国の財政事情に左右されるところが大きいこと等にかんがみると、立法府は、保険方式を基本とする国民年金制度において補完的に無拠出制の年金を設けるかどうか、その受給権者の範囲、支給要件等をどうするかの決定について、拠出制の年金の場合に比べてさらに広範な裁量を有している。

障害者基本法、生活保護法等による諸施策が講じられていることを勘案すると、20歳以上の学生であり国民年金に任意加入していなかったために障害基礎年金等を受給することができない者に対し、無拠出制の年金を支給する旨の規定を設けるなどの措置を講じるかどうかは、立法府の裁量の範囲に属する事柄というべきであって、そのような立法措置を講じなかったことが著しく合理性を欠くということはできない。また、無拠出制の年金の受給に関して20歳以上の学生と20歳前障害者との間に差異が生じるとしても、両者の取扱いの区別が、何ら合理的理由のない不当な差別的取扱いであるということもできない。よって、立法不作為が憲法25条、14条に違反するということはできない。

コメント　国民年金法は、老齢・障害・死亡に起因する所得の減少に対し、年金という形で国民すべてが保障を受けられるようにするという理念に基づいている。現在、20歳以上の国民は、すべて国民年金制度に当然に加入している（強制加入）。そして、65歳になった場合、障害を負った場合、生計を支える人が亡くなった場合には、それぞれ老齢基礎年金、障害基礎年金、遺族基礎年金を受給できることになっている。ところが、平成元年まで、学生については、収入がなく保険料を納められない等という理由から、適用除外とされ、任意加入の手続をしない限り完全に制度の枠外に置かれていた。その結果、20歳以上の学生が任意加入の手続をしないで、予期せぬ事故や病気で障害を負ってしまった場合、障害基礎年金を受給できないという事態が生じた。これが学生無年金障害者の問題である。

(1) 任意加入制の合憲性

判旨の冒頭が示すとおり、最高裁は、憲法25条の具体化が「立法府の広い裁量」に委ねられるとした。つまり、立法の内容が著しく合理性を欠き、明らかに裁量権の逸脱・濫用がある場合を除き、裁判所は立法府の判断を尊重するということである。既に述べたとおり、生存権の実現手段はさまざま考えうる。限られた財源の中で、いかなる方法で生存権を実現するかの選択決定は、立法府たる国会の広い裁量に委ねられる。これが判例の立場であり、この観点から、学生の「任意加入制」の合理性が検討されている。合理性を裏づける根拠として、最高裁は、次の点をあげる。①学生は一般に20歳に達した後も稼得活動に従事せず、収入がなく、保険料負担能力を有しない。②20歳以上の学生が障害を負う可能性はそう高くない。③卒業後は就労して被用者年金各法等による公的年金の保障を受ける。④国民年金の「本体」は老齢基礎年金であり、それを前提に給付と保険料が設定されており、被保険者が納付した保険料のうち障害基礎年金の給付に充てられる部分はわずかである。そうすると、学生が20歳から老齢・死亡に備える必要性は高くない一方、障害を負った場合に備えて国民年金に加入しても、保険料負担に見合う実益があまり期待できない。⑤障害者については障害者基本法による救済策があり、また生活保護法に基づく生活保護制度も利用可能である。以上により、学生を任意加入とする選択決定は、立法府に委ねられた裁量の範囲内の事柄であり、憲法25条や14条違反の問題は生じない。障害基礎年金の不支給は、憲法違反ではないとされたのである。

ところで、国民年金制度は、憲法25条1項が規定する「最低限度」の生活を保障する制度ではないと考えられる。なぜなら、国民年金を受けられなかった場合でも、生活保護法に基づく生活保護制度が利用できれば、「最低限度」を下回らないことになるからである。そうすると、本件のような生活保護以外の社会保障の不支給について、憲法25条1項違反を主張することはきわめて困難である。最高裁は、任意加入制の合理性を裏づける根拠を比較的丁寧に論証したが、結局は上記⑤の理由により憲法25条違反としなかったように思われる。つまり、原告の生活水準が「最低限度」を下回っているなら、生活保護を受ければよい、という論理である。

(2) 立法不作為の違憲性と国家損害賠償

前記在外国民選挙権訴訟の最高裁判決は、「国民に憲法上保障されている権利行使の機会を確保するために所要の立法措置を執ることが必要不可欠であり、それが明白であるにもかかわらず、国会が正当な理由なく長期にわたってこれを怠る場合」には、その立法不作為が国家賠償法上違法となるとした。しかし、本判決は、この先例に言及することなく、拠出制の年金の場合に比べて、無拠出制の年金を支給するか否かについて、立法府には「さらに広範な裁量」があると指摘して、立法不作為が「著しく合理性を欠く」とはいえないと判断した。

これに対して、本件第1審判決（東京地判平成16・3・24判時1852号3頁）は、国民年金法が、昭和60［1985］年の法改正の時点で、20歳以後の大学在学中に障害を負った者の年金受給がより容易になるような制度を設けなかった点で、

20歳前障害者（障害基礎年金の受給権あり）との間に不平等が生じており、その立法不作為は憲法14条に違反するとして、国家賠償請求を認容した。地裁が憲法25条違反ではなく、憲法14条違反としたことは注目に値する。つまり、生存権の保障については、国家財政上の制約もあり一般に広範な立法裁量が認められるが、憲法14条のもとでは、法律上の異なる取扱いが合理的といえるかどうかの観点から裁判所は判断を下すので、その際には国会の立法裁量の範囲は相対的に狭くならざるをえない。その結果、裁判所は憲法14条に照らして国会の裁量権の行使に濫用や逸脱があったと認めることになるのである。

結局、学生無年金障害者は、司法的救済を受けることはできなかった。しかし、第1審の違憲判決が世論を喚起し、国会は国民年金法そのものを改正するのではなく、特別法として「特定障害者に対する特別障害給付金の支給に関する法律」（平成17［2005］年4月1日施行）を制定し、障害者基礎年金よりも少額の給付金を支給する形で立法的救済が図られることとなった。

4　生活保護の減額

〔解　説〕

国は、生活保護法に基づく保護費のうち、衣食や光熱費にあてる生活扶助の基準額を、2013年から3段階で引き下げ、総額約670億円を削減した。このように、国が生活保護の基準額を引き下げたのは、「健康で文化的な最低限度の生活」を保障した憲法に違反するとして、全国の都道府県で訴訟が提起された。裁判所の判断は分かれているが、名古屋高裁（名古屋高判令和5・11・30）は、国の減額処分の取消しと国家損害賠償を命じる判決を下したことで注目される。国は、物価下落率を踏まえる「デフレ調整」と、生活保護受給世帯と一般の低所得者世帯の生活費を比べて見直す「ゆがみ調整」を反映し、基準額を改定した。この調整手法について、名古屋高裁は、統計等の客観的な数値などとの合理的関連性や専門的知見との整合性を欠くと判断した。そのうえで、過去に例のない大幅な引下げにより、受給者は元々余裕のある生活ではなかったところ、さらに余裕のない生活を強いられたことを問題視し、生活扶助は憲法が保障する生存権を基礎とする制度であることを踏まえて、国の損害賠償責任を認めた。

10　教育を受ける権利

憲法26条１項は、「すべて国民は、法律の定めるところにより、その能力に応じて、ひとしく教育を受ける権利を有する」と定める。この教育を受ける権利の実質的保障のために、同条２項は、「すべて国民は、法律の定めるところにより、その保護する子女に普通教育を受けさせる義務を負ふ」と定める。これは、親権者に対して普通教育を受けさせる義務（教育の義務）を課すと同時に、国家に対して義務教育制度の整備義務を課すものである。

1　明治憲法下における教育の位置づけ

〔解　　説〕

明治22［1889］年制定の明治憲法は、第１章「天皇」に続き、第２章に「臣民権利義務」として、日本国憲法の「国民の権利及び義務」に相当する規定を置いていたが、教育に関する規定そのものは存在しなかった。これは、国家が教育を軽視していたのではない。むしろ、警察、軍備に並んで、非常に重要な役割を期待していた。

では一体、教育はどのように扱われていたのか。明治憲法第９条の「天皇ハ法律ヲ執行スル為ニ又ハ公共ノ安寧秩序ヲ保持シ及臣民ノ幸福ヲ増進スル為ニ必要ナル命令ヲ発シ又ハ発セシム但シ命令ヲ以テ法律ヲ変更スルコトヲ得ス」という規定を根拠として、同憲法制定の翌年に小学校令を制定し、以来、第二次世界大戦の終結まで、教育関係法令は、議会の立法権の行使としての法律ではなく、天皇の行政権の行使としての「勅令」によって整備されることとなった。

明治憲法下の日本において、納税・兵役・教育は国民の三大義務と呼ばれ、その点からも、教育というのは非常に重要な「義務」と考えられていたということができる。教育を受ける権利という形で基本的人権の一つとして承認されるのは、戦後の日本国憲法と、勅令主義を破って法律として制定された教育基本法（昭和22［1947］年３月31日施行）以降ということになる。

2　教育を受ける権利の法的性格

〔解　　説〕

憲法26条に定める教育を受ける権利は、いわゆる社会権の一つに位置づけられる。社会権は、国民が人間に値する生活を営むことができるよう、国民が国に対して一定の行為（作為）を要求する権利である。ただし、教育を受ける権利が、いかなる理由から、いかなる性質のものとして保障されるかについては、次のような学説の変遷がある。

(1)　生存権説

憲法学における古典的通説である。これによると、教育を受ける権利は、教育の機会均等を実現するための経済的配慮を国家に要求する権利であるとされた。その理由は、①教育を受ける権利は生存権の次に規定されていること、②義務教育の無償制が憲法26条２項に規定されていることにある。

教育を受ける権利は、とりわけ高等教育に関して意義を有すると考えられた。普通教育は、義務教育であり、しかも無償と定められているから、とくに教育を受ける権利を主張する実益は少ない。しかし、高等教育は、義務ではなく、また無償でもないから、その教育を受けることには、少なからず経済的負担を伴う。かつて高等教育が上流階級のもので、一般市民（あるいは貧困者）に無縁だったのは、そのためである。教育を受ける権利は、この事情に着目し、一般市民に対しても、より良い生活の糧を得るのに必要な能力を修得するために、高等教育を受ける機会を保障しようとするものである。

この説は、主として経済的な側面に注目して、憲法25条に定める生存権の文化的側面を支え、教育に伴う経済的負担への配慮を定めたものと解することができることから、生存権説あるいは経済的権利説といわれる。

(2) 学習権説

教育を受ける権利を生存権的意味に限定する上記の学説に対して、とりわけ教育学者から批判が出された。戦後復興の時代が終わり、高度成長期が到来したわが国では、このような理解は消極的であると思われたのである。そこで、すべての国民は、生まれながらにして、教育を受け学習することにより、人間的に成長し発達していく存在であり、それを実現するための権利として「学習権」が主張された。つまり、それは、自らの能力の全面的発達を可能とする教育が受けられるよう国に対して求める権利である。今日では、この学習権説が支配的であり、教育を受ける権利には、社会権的側面だけでなく、子どもの人格的成長を妨げるような国家の介入を防ぐという意味で、自由権的側面をも併せもつ、複合的な権利と理解されている。

裁判例においても、教科書検定不合格処分の適法性が争われた第二次家永訴訟第1審判決（東京地判昭和45・7・17判時604号29頁）が、はじめて子どもの学習権を基軸とする憲法26条の解釈を行った。この判決は、憲法26条が教育を受ける権利を保障した趣旨を次のように述べる。「子どもは未来における可能性を持つ存在であることを本質とするから、将来においてその人間性を十分に開花させるべく自ら学習し、物事を知り、これによって自ら成長させることが子どもの生来的権利であり、このような子どもの学習する権利を保障するために教育を授けることは国民的課題であるからにほかならない」のであり、「教育の本質は、このような子どもの学習する権利を充足」することである。

その後、最高裁も、全国一斉学力テストの適法性が争われた旭川学力テスト事件判決（最大判昭51・5・21刑集30巻5号615頁）において、憲法26条の規定の背後にある理念や精神を次のように述べている。「国民各自が、一個の人間として、また、一市民として、成長、発達し、自己の人格を完成、実現するために必要な学習をする固有の権利を有すること、特に、みずから学習することのできない子どもは、その学習要求を充足するための教育を自己に施すことを大人一般に要求する権利を有するとの観念が存在していると考えられる。換言すれば、子どもの教育は、教育を施す者の支配的権能ではなく、何よりもまず、子どもの学習をする権利に対応し、その充足をはかりうる立場にある者の責務に属するものとしてとらえられているのである」。

3　教育権の所在――国家教育権と国民教育権

〔解　　説〕

国家が教育制度を作り、教育の場を提供することから、その施す教育の内容や方法に関して、国家の考え方と、現場の教師や親の考え方とが衝突する場合がある。子どもの学習権に対応する責務として、具体的に誰が子どもに対する教育の責務を果たすべきであろうか。いいかえれば、子どもに教育を授ける権利、すなわち「教育権」は誰が担うべきなのか。この点につき、従来、国家教育権説と国民教育権説とが対立してきた。

(1)　国家教育権説

教育権の主体は「国家」(政府) にあるとする学説を国家教育権説という。学校やクラスごとでそれぞれ自由な教育が行われれば、質の悪い教育がなされたり、思想的に偏った教育がなされることがある。また、学校やクラスごとにばらばらの教育をしたのでは、上級学校への進学に際して不公平が生じる。子どもの教育は国民全体の関心事であり、それにこたえるべく実施される公教育制度の内容については、国民全体の教育意思の正当な決定プロセスである国会の法律制定を通じて具体化されるべきであるという立場である。

(2)　国民教育権説

他方、教育権の主体は「国民」にあるとする学説が国民教育権説である。この説によれば、子どもの教育は、親を中心とする国民全体が責任を負うべきものであるとされる。そもそも、自分の子どもをどのように教育するかは、親が決定するところであった。ところが、社会の発展に伴い教育内容が高度化したために、親自らが教えることが難しくなり、親は教育の専門家である教師に、わが子の教育を委ねることになった。したがって、子どもの教育の内容および方法は、その実施にあたる教師が専門家としての立場から国民全体に対して責任を負う形で決定するべきであって、国家の教育への関わりは、このような国民による教育遂行を側面から助成するための諸条件の整備に限られるべきであるとされる。

⑶ **判例の立場**（旭川学力テスト事件［最大判昭51・5・21刑集30巻5号615頁］）

この論争に関して、最高裁は前記旭川学力テスト事件判決において、両説の対立に一応の決着をつけた。判決によれば、両説はいずれも「極端かつ一方的」なものであって、そのいずれも全面的に採用することはできない。子どもの親、教師、学校、さらに国家（政府）は、それぞれの立場から、子どもの学習権を充足する責務を負う。国家は、「国政の一部として広く適切な教育政策を樹立、実施」すべきであり、「子ども自身の利益の擁護のため」、あるいは「子どもの成長に対する社会公共の利益と関心にこたえるため、必要かつ相当と認められる範囲内において、教育内容についてもこれを決定する権能を有する」。しかし、その一方で、「子どもが自由かつ独立の人格として成長することを妨げるような国家的介入、例えば、誤った知識や一方的な観念を子どもに植えつけるような内容の教育を施すことを強制する」ことは、憲法26条、13条の規定から許されないとしている。

4　教育の機会均等

〔解　　説〕

憲法26条1項は、「能力に応じて、ひとしく教育を受ける権利」を保障している。この規定を受けて、教育基本法4条1項は、「すべて国民は、ひとしく、その能力に応じた教育を受ける機会を与えられなければならず、人種、信条、性別、社会的身分、経済的地位又は門地によって、教育上差別されない」と規定している。この意味するところは、子どもたちの能力の違いに応じて異なった内容の教育を行うことが許される一方で、教育を受ける能力とは無関係な家庭的・経済的事情などによる選別は許されないとする趣旨である。たとえば、学力による入学合否判定、習熟度別クラス編成などは、教育の機会均等に反するとは考えられない。

ところで、「関心・意欲・態度」といった新学力観に基づいて、内申書評価を重視するという近年の傾向には注意を要する。教育基本法の改正（平成18

[2006] 年）により、いわゆる「愛国心」教育が教育目標の一つとして明文化された。同法2条5号は、「伝統と文化を尊重し、それらをはぐくんできた我が国と郷土を愛するとともに、他国を尊重し、国際社会の平和と発展に寄与する態度を養うこと」を掲げる。「我が国と郷土を愛する」態度という観点から生徒を評価し、その評価が中等・高等教育の選抜に利用されるとすれば、個人の思想・良心の自由のみならず、教育の機会均等をも侵害するおそれがある。

教育の機会均等という場合、それは、子どもの心身の発達機能に応じた教育を保障するものと解される。したがって、たとえば、心身障害児のために、一般の生徒の場合以上の条件整備を行うことを積極的に要請する意味も含まれる。戦前は教育を受けるに値しないとして教育制度から排除されていた障害児については、むしろ治療とあわせて十分教育を受けることができるようにする必要がある。この点、教育基本法4条2項も、「国及び地方公共団体は、障害のある者が、その障害の状態に応じ、十分な教育を受けられるよう、教育上必要な支援を講じなければならない」と規定するところである。現在、障害種別を超えた「特別支援学校」が設置され、障害のある生徒1人ひとりのニーズに応じた適切な教育支援が図られている。しかし、その一方で、障害があっても、1人の子どもとして地域の「普通学校」で学ぶことを基本として「統合」を重視する考え方もある。障害を持つ生徒が特別支援学校ではなく、普通学校における就学を希望し、自己の可能性を最大限に追求する権利は、決して無視されてはならないであろう。

5　義務教育の無償

〔解　　説〕

憲法26条2項は、義務教育の無償を定めている。無償の範囲につき、通説・判例ともに、教育の対価たる授業料の無償を定めたとする「授業料無償説」に立つ（最大判昭和39・2・26民集18巻2号343頁）。しかし、教育を受ける権利（学習権）を実質的に保障するためには、授業料を無償とすればそれで足りるというわけではない。この点、義務教育に関する限りは、授業料のほか教科書代金、教材費、学用品費、その他就学に必要な一切の費用を国が負担するという「就学費無償説」も有力である。なお、義務教育における教科書無償給与制度は、昭和44［1969］年度以降、全学年について実施されている。

いずれにせよ、義務教育に関して、親権者に応分以上の負担をかけないというのが「義務教育の無償」の意味するところであり、経済的理由によって就学困難な者に対しては、それ相応の配慮・手当を憲法は要求していると解されている。教育基本法4条3項は、「国及び地方公共団体は、能力があるにもかかわらず、経済的理由によって修学が困難な者に対して、奨学の措置を講じなければならない」と規定する。奨学制度の充実は、教育の機会均等を保障するという観点からも、重要である。この点、「特別支援学校への就学奨励に関する法律」が、特別支援学校に通う児童・生徒の保護者に対して、教科書代金、給食費、本人および付添人の通学に要する交通費など、就学に必要な経費の全部または一部を支弁するよう都道府県に命じている点が注目される（同法2条）。

また、義務教育ではないものの、高等学校の授業料に関しては、いわゆる「公立高校無償化制度」が平成22［2010］年から導入された。平成26［2014］年には、「高等学校等就学支援制度」へと移行し、国公私立問わず、高等学校等に通う一定の収入額未満の世帯の生徒に対して、授業料に充てるための高等学校等就学支援金が支給されている。高等教育（大学教育）に関しては、平成30［2018］年から、日本学生支援機構による、返還する必要がない「給付型」奨学金制度が始まった。令和6［2024］年4月から、多子世帯や理工農系の学生に対して、さらに制度が拡充される。これらも、教育の機会均等を保障し、教育を受ける権利を実質的に保障するための国家の取組みである。

〔判　　例〕

市立尼崎高校入学拒否事件　（神戸地判平成4・3・13行裁例集43巻3号309頁）

事　　実　Xは、4歳の時に筋ジストロフィー症に罹患し、小学校5年生から車椅子での生活を送っていたが、小・中学校は地元の学校に通った。高校選択にあたり、自宅に近い市立尼崎高校進学を希望し、平成3［1991］年3月に学力検査を受検した。Xの成績は上位10％に達し、合格圏に入ったものの、高校側が、Xの障害のため高校3年間の全課程を履修できる見込みがないと判断して不合格を決めた。このため、Xは同年6月、「障害を理由とした不合格処分は不当」として、同校校長と尼崎市を相手取り、入学不許可処分の取消しと損害賠償を求めて、神戸地裁に提訴した。

判　　旨　学校長は合否判定の権限を有し、入学許否の処分自体はもちろん、どのような入学選抜方法をとるかについても、学校長の裁量的判断に委ねられている。ただし処分が事実の誤認に基づいていたり、その内容が社会通念に照らして著しく不合理であったりするような場合には、裁量権の逸脱または濫用としてその処分が違法となる。また、合否判定に関して、学習評定以外の記録を考慮することも学校長の裁量に委ねられているため、「高等学校における全課程の履修可能性」を合否判定の基準とすることができるとしても、障害者に対する不当な差別を招来することのないよう留意しなければならない。

Xの履修可能性は、次の諸点を考慮して、判断する必要がある。①Xは中学の課程を無事修了しており、高等学校においても、障害を有する生徒が在籍する場合には、各教科、科目の選択、その内容の取り扱いなどについて必要な配慮をすることが要求されている。②本件高校では、過去に筋ジストロフィー症で、車椅子を必要とする生徒が、無事卒業した実績がある。③その際、施設、設備を改善し、車椅子のための最小限の設備が備わっている。たしかに十分な設備が完備されているということはできないが、障害者を受け入れたときは、その障害者の障害の程度、当該学校の実情にあわせて、介護、介助のための諸設備を整えていけばよいのであって、現在の施設、設備が不十分なことは、入学を拒否する理由とならない。④原告の身体的状況の見通しについては、校長が筋ジストロフィー症の専門医の診断書を希望し、校医に専門医を紹介させたが、その専門医による「高校３年間の就学は可能である」との医学的見解を示した診断書がある。

以上のとおり、Xが本件高校の全課程を履修することは可能であると認められるにもかかわらず、養護学校のほうが望ましいという理由で本件高校への入学を拒否することは、自己の可能性を最大限に追求したいというXの希望を無視することになり、その結果は、身体に障害を有するXを不当に扱うものであるといわなければならない。本件処分は、「高等学校における全課程の履修可能性」の判断に際し、その前提とした事実または評価において重大な誤りをしたことに基づく処分であって、校長が本件高校への入学許否の処分をする権限の行使につき、裁量権の逸脱または濫用があったと認めるのが相当である。

コメント　本判決は、憲法26条の解釈につき詳細な検討を行うものではないが、「国民各自が、一個の人間として、また、一市民として、成長、発達し、自己の人格を完成、実現するために必要な学習をする固有の権利を有する」と判示した旭川学力テスト訴訟最高裁判決の趣旨を踏まえつつ、「障害を有する児童、生徒も、国民として、社会生活上あらゆる場面で一人の人格の主体として尊重され、健常児となんら異なることなく学習し発達する権利を保障されている」、「障害者がその能力の全面的発達を追求することもまた教育の機会均等を定めている憲法その他の法令によって認められる当然の権利である」という解釈を示した点が注目される。

高校側は、Xの「教育を受ける権利」を実現するための学校は養護学校（当時）であるから、本件高校への入学拒否処分は正当であると主張する。しかし、憲法26条は、判決が示唆するとおり、障害の有無に関係なく、各人の能力の全面的発達のために、その成長・発達に必要かつ適切な教育を平等に保障する趣旨と解される。したがって、少なくとも、普通高等学校に入学できる学力を有し、かつ、普通高等学校において教育を受けることを望んでいるXについて、普通高等学校への入学の途が閉ざされることは許されるものではない。仮に施設・設備が最小限しか整っていなくとも、本人の希望がまず尊重されるべきだろう。

〔判　例〕

奈良県下市町（しもいちちょう）立中学校入学拒否事件

（奈良地判平成18・6・26判例自治328号21頁）

事　実　脳性麻痺に起因する肢体不自由により車椅子で生活をする少女ｘは、地元の町立中学校（普通中学校）への入学を希望していた。しかし、町教育委員会は、校舎に階段が多く（4階建て）、バリアフリー化も財政的に厳しいこと等を理由に、ｘの就学は困難であると判断した。結局ｘは、特別支援学校に就学させるべき旨の通知を受けたため、町と町教育委員会に普通中学校への入学を求めて、奈良地裁に提訴した。

判　旨　肢体不自由者であっても、その者の障害の状態に照らして、普通中学校において適切な教育を受けることができる特別の事情がある者は、例外的に「認定就学者」として、普通中学校へ就学することが認められる（旧・学校教育法施行令5条1項1号）。「認定就学者」に該当するか否かの判断にあたっては、市町村教育委員会に裁量が認められるものの、①当該生徒や保護者の意向、②当該中学校の施設や設備の整備状況、③指導面で専門性の高い教員が配置されているか否か、④当該生徒の障害の内容、程度等を総合的に考慮したうえで、慎重に判断する必要がある。教育委員会の判断が合理性を欠くなど著しく妥当性を欠き、特別支援教育の理念を没却するのような場合には、裁量権を逸脱または濫用したものとして違法であるというべきである。

本件普通中学校は、介助員の雇用、教室移動経路の調整、施設の改善などによってｘを受容することは可能である。教員には、特別支援教育に関する専門性の向上が求められているのであるから、肢体不自由者を受け入れた経験がないということが、教員の配置に欠けることの理由とはならない。ｘに就学すべき中学校として普通中学校を指定することが、教育上のニーズに応じた適切な教育を実施するために最もふさわしいということができる。本件中学校の施設等や教員の配置に関する事情にかんがみれば、ｘには、同校において適切な教育を受けることができる特別の事情があると十分に認められる。教育委員会の入学拒否は、慎重に判断したとは認めがたく、著しく妥当性を欠き、裁量権を逸脱または濫用したものとして違法であるというべきである。

コメント　本判決は、普通学校への入学が認められる「認定就学者」であるか否かの判断につき、教育委員会に裁量があるとしつつ、現実の判断過程において考慮されるべき事項を提示した。しかし、各々の事項を等価的に判断するのではなく、とりわけ①「生徒や保護者の意向」を重視し、当該意向の実現が可能であるか否かを判断する要素として、②「施設や設備の整備状況」、③「専門性の高い教員が配置されているか否か」、④「当該生徒の障害の内容・程度」に関する検討を行っている。そのうえで、本件中学校は、補助員の雇用、教室移動経路の整備、施設の改善の措置をとることで、xの就学を可能にすることができると判断したのである。

普通学校への入学拒否処分が争われる事件では、憲法26条から導かれる「適切な教育環境・教育水準」だけでなく、同14条の「不合理な差別の禁止」という観点も重要である。このような認識が、裁判所のより緻密な裁量統制の背後に存在している。本判決は、生徒が普通学校における就学を望んでいるにもかかわらず、それを拒否する場合には、学校側が当該拒否処分の合理性を証明せねばならないことを前提に、①普通学校における就学が不可能あるいは著しく困難であること、②特別支援学校における教育が必要であることの証明がない場合には、当該裁量権行使は違法であるという判断枠組みを示した。

なお、本件で問題となった学校教育法施行令5条は、現在では改正されている。平成24〔2012〕年7月に公表された中央教育審議会初等中等教育分科会報告「共生社会の形成に向けたインクルーシブ教育システム構築のための特別支援教育の推進」において、「就学基準に該当する障害のある子どもは特別支援学校に原則就学するという従来の就学先決定の仕組みを改め、①障害の状態、②本人の教育的ニーズ、③本人・保護者の意見、④教育学、医学、心理学等専門的見地からの意見、学校や地域の状況等を踏まえた総合的な観点から就学先を決定する仕組みとすることが適当である」との提言がなされたことを踏まえ、学校教育法施行令について、所要の改正が行われたのである。つまり、特別支援学校への就学を原則とし、例外的に認定就学者として小中学校へ就学することを可能としていた従来の規定を改め、現在では、個々の児童生徒等について、市町村の教育委員会が、その障害の状態等を踏まえた総合的な観点から就学先を決定する仕組みとなっている。

なお、③本人・保護者の意見については、障害者基本法16条2項に基づき、これを可能な限り尊重しなければならないことに留意が必要である。

11　勤労権と労働基本権

19世紀から20世紀にかけて、資本主義経済の発展の中で、土地や工場などの生産手段を持たない多くの労働者は、長時間労働など過酷な労働条件、低賃金、失業などによって生活を脅かされた。すべての者に人間らしい生存を保障することを国家の使命とする社会国家の理念は、貧富の差の拡大といった資本主義経済のもたらす弊害を克服するために登場したのであり、国民の生存権の保障と同時に、勤労権、労働基本権の保障をも要請している。

しかし、自由競争原理に基づく資本主義経済体制のもとでは、国民各自の生存は、第一次的には、国民自らの勤労によって維持されねばならない。そして、そのためには勤労の権利が保障されるとともに、適切な労働条件のもとで働く機会が与えられなければならない。

1　勤労権

〔解　　説〕

憲法27条１項は、「すべて国民は、勤労の権利を有し、義務を負ふ」と定める。これは、①労働の意思と能力のある者が私企業等での労働の機会が得られるよう国に対して配慮を求め、②労働の機会が得られない場合には、雇用保険などを通じて適切な措置を講ずることを要求する権利である。これを具体化する法律として、たとえば、職業安定法、労働施策推進法（旧・雇用対策法）、男女雇用機会均等法、雇用保険法等が制定されている。そして、生存権は、労働の機会を得ることができない、または働くことができない状況に陥った場合に、最終的に国民の生活を支える切り札として機能することになる。

憲法27条２項は、「賃金、就業時間、休息その他の勤労条件に関する基準は、法律でこれを定める」と規定する。これは、契約の自由に基づき労使間の合意により決定すべき賃金や労働時間といった労働条件につき、労働者の生命・健康を守るためにその最低基準を法律で定めるものである。つまり、経済的強者たる使用者の契約の自由を制約して、これをもって経済的弱者たる労働者の権利・利益を保護しようとするものである。本条の要請を受けて、国は、労働基準法や最低賃金法等を制定している。とくに近年では、日本経済の停滞が続く中で、有期雇用労働者や派遣労働者といった、いわゆる非正規雇用の労働者が労働人口の三分の一以上を占めるまでに増大しており、その劣悪な労働条件の改善が求められている。総務省「労働力調査（基本集計）2022［令和4］年平均」（2023年1月31日公表）によれば、正規雇用は3597人、非正規雇用は2101万人となっている。役員を除く雇用者に占める非正規の割合は36.9％にのぼる。

(1) 有期雇用労働者

「正規雇用」と「非正規雇用」という言葉は、法律上の用語ではなく、社会学的概念である。明確な定義が定まっているわけではないが、一般に「正規雇用」という場合、①労働契約に期間の定めのないこと（無期雇用）、②フルタイム勤務であること、③実際に就労する職場の事業主に直接雇用されていることのすべてを備えていることがあげられる。

他方、「非正規雇用」とは、①労働契約が有期であること、②パートタイム勤務であること、③実際に就労する職場の事業主に直接雇用されない「間接雇用」であることのうち、一つでも当てはまる場合をいう。非正規雇用の問題点は、まず、その地位が非常に不安定であり、失職しやすい点、さらに、正規雇用労働者に比べて差別的な扱いを受け、賃金が低廉であるなど、不利な労働条件を強いられる点にある。

平成24［2012］年の労働契約法改正は、非正規雇用労働者の大部分を占める有期雇用労働者について、処遇の改善が試みるものであった。改正前は、有期労働契約のみに適用される規制として、期間途中の解雇につき「やむを得ない事由」を求める規定（同法17条1項）のほか、必要以上に短い契約期間の有期労働契約を反復更新することを避けるよう配慮するべきとする規定（同条2項）が設けられていたにとどまる。改正後は、有期労働契約の更新を使用者が拒絶した場合、それが客観的理由を欠き、社会通念上相当と認められないときは、使用者は従前の有期労働契約と同一の労働条件で更新の申込みを承諾したものとみなされることとなった（同法19条）。これは、反復継続した有期労働契約のいわゆる「雇止め」について、判例で確立している「雇止め法理」を成文化したものである。さらに、反復した有期労働契約の通算契約期間が原則として5年を超えた場合に、当該労働者に対して無期労働契約への転換権を認める規定（同法18条）が設けられた。

(2) 派遣労働者

非正規雇用の中でも、「間接雇用」であることから特徴づけられる就労形態が「派遣労働者」である。派遣労働者は、同時に有期雇用であったり、パートタイム労働であったりするという特徴を併用するものも多い。労働者派遣法2条1号は、「労働者派遣」とは、「自己の雇用する労働者を、当該雇用関係の下に、かつ、他人の指揮命令を受けて、当該他人のために労働に従事させることをいい、当該他人に対し当該労働者を当該他人に雇用させることを約してするものを含まないものとする」と定義する。つまり、契約の形式上、派遣労働者は、実際に就労する先である派遣先事業者との間に「雇用」関係はないとされる。いわゆる間接雇用である派遣労働者は、派遣先事業者と派遣元事業者との間の労働者派遣契約という他人同士が締結している契約のもとで働くわけである。

このような労働者派遣の問題として、次の諸点があげられている。①就労継続が事業者間の契約に委ねられており、派遣労働者の地位が非常に不安定である。②実際には労働者を使用しているわけではない派遣元事業者が就労関係に介在しているため、不当な中間搾取が行われやすく、派遣労働者の賃金が低廉となる。③直接雇用の「正社員」との間で差別的な取扱いが行われる。

以上のとおり、労働者派遣は、当該労働者の権利を害するおそれがつきまとう。そのため、従来、労働者派遣法は、「常用代替防止」（派遣先事業者における常用労働者が派遣労働者に置き換えられることを防止するという考え）を基本的な理念としつつ、対象業務に応じて派遣可能期間を厳格に制限するなど、種々の規制をかけてきた。ところが、平成27［2015］年の労働者派遣法の改正は、規制緩和をいっそう進めたため、常用代替防止原則との整合性が問題となる。

法改正以前は、労働者派遣の対象業務が専門的業務（いわゆる専門26業務）か否かによって、期間制限ルールが区別されていた。つまり、対象業務がソフトウェア開発などの専門26業務である場合には、派遣可能期間の制限が設けられていなかった。他方、対象業務が専門26業務以外の一般業務である場合には、派遣可能期間が原則１年に制限され、派遣先事業所の過半数代表者への意見聴取を条件に、１年を超えて上限３年までの範囲で期間を定めることができるとされていた。

法改正後の期間制限ルールとしては、まず、上記のような業務による区別が廃止された点が重要である。現在では、派遣元との労働契約が無期労働契約であるか有期労働契約かによって、期間制限ルールの適用が決まる。つまり、派遣元との労働契約が無期労働契約の場合、対象業務にかかわらず期間制限は設けられない（同法40条の２第１項但書１号）。派遣労働契約が有期である場合にのみ、対象業務の区別なく期間制限ルールが適用される。

この期間制限ルールについても、二つのレベルで派遣可能期間が設定されている。まず、第一に、派遣先の事業所を単位とした期間制限として、同一事業所における派遣労働者の受入れ可能期間は３年である（同法40条の２第１項・第２項）。しかし、この「３年上限」は、手続を踏めば延長することが認められる（同法40条の２第３項）。実質的には一つの単位期間に過ぎず、延長の回数制限もないため、派遣先はいかなる業務についても無期限に労働者派遣を利用することが可能である。

第二に、派遣労働者個人を単位とした期間制限であり、派遣先の同一の組織単位における同一の派遣労働者の継続的な受入れを３年上限とする（同法35条の３、40条の３）。この場合の組織単位とは、たとえば「○○課」などが想定されている。もっとも、個人単位で見た場合でも、組織単位が異なる（たとえば同じ事業所の別の課で継続する）場合には、さらに３年上限で同一の派遣労働者による役務の提供が可能である。

本来、労働者派遣は、派遣先の常用労働者との代替が起こらないよう、一時的・臨時的な利用に限ることを原則とする。ところが、平成27［2015］年の法改正以降、派遣先事業者は、派遣労働者のまま事実上無期限に使用し続けることが可能となった。

(3) 雇用形態に関わらない公正な待遇の確保

雇用形態が多様化し、いわゆる非正規雇用の労働者が増加する中、雇用形態に関わりなく、同じ仕事をすれば同じ賃金が支払われるべきであるとする「同一労働同一賃金の原則」が、正規雇用労働者と非正規雇用労働者との間の賃金格差を縮めるものとして、注目を集めている。この原則は、国際労働機関（ILO）の100号条約（昭和26［1951］年採択。日本は昭和42［1967］年に批准）や国連女子差別撤廃条約（昭和54［1979］年採択。日本は昭和60［1985］年に批准）が定めている。

平成30［2018］年6月のいわゆる「働き方改革関連法」の成立により、「短時間労働者及び有期雇用労働者の雇用管理の改善等に関する法律」（パートタイム・有期雇用労働法）と改正労働者派遣法に「同一労働同一賃金」に関する規定が定められた。

たとえば、パートタイム・有期雇用労働法は、同一企業内における正規雇用労働者との間で、基本給や賞与などの個々の待遇ごとに、不合理な待遇差を設けることを禁止する。不合理な待遇差か、または合理的な待遇差かの判断には、①職務内容、②職務内容・配置の変更の範囲、③その他の事情といった要素が考慮される（同法8条、いわゆる「均衡待遇規定」）。正規雇用労働者と①職務内容、②職務内容・配置の変更範囲が同一である場合は、基本給、賞与その他の待遇のそれぞれについて、差別的取扱いが禁止される（同法9条、いわゆる「均等待遇規定」）。

一方、派遣労働法では、派遣元事業主は、派遣労働者について、①派遣先の労働者との均等・均衡待遇、②一定の要件（同種業務の一般の労働者の平均的な賃金と同等以上の賃金であること等）を満たす労使協定による待遇のいずれかを確保することが義務化された（同法30条の3・4）。

〔判　　例〕

兼松事件　　（東京高裁平成20・1・31労判959号85頁）

事　　実　従来、商事会社Yは、男性と女性とで異なった賃金体系を採用しており、男性のほうが勤続年数とともに高くなるしくみであった。昭和60［1985］年、男女雇用機会均等法の改正を受けて、同社は「コース別人事」を導入し、男性は全国転勤と幹部昇進のある「一般職」、女性は勤務地限定で昇進なしの「事務職」のコース別賃金体系に一律に移行した。このコース別人事制度は、同社の旧来の男女別年功序列賃金体系をそのまま引き継いだものであり、勤続期間が同じで同年齢の男女の社員間、あるいは、勤務内容に同質性がある男女の社員間において、相当な賃金格差があった。Xら女性社員6名（X_1〜X_6）は、コース別人事制度のもとでYが女性社員に男性社員よりも低い賃金を払ってきたことは、賃金について女性差別を禁止する労働基準法4条に違反する不法行為である等と主張して、差額賃金、損害賠償等を求め、訴訟を提起した。

判　旨　男性に高い賃金体系が設定された背景には、当時、女性の勤続年数が一般的に短期であり、そのようなことも関連して、民間企業において女性は一般的に補助的な業務を担当することが多く、民間企業も、女性に対して、そのような役割しか期待しないことが多かったという事実が存在する。Yにおいても、このような男女間の職務分担に関する考え方に変化はなく、男女別の採用、処遇が続き、営業部門を重視する企業風土、労働組合のYに対する賃金増額の要求において男性重視の方針がとられたことなども手伝って、男女間の賃金格差はさらに拡大していったものと認められる。

Yは、営業部門における折衝業務を中心とする比較的処理の困難度の高いと考えた業務を一般職（男性）に、比較的処理の困難度の低いと考えたそれ以外の業務（履行業務、庶務業務）を事務職（女性）に、それぞれ主に従事させていた。ところが、女性の勤続年数の長期化・高学歴化、それらに伴う女性の能力向上、職務の多様化、専門化、OA化などから、次第に両職種の境目が明らかではなくなり、その一部が重なり合ったり、女性が折衝業務の分野で活躍することが以前より目立って多くなってきたものである。以上のような変化を踏まえると、両職種の差異は相対的なものというべきである。

賃金格差の合理性について判断するには、男女間の賃金格差の程度、女性社員らがYにおいて実際に行った仕事の内容、専門性の程度、その成果、男女間の賃金格差を規制する法律の状況、一般企業・国民間における男女差別、男女の均等な機会及び待遇の確保を図ることについての意識の変化など、さまざまな諸要素を総合勘案して判断することが必要である。

Xらが損害賠償を請求する期間の始期とする平成4［1992］年4月1日の時点において、入社以来34年11月勤続していたX_1、27年勤続していたX_3、26年勤続していたX_4の関係では、職務内容に照らし、同人らと職務内容や困難度を截然と区別できないという意味で同質性があると推認される当時の男性一般職との間に賃金について相当な格差があったことに合理的な理由が認められず、性の違いによって生じたものと推認され、上記3名について男女の差によって賃金を差別するこのような状態を形成、維持したYの措置は、労働基準法4条に反する違法な行為である。また、X_5の関係では、同人が15年勤続となった平成7［1995］年4月1日の時点においては、職務内容、成果、専門性の程度等を斟酌すれば、Yの措置は、違法な行為と評価することができ、その後違法行為が継続しているというべきである。これに対して、X_2、X_6の関係では、従事する職務によって合理的な理由があるものと解され、賃金の格差を性の違いによって生じたもので違法ということはできない。

コメント　本判決は、①事務職の女性が定年まで勤めても27歳の一般職の男性と同じ賃金に達しなかったこと、②原告と職務内容が同程度だった男性一般職との間に相当な賃金格差があったことから、違法な男女差別が続いていたと判示した。そして、原告のうち４名（X_1、X_3、X_4、X_5）に対して、毎月の賃金と一時金を合わせて１か月につき10万円の差額賃金を認め、それに慰謝料も加えて、１人あたり842万～2355万円の賠償を命じた。

本件は、賃金格差の合理性を判断するにあたり、詳細な職務分析を行いつつ、X_1、X_3、X_4、X_5の４名については、男性一般職との間に職務内容や困難度を截然と区別できない「同質性」があるとして、賃金格差の合理性を否定し、性差別を認定した。この職務分析の手法は、労働者側に有利に働くようにも思われる。しかし、そもそも女性に基幹的な仕事をさせず、定型的業務に従事させておけば、男女間に職務内容の同質性が認められないわけであるから、違法な差別という評価は免れることになる。この点で、職務分析の手法にも限界がある。したがって、本件のようなケースでは、むしろ性を理由として上位の職務に就くことができないようなコース別人事制度の運用それ自体を、差別として認定する必要があったと指摘しうる。

ところで、雇用差別の事件で、原告たる労働者側に課される証明責任は重い。本件でＸらは、職務内容が男性（一般職）と同等であったことを、膨大な資料によって証明せねばならなかった。さらに、人事評価や職務内容に関連する資料を会社側に提出させることも決して容易ではない。

このような問題を解決しうるものとして、「間接差別」という概念が注目される。間接差別とは、一見すると中立的な基準であっても、その適用した結果が、特定グループに不利益な効果をもたらす場合をいう。この概念は、人種差別を禁止するアメリカの公民権法の解釈上で形成されたのだが、その背後には、「過去の差別的な雇用慣行を温存するような制度であれば、たとえ差別的な意図がなかったとしても、これを維持することは許されない」という考えがある。本件で問題となったコース別人事制度は、まさに過去の男性優位の雇用慣行を「温存」させるために構築された制度であった。

わが国においては、平成18［2006］年の男女雇用機会均等法改正によって、間接差別の禁止が導入されたが、同法によって禁止される間接差別類型はかなり限定されている。「男女雇用機会均等法施行規則」（厚生労働省令）２条によれば、次の３類型が禁止対象となる。つまり、①労働者の募集または採用にあたって、労働者の身長、体重または体力を要件とするもの、②労働者の募集もしくは採用、昇進または職種の変更にあたって、転居を伴う転勤に応じることができることを要件とするもの、③労働者の昇進にあたって、転勤の経験があることを要件とするもの、である。これによると、本件のようなコース別人事制度そのものは禁止対象ではない。しかし、その運用上、以外の諸点に該当すれば、間接差別にあたり、許されないこととなる。

2 労働基本権

〔解　説〕

(1) 集団としての労働者

経済的弱者である労働者が、その自由と人間としての尊厳を保った形で働き、よりよい生活を築いていくためには、単に国家が労働条件の最低基準等を法律で定めるだけでは足りない（憲法27条2項）。労働者は自身やその家族の幸福のために、よりよい労働条件を使用者に対して要求したいはずである。ところが、土地や工場などの生産手段を有する使用者と、自らの労働力を切り売りして生きていくしかない労働者は決して対等な立場にあるとはいいがたく、契約の自由を前提に両者が労働条件について交渉しても、個々の労働者は使用者に対して弱い立場に立たざるをえない。その結果、雇用契約の内容上、賃金は低く、労働時間は長くなり、それにより多くの労働者が健康を害して困窮することになりかねない。そこで、個々の労働者は団結し、集団として行動することで、労使間の関係を対等なものに是正する必要があった。

もっとも当初は労働者の争議行為（ストライキ・サボタージュ）などの集団的な活動は、使用者の契約の自由や財産権を侵害する違法な行為として、民事責任だけでなく刑事責任（団結罪）をも追及されたのである。しかし、19世紀後半以降になると、先進各国は労働者による集団的な活動を容認するようになり、労働者が労働条件の改善を求め、争議行為などで使用者に対して圧力をかけることを権利として承認するようになった。このような歴史的経緯を踏まえ、わが国の憲法28条は、労働者に集団として行動することを認め、労使関係を対等なものに是正するために、団結権、団体交渉権、団体行動権を保障しており、これらを総称して労働基本権という。

⑵ 労働基本権とは

憲法28条は「勤労者の団結する権利及び団体交渉その他の団体行動をする権利は、これを保障する」と定める。

まず団結権とは、労働者が団体、すなわち労働組合を組織する権利であり、労働者を団結させて使用者と対等な立場に立たせるための権利といえる。ここで、「団結しない自由」は認められるか、が問題となる。労働者の団結は、一般市民が結成する結社（憲法21条「結社の自由」）とは異なり、基本的に「団結をしなくてもよい」というものではない。「団結しない自由」を安易に認めると、組合の交渉力を弱める危険性が出てくる。労働者は、労働組合を結成しなければ、その自由も生存も維持できないからこそ、団結をするという点に意味がある。

労働組合法は、いわゆるユニオン・ショップ制について規定している（同法７条１号但書）。それは労働組合が特定の工場事業場に雇用される労働者の過半数を代表する場合に、組合加入を雇用の条件とするもので、組合を離脱した労働者を解雇するよう使用者に義務づける制度である。これに対して、オープン・ショップ制（組合への加入を強制しない制度）では、組合の力が弱まり、組合の交渉力が弱体化するおそれがあるからである。もっとも、個人の自己決定権を重視する立場から、組合の選択の自由を認めないユニオン・ショップ制に対する批判として、「ユニオン・ショップ協定によって、労働者に対し、解雇の威嚇の下に特定の労働組合への加入を強制することは、それが労働者の組合選択の自由及び他の労働組合の団結権を侵害する場合には許されない」（三井倉庫港運事件［最一小判平成１・12・14民集43巻12号2051頁］）とする判例がある。なお、公務員には、組合（職員団体）に加入しない権利が保障されている（国公法108条の２第３項、地公法52条３項）。

次に、団体交渉権とは、労働者の団体が使用者と勤労条件について交渉する権利である。労働組合法によると、使用者が雇用する労働者の代表との団体交渉を正当な理由なく拒むことは不当労働行為として違法となる（同法７条２号）。団体交渉の結果、合意に達した事項については、労働協約が締結される。労働協約は規範的効力を持ち、それに反する労働契約の部分は無効となる（同法16条）。

最後に、団体行動権とは、労働者の団体が労働条件の改善を実現するために団体行動を行う権利であり、その中心は争議権である。争議権は、団体交渉を成功させるための手段であるから、たとえば、政治的目的のストなど団体交渉と無関係の行動は争議権には含まれない。労働条件の改善を目的とする正当な争議行為については、刑事責任と民事責任が免除される（同法1条2項、8条）。

以上の労働基本権は、①国家に対してそれらを保障するための措置を要求するという社会権的な性格と、②それらを制限するような立法その他の行為を国家に対して禁止するという自由権的な性格を併せ持つ。しかし、公務員の労働基本権に関しては、その地位の特殊性と職務の公共性を理由に大幅に制約がなされ、その合憲性が争われてきた。

(3) 公務員の労働基本権

公務員も憲法28条が定める「労働者」に該当するが、公務員の労働基本権は、私企業の労働者に比べて、大幅に制限されてきた。戦後、日本の占領政策の中枢を担ったGHQは労働組合保護政策を採用してきた。しかし、GHQの予想を超えて公務員労働運動が激化すると、一転して、従前の保護政策を転換し、政令201号を制定し、公務員に対して一律に団体交渉権と争議権を全面的に制限した。占領が終了した後も、公務員の労働基本権に対する制限は、国家公務員法・地方公務員法・公共企業体等労働関係法などによって基本的に維持されてきた。

労働基本権の制限の中でも、特に論争の的になってきたのは、争議行為全面禁止の合憲性である。後の表で示すとおり、わが国の公務員法制は、職種を問わず、すべての公務員の争議行為を禁止しているが、この禁止違反については、懲戒処分を定めるのみで、直接的に刑事罰は科していない。しかし、争議行為を「あおり、そそのかす」等の行為を行った者に対しては、刑事罰が科されることが規定されている。

この問題に関して判例法理には大きな変遷がある。かつて最高裁は、公務員の争議権の一律全面的な制限を簡単に合憲と判断していた（政令201号事件［最大判昭和28・4・8刑集7巻4号775頁］）。しかし、その後、最高裁は、公務員の争議権を一律全面的に禁止することは憲法28条に違反するという前提のもと、あおり行為等を処罰するには、違法性の強い争議行為を、違法性の強い態様であおる等の場合に限られると判示した（都教組事件［最大判昭和44・4・2刑集23

巻5号305頁])。これにより、通常の争議行為に通常随伴して行われるあおり行為等は、処罰の対象から除外されることとなった。しかし、最高裁は、以下の全農林警職法事件で、公務員の争議権に対して、再び厳しい姿勢を示すこととなった。

〔判　例〕

全農林警職法事件　(最大判昭和48・4・25刑集27巻4号547頁)

事　実　警察官職務執行法(警職法)の改正に反対する統一行動の一環として、農林省職員で構成された全農林労組は、午前中に時間内職場大会を開こうとして、組合員に正午出勤を指令した。このため、労組幹部は、国家公務員法が禁じている争議行為をあおった(あおり行為)として起訴された。第1審は無罪としたが、第2審が有罪としため、被告人らは、有罪判決は憲法28条の労働基本権の保障に反するとして争った。

判　旨　公務員は、私企業の労働者と異なり、国民の信託に基づいて国政を担当する政府により任命されるものであるが、憲法15条の示すとおり、実質的には、その使用者は国民全体であり、公務員の労務提供義務は国民全体に対して負うものである。公務員の地位の特殊性と職務の公共性にかんがみるときは、争議行為に関しては、以下の理由により、これを一律かつ全面的に禁止することも許される。つまり、①公務員の勤労条件の決定は、国会の制定した法律、予算によって定められることから、政府に対して争議行為を行うことは的外れであり、民主的に行われるべき公務員の勤労条件決定の手続過程を歪曲する。②争議行為には、一般の私企業においては、市場の抑制力が働くのを必然とするのに対して、公務員の場合は、そのような市場の機能が作用する余地がない。③公務員の労働基本権を制約するにあたっては、人事院制度など、相応の代替的措置が講じられている。

以上のとおり、公務員の争議行為の一律禁止は、憲法28条に違反しないわけであるから、あおり行為等を処罰することも、同条に違反するものではない。

コメント　公務員の労働基本権(労働三権)の制限に関して、主としてその制限の根拠や程度が問題となる。現行法上、①警察職員、消防職員、自衛隊員、海上保安庁または刑事施設に勤務する職員は三権のすべてが否認され、②非現業の公務員は団体交渉権、厳密には労働協約締結権と争議権が否認され、③現業の公務員等は、争議権だけが否認されている。つまり、すべての公務員は争議権が全面的に否認されているわけである。争議行為の禁止に反した場合は、懲戒処分の対象となるほか、争議行為の遂行を「共謀し、そそのかし、若しくはあおり、又はこれらの行為を企てた者」に対しては刑罰が科せられることになる(国公110条1項17号、地公61条4号)。

公務員の労働基本権の制限の根拠につき、初期の判例では、抽象的な「公共の福祉」論や「全体の奉仕者」論に基づき、広く労働基本権の制限が認められていた。しかし、公務員といっても、その職務の性質は多様であり、一般の労働者と同様の職務を行っている者も少なくない。この点で、全逓東京中郵事件の最高裁判決（最大判昭和41・10・26刑集20巻8号901頁）は、公務員の労働基本権を原則的に承認する立場を明らかにし、その制限は、職務の性質が公共性の強いものについて、必要最小限度のものにとどめなければならないと判示した。さらに、この判決の趣旨は、地方公務員法に関する都教組事件（最大判昭和44・4・2刑集23巻5号305頁）ならびに国家公務員に関する全司法仙台事件（最大判昭和44・4・2刑集23巻5号685頁）に継承された。最高裁は、争議行為のあおり行為の処罰規定を字義どおりに解釈すれば違憲の疑いが出てくるので、法文の意味を憲法に適合するよう限定的に解釈する、いわゆる「合憲限定解釈」の手法が必要であるとしたうえで、処罰対象となる行為は、たとえば政治目的のスト、暴力を伴うスト、国民生活に重大な障害をもたらすおそれがあるストなど、違法性の強いものに限られるとして、被告人を無罪とした。

しかし、このような公務員の労働基本権を尊重する最高裁の基本的立場は、全農林警職法事件判決によって変更されることになる。最高裁は、「公務員の地位の特殊性と職務の公共性」を理由に、再び公務員の労働基本権の制限を広く認める立場に転じ、公務員の争議行為の一律禁止を合憲と判断したのである。この判決は、岩手教組事件（最大判昭和51・5・21刑集30巻5号1178頁）に踏襲され、その後も、労働基本権の制限を積極的に合憲とする判決が続き、判例として定着していったのである。

	団結権	団体交渉権		団体行動権（争議権）
			労働協約締結権	
警察・消防・自衛隊等	×	×	×	×
非現業（管理事務）	○	△ （交渉は可能）	×	×
現業（現場業務） 市営バス、電車の運転手等 特定独立行政法人	○	○	○	×

12　国務請求権

国務請求権は、受益権とも称せられ、国家の存在を前提として、国家に作為を求めること（作為請求すること）で個人の権利や利益の保障を図ろうとするところに特徴を持つ権利である。この点で、国家の不作為を求める自由権とは性質を異にする。国家に積極的な作為（ないしは給付）を求める点では社会権と類似することから、これを社会国家的国務請求権と呼んで、国務請求権に分類する例もあるが、その歴史的・理念的背景を考慮し、別に取り扱われるのが一般的である。日本国憲法において、通常、国務請求権に分類されるのは、裁判を受ける権利（32条）、国家賠償請求権（17条）、刑事補償請求権（40条）および請願権（16条）である。これらの権利は、人権の保障をより確実なものとするための憲法上の権利である。

なお、請願権については、国務に対する国民の意思表明の手段であることから、参政権の一種として取り扱われる例も少なくないことから、ここでは前3者を取り上げ、検討を加えていくことにする。

1　裁判を受ける権利

〔解　　説〕

(1)　意義

裁判を受ける権利とは、政治権力から独立した公平な裁判所に対して、すべての個人が平等に権利・自由の侵害に対する救済を求め、かつ、裁判所以外の機関によって裁判されることのない権利であるとされる。この権利は、イギリスにおけるマグナ・カルタ以来の陪審裁判の確立による専断的司法の排除にその実質的な端緒が見られるものであり、沿革上、行政機関や特別の審判機関による裁判の禁止と表裏して発達してきた。そして、この権利が成文憲法中に初めて登場するのはフランスの1791年憲法においてである。

裁判を受ける権利は、個人の人権の保障を確保し、「法の支配」を実現するうえで不可欠の前提となる権利である。

(2) 憲法32条の趣旨

明治憲法は、「日本臣民ハ法律ニ定メタル裁判官ノ裁判ヲ受クルノ権ヲ奪ハルヽコトナシ」(24条) と定め、日本国憲法も、32条で「何人も、裁判所において裁判を受ける権利を奪はれない」と規定している。裁判官と裁判所という表記の違いはあるものの、日本国憲法76条1項の規定が適用されることを考え合わせれば、法律上正当な管轄権を有する裁判所で、当該事件を処理する権限を有する裁判官の裁判を受ける権利を保障するという点で、両者に相違はないものといえる。

憲法32条による裁判を受ける権利、すなわち裁判を請求する権利の保障には、解釈上、二つのポイントがある。

一つは、「裁判所において」というところで、これは公正な裁判を確保するために裁判機関を特定する意味を有している。ただし、日本国憲法は、「終審として」でなければ行政機関が裁判することを排除していないことから (76条2項後段)、現行法上、特許審判等のいわゆる行政審判制度が前審として設けられる例も多数ある。また、特別裁判所の設置も明文で禁止されているが (同項前段)、これは通常裁判所である最高裁判所を終審とする一元的裁判所系統から独立して設けられる裁判機関の設置を禁止するものである (児童福祉法違反事件 [最大判昭和31・5・30刑集10巻5号756頁])。

もう一つは、何人も「裁判を受ける権利を奪はれない」という点である。これは出訴の資格または利益を有する者は誰でも裁判を拒否されないことを意味している。具体的に見ると、私人対私人の争いである民事事件ないし私人対公権力の争いである行政事件においては、自力救済の禁止を前提に、裁判所に自己の権利・利益の救済を求めて出訴する裁判請求権 (訴権) の保障を意味している。他方、国の刑罰権の発動の可否を争う刑事事件においては、罪刑法定主義の尊重の観点から、裁判によらなければ刑罰を科されないことを意味している。前者の場合には、請求権的要素が端的に現れるのに対して、後者では、人身の自由を確保するという自由権的要素が示されることになる。もっとも、被告人には「公平な裁判所の迅速な公開裁判を受ける権利」が保障されていることもあり(37条1項)、刑事事件における32条の適用範囲は限定的であるといえる。

裁判を受ける権利の保障ないしは裁判拒否との関係では、出訴期間の制限も問題となる。最高裁は、これに関して、出訴期間が著しく不合理で実質上裁判拒否と認められるような場合以外は合憲であるとの判断を示している（出訴期間短縮違憲訴訟［最大判昭和24・5・18民集3巻6号199頁］)。

(3) 「法律上の争訟」と裁判の公開

憲法32条で言及されている「裁判」とは、当事者間に法律上の具体的な権利義務の存否についての争い（いわゆる「法律上の争訟」［裁判所法3条1項］）がある場合に、それに対し裁判所が法令を適用することによって終局的に解決する作用である。したがって、当事者間に具体的な権利義務自体について争いが存在しない場合（碧南市議会議員除名処分取消請求事件［最大判昭和35・12・7民集14巻13号2964頁］)、法令の適用によって紛争を解決することのできない国家試験の合否判定基準に関する争い（技術士国家試験合格変更請求事件［最判昭和41・2・8民集20巻2号196頁］）や宗教上の地位／教義／信仰内容に関する争い（種徳寺事件［最判昭和55・1・11民集34巻1号1頁］／板まんだら事件［最判昭和56・4・7民集35巻3号443頁］／蓮華寺事件［最判平成1・9・8民集43巻8号889頁］）では訴えは不適法として却下される。

また憲法82条1項は、「裁判」の「対審及び判決」が、「公開法廷」で行われるべきことを規定している。裁判の公開は、制度面から訴訟当事者の公正な裁判を受ける権利を確保するのみならず、国民に裁判に関わる情報を提供する役割も果たしている。同条はまた、「政治犯罪、出版に関する犯罪又はこの憲法第三章で保障する国民の権利が問題となつてゐる事件」を除き「公の秩序又は善良の風俗」を害するおそれがある場合には、裁判官の全員一致で公開しないことが許されることも定めている（同条2項)。判例は、ここでいう「裁判」とは「純然たる訴訟事件の裁判」に限定され、非訟事件に関する裁判を含まないものと解している（後掲、〔判例〕**調停に代わる裁判に対する特別抗告事件**を参照）が、私生活への国家の後見的関与を背景に、いわゆる「訴訟の非訟化」という現代的現象が進行する中で、非公開の簡易な審理で争いを解決する非訟事件手続を、裁判を受ける権利との関係でどのように位置づけるかという問題も提起されている。なお、82条の公開原則は、そのコロラリーとして傍聴の自由を含むと解されるが、判例はこれを公開による公正な裁判の確保という制度を保障したもので、個人が裁判所に対して傍聴を権利として求めることまで認めたものではなく、したがって傍聴人が法廷でメモをとることも権利として保障されたものではないとしている（レペタ法廷メモ訴訟［最大判平成１・３・８民集43巻２号89頁］）。

〔判　　例〕

調停に代わる裁判に対する特別抗告事件――調停に代わる裁判の合憲性

（最大決昭和35・７・６民集14巻９号1657頁）

事　　実　Ａらが昭和21［1946］年10月７日にＢに対して家屋の明渡しを請求したのに対抗して、ＢはＡらに同年11月12日に占有回収の請求を提起した。地方裁判所は、両請求の各係争中に職権をもって借地借家調停法および戦時民事特別法による調停により処理する決定を下したが、調停が不調になったので、昭和23［1948］年４月28日に、戦時民事特別法18条、金銭債務臨時調停法７条１項、同８条により両事件を併合したうえで、Ｂは８か月の猶予期間後本件借家を明け渡すことを内容とする調停に代わる決定を下した。これに対して、Ｂは即時抗告を申し立てたところ同裁判所は先の決定を一部変更したうえで抗告を棄却したので、Ｂはさらに高等裁判所に再抗告したものの、これも棄却された。そこでＢは、金銭債務臨時調停法７条および８条により非訟事件手続法を本件に適用して、非公開審理を行い、決定の形式で裁判を行うのは、憲法32条および82条に照らし違憲であると主張して、最高裁判所に特別抗告を行った。

決定要旨　「憲法は32条において、何人も裁判所において裁判を受ける権利を奪われないと規定し、82条において、裁判の対審及び判決は、対審についての同条２項の例外の場合を除き、公開の法廷でこれを行う旨を定めている。即ち、憲法は一方において、基本的人権として裁判請求権を認め、何人も裁判所に対し裁判を請求して司法権による権利、利益の救済を求めることができることとすると共に、他方において、純然たる訴訟事件の裁判については、前記のごとき公開の原則の下における対審及び判決によるべき旨を定めたのであつて、これにより、近代民主社会における人権の保障が全うされるのである。従つて、若し性質上純然たる訴訟事件につき、当事者の意思いかんに拘わらず終局的に、事実を確定し当事者の主張する権利義務の存否を確定するような裁判が、憲法所定の例外の場合を除き、公開の法廷における対審及び判決によつてなされないとするならば、それは憲法82条に違反すると共に、同32条が基本的人権として裁判請求権を認めた趣旨をも没却するものといわねばならない。

ところで、金銭債務臨時調停法７条１項は、同条所定の場合に、裁判所が一切の事情を斟酌して、調停に代え、利息、期限その他債務関係の変更を命ずる裁判をすることができ、また、その裁判においては、債務の履行その他財産上の給付を命ずることができる旨を定め、同８条は、その裁判の手続は、非訟事件手続法による旨を定めており、そしてこれらの規定は戦時民事特別法19条２項により借地借家調停法による調停に準用されていた。しかし、右戦時民事特別法により準用された金銭債務臨時調停法には現行民事調停法18条（異議の申立）、19条（調停不成立等の場合の訴の提起）のような規定を欠き、また、右戦時民事特別法により準用された金銭債務臨時調停法10条は、同７条の調停に代わる『裁判確定シタルトキハ其ノ裁判ハ裁判上ノ和解ト同一ノ効力ヲ有ス』ることを規定し、民訴203条は、『和解……ヲ調書ニ記載シタルトキハ其ノ記載ハ確定判決ト同一ノ効力ヲ有ス』る旨を定めているのである。しからば、金銭債務臨時調停法７条の調停に代わる裁判は、これに対し即時抗告の途が認められていたにせよ、その裁判が確定した上は、確定判決と同一の効力をもつこととなるのであつて、結局当事者の意思いかんに拘わらず終局的になされる裁判といわざるを得ず、そしてその裁判は、公開の法廷における対審及び判決によつてなされるものではないのである。

よつて、前述した憲法82条、32条の法意に照らし、右金銭債務臨時調停法７条の法意を考えてみるに、同条の調停に代わる裁判は、単に既存の債務関係について、利息、期限等を形成的に変更することに関するもの、即ち性質上非訟事件に関するものに限られ、純然たる訴訟事件につき、事実を確定し当事者の主張する権利義務の存否を確定する裁判のごときは、これに包含されていないものと解するを相当とするのであつて、同法８条が、右の裁判は『非訟事件手続法ニ依リ之ヲ為ス』と規定したのも、その趣旨にほかならない。」

「本件訴は、その請求の趣旨及び原因が第一審決定の摘示するとおりで、家屋明渡及び占有回収に関する純然たる訴訟事件であることは明瞭である。しかるに、このような本件訴に対し、東京地方裁判所及び東京高等裁判所は、いずれも金銭債務臨時調停法７条による調停に代わる裁判をすることを正当としているのであつて、右各裁判所の判断は、同法に違反するものであるばかりでなく、同時に憲法82条、32条に照らし、違憲たるを免れない」。

コメント　　本決定は、同種の事案に対して最高裁が８対７の僅少差で下していた合憲判断（最大決昭和31・10・31民集10巻10号1355頁）を変更したものである。この決定は、32条の裁判を受ける権利の保障は、82条の公開の裁判を受ける権利を保障する趣旨であると位置づけ、また、訴訟事件と非訟事件との峻別論に立って、訴訟事件の裁判は、公開の法廷における対審および判決によってなされなければならないこと、すなわち、訴訟事件の非公開審理は両条に違反することを述べたものである。ただし、両条の趣旨については、憲法は身分保障のある裁判官で構成される裁判所の裁判を保障したに過ぎず、争訟は常に対審・公開の訴訟手続でなされなければならないという裁判手続上の制約を含むものではないとの反対意見も付されている。

この決定に関しては、従来訴訟手続で処理されてきた事件を非訟事件として扱う「訴訟の非訟化」という現代的要請に応えつつ32条の精神を生かすことは困難であるとの批判もあるが、最高裁はこれ以後同じ趣旨の判断を繰り返し示していることから、すでに判例理論として確立しているとの評価が下されている。

2 国家賠償請求権

〔解 説〕

(1) 意義

英米法系の国家では伝統的に「王は悪をなしえず」の原理により、公務員の不法行為による損害の賠償を国家に対して求めることができないものとされてきた[1)]。ここでは、違法な行政活動によって個人に損害が生じても、公権力それ自体へ賠償を求めることができず、私法上の不法行為による公務員個人に対する損害賠償責任のみが認められるだけであった。こうした考え方は、19世紀の立憲主義国家に共通していた。

明治憲法もこのような国家無責任の原理に則って、憲法典中に国家賠償を認める規定を設けなかった。むしろ旧行政裁判法16条は「行政裁判所ハ損害要償ノ訴訟ヲ受理セス」と規定し、裁判拒否という形で、行政権の行使に対する国への賠償請求を明文で排斥していた。

しかし、これでは被害者の救済としては不十分である。公務員が個人責任を問われることから行政活動が萎縮し、事なかれ主義に陥ることにもなり、ひいては行政責任の所在を不明確にすることにもなりかねない。そこで、人権尊重の理念と法治行政を標榜する現代国家は、これまでの国家無責任の原理を捨て去り、国家自身の賠償責任を認めるようになった[2)]。

こうした潮流に立つ日本国憲法は、憲法本文に17条を設けて、「何人も、公

1) イギリスにおいては、国王と別個の法人格を有する国家の観念が生じなかったことから、法律上国王と国家とが一体的に観念され、国王に責任を問えないことは国家にもまた責任を問えないことを意味するようになった。「国家無責任（無答責）の原理」または「主権免責の原理」とも称される。

2) このことを憲法中に明文で規定したものとしては1919年のワイマール憲法が有名である。同憲法は131条で、「官吏がその職務に属する公権力を行使するにあたって第三者に対して負う職務義務に違背した場合には、その賠償の責任は原則としてその官吏を使用する国または公共団体が負う」と規定した。

務員の不法行為により、損害を受けたときは、法律の定めるところにより、国又は公共団体に、その賠償を求めることができる」と規定し、新たな原理を採用した。この条項を具体化するために、憲法施行（昭和22［1947］年５月３日）の約半年後、国家賠償に関する一般法として国家賠償法が制定・施行され（同年10月27日）、ここに憲法を頂点とする国家賠償制度が確立することになった[3)]。

⑵　憲法17条の「不法行為」と賠償請求権の法的性質

憲法17条にいう公務員の「不法行為」とは、公務員が職務執行において行ったあらゆる違法行為を意味する。違法行為であればよく、それが権力的行為から生じたものであるか否かは問われない。また、「国又は公共団体に、その賠償を求めることができる」とは、被害者個人に損害賠償請求権を認め、国や公共団体が直接賠償責任を負うことを意味しているが、その法的性質をめぐっては、従来より、代位責任説と自己責任説との対立がある。

前者は、本来公務員個人が負うべき民事上の責任を国が代わって負うとするもので、後者は、公務員はいわば国家の手足として行為したに過ぎず、個人の責任とは関係なく、国がその固有の責任を負うとするものである。憲法17条自体は、いずれの理解も妨げるものではないが、国家賠償法１条が公務員の「故意又は過失」を要件とし、いわゆる過失責任主義を採用していることから、代位責任説が支配的である。この説に従う限り、判例も認めるように、国の責任とは別個に、公務員個人に対する賠償請求は認められないものと解される（たとえば、札幌病院長自殺事件［最三小判平成９・９・９民集51巻８号3850頁］）。もっとも、国家賠償法１条２項は、「公務員に故意又は重大な過失があつたときは、国又は公共団体は、その公務員に対して求償権を有する」と定めている。

代位責任説を厳格にとらえると、公務員個人に責任能力がない場合や、加害者や加害行為を特定できない場合には、被害が生じているにもかかわらず賠償責任が否定され、被害者の救済が図られない事態も生じうるとされる。ただ

---

3)　憲法施行から国家賠償法施行までの約半年間は、いわば空白期間といえ、この期間の国家賠償責任をどのようにとらえるかという問題が当然ながら出てきた。最高裁は、この間の国家賠償請求を認めていないが（最判昭和25・４・11［集民３号225頁］）、日本国憲法が国家無責任の原理を否定した以上、この期間については既に存在していた民法の不法行為に関する規定を類推適用すべきであったとの有力な批判がある。

し、いずれの説かを明示せず、加害行為不特定を理由に国家賠償責任を免れることはできないとする判決（最判昭和57・4・1民集36巻4号519頁）もあり、また、公務員の過失を組織的過失ととらえる裁判例（東京高判平成4・12・18高民集45巻3号212頁）が支配的となっていることから、個々の公務員の有責性を問う必要はなく、両説の区別は、解釈論上の道具概念としての意義をほとんど失っているとの指摘もある（最判令和2・7・14民集74巻4号1305頁）。

(3)　賠償請求権と立法裁量

国家賠償請求権をめぐっては、権利の性質論以外にも、国会の立法裁量の問題も絡んでくる。憲法17条が国家賠償の具体的要件や範囲を「法律の定めるところによ」るものとしているからである。これに関しては、相当程度立法裁量に委ねられるものと思われるが、憲法17条が賠償責任の原則を前提としていることから、立法府には無制限の裁量権が付与されているものではないと考えられる。したがって、この原則を否定するような法律は制定できないし、また、裁判においても賠償責任を免除・制限するような立法規定については、その目的の正当性および目的を達成する手段の合理性と必要性を考慮して、合憲性が判断されなければならない（後掲、〔判例〕**郵便法事件**を参照）。

憲法17条の規定を受けて、国家賠償の具体的要件や範囲を定める一般法として制定された国家賠償法は、1条で公権力の行使に起因する責任を、2条で公の営造物の設置・管理の瑕疵に起因する責任を定めている。同法は、国家の賠償責任を否定したり、免除・制限するものではないことから、憲法17条との間で違憲問題を生ずることはほとんど想定しえないであろう。しかし、国家賠償法6条の規定する「相互保証主義」[4]に関しては、17条が賠償請求権の主体として「何人も」と規定し、また、賠償責任を原則としていること、さらには憲法前文の国際主義の理念から、違憲の問題が生じないかとの疑いがある。これに関しては、相互保証主義は一定の合理性を有するものとして合憲とする見解が多数を占めている。

---

4)　被害者が外国人の場合、その外国人の所属国において日本国民が同様の国家賠償請求権を認められている場合に限って、当該外国人に賠償請求権を認めるもの。

〔判　　例〕

郵便法事件――損害賠償責任の免除・制限規定の合憲性

（最大判平成14・9・11民集56巻7号1439頁）

事　実　原告は、訴外Aに対する債権の弁済を得るため、Aを債務者、訴外B銀行およびC社を第三債務者とする債権（AがB銀行に対して有する預金払戻請求権とAがC社に対して有する給与支払請求権）の差押命令を裁判所に申し立て、同裁判所は平成10［1998］年4月10日、同命令を発した。この命令正本は書留郵便として送られる特別送達の方法によりB銀行およびC社宛に差し出されたが、郵便業務従事者が郵便局内に設置されたB銀行およびC社の私書箱に投函したため、送達が1日遅れ、B銀行には同月15日に送達された。その前日の14日、C社より差押命令のことを聞き知ったAは、ただちにB銀行に有する預金を引き出した。そこで原告は、郵便業務従事者の過失により債権差押の目的を達することができなかったと主張して、送達業務を行う国に対し、国家賠償法1条1項に基づき約787万円余の損害賠償を請求した。第1審地方裁判所および第2審高等裁判所はいずれも、損害賠償の範囲・金額と請求権者を限定する郵便法（平成14年法律121号による改正前のもの。以下同じ。）68条および73条を根拠に、その請求を棄却した。そこで、原告は、郵便法の両条項は、憲法17条に違反する、または、両条項のうち、郵便業務従事者の故意または重大な過失によって損害が生じた場合にも国の賠償責任を否定している部分は、憲法17条に違反すると主張して最高裁に上告した。

判　旨　「憲法17条は、『何人も、公務員の不法行為により、損害を受けたときは、法律の定めるところにより、国又は公共団体に、その賠償を求めることができる。』と規定し、その保障する国又は公共団体に対し損害賠償を求める権利については、法律による具体化を予定している。これは、公務員の行為が権力的な作用に属するものから非権力的な作用に属するものにまで及び、公務員の行為の国民へのかかわり方には種々多様なものがあり得ることから、国又は公共団体が公務員の行為による不法行為責任を負うことを原則とした上、公務員のどのような行為によりいかなる要件で損害賠償責任を負うかを立法府の政策判断にゆだねたものであって、立法府に無制限の裁量権を付与するといった法律に対する白紙委任を認めているものではない。そして、公務員の不法行為による国又は公共団体の損害賠償責任を免除し、又は制限する法律の規定が同条に適合するものとして是認されるものであるかどうかは、当該行為の態様、これによって侵害される法的利益の種類及び侵害の程度、免責又は責任制限の範囲及び程度等に応じ、当該規定の目的の正当性並びにその目的達成の手段として免責又は責任制限を認めることの合理性及び必要性を総合的に考慮して判断すべきである。」

①「［郵便］法68条は、法又は法に基づく総務省令（平成11年法律第160号による郵便法の改正前は、郵政省令。以下同じ。）に従って差し出された郵便物に関して、(a)書留とした郵便物の全部又は一部を亡失し、又はき損したとき、(b)引換金を取り立てないで代金引換とした郵便物を交付したとき、(c)小包郵便物（書留としたもの及び総務省令で定めるものを除く。）の全部又は一部を亡失し、又はき損したときに限って、一定の金額の範囲内で損害を賠償す

ることとし、法73条は、損害賠償の請求をすることができる者を当該郵便物の差出人又はその承諾を得た受取人に限定している。

法68条、73条は、その規定の文言に照らすと、郵便事業を運営する国は、法68条１項各号に列記されている場合に生じた損害を、同条２項に規定する金額の範囲内で、差出人又はその承諾を得た受取人に対して賠償するが、それ以外の場合には、債務不履行責任であると不法行為責任であるとを問わず、一切損害賠償をしないことを規定したものと解することができる。」

②「法は、『郵便の役務をなるべく安い料金で、あまねく、公平に提供することによって、公共の福祉を増進すること』を目的として制定されたものであり（法１条）、法68条、73条が規定する免責又は責任制限もこの目的を達成するために設けられたものであると解される。すなわち、郵便官署は、限られた人員と費用の制約の中で、日々大量に取り扱う郵便物を、送達距離の長短、交通手段の地域差にかかわらず、円滑迅速に、しかも、なるべく安い料金で、あまねく、公平に処理することが要請されているのである。仮に、その処理の過程で郵便物に生じ得る事故について、すべて民法や国家賠償法の定める原則に従って損害賠償をしなければならないとすれば、それによる金銭負担が多額となる可能性があるだけでなく、千差万別の事故態様、損害について、損害が生じたと主張する者らに個々に対応し、債務不履行又は不法行為に該当する事実や損害額を確定するために、多くの労力と費用を要することにもなるから、その結果、料金の値上げにつながり、上記目的の達成が害されるおそれがある。

したがって、上記目的の下に運営される郵便制度が極めて重要な社会基盤の一つであることを考慮すると、法68条、73条が郵便物に関する損害賠償の対象及び範囲に限定を加えた目的は、正当なものであるということができる。」

「限られた人員と費用の制約の中で日々大量の郵便物をなるべく安い料金で、あまねく、公平に処理しなければならないという郵便事業の特質は、書留郵便物についても異なるものではないから、法１条に定める目的を達成するため、郵便業務従事者の軽過失による不法行為に基づき損害が生じたにとどまる場合には、法68条、73条に基づき国の損害賠償責任を免除し、又は制限することは、やむを得ないものであり、憲法17条に違反するものではないということができる。

しかしながら、上記のような記録をすることが定められている書留郵便物について、郵便業務従事者の故意又は重大な過失による不法行為に基づき損害が生ずるようなことは、通常の職務規範に従って業務執行がされている限り、ごく例外的な場合にとどまるはずであって、このような事態は、書留の制度に対する信頼を著しく損なうものといわなければならない。そうすると、このような例外的な場合にまで国の損害賠償責任を免除し、又は制限しなければ法１条に定める目的を達成することができないとは到底考えられず、郵便業務従事者の故意又は重大な過失による不法行為についてまで免責又は責任制限を認める規定に合理性があるとは認め難い。」

「法68条、73条の規定のうち、書留郵便物について、郵便業務従事者の故意又は重大な過失によって損害が生じた場合に、不法行為に基づく国の損害賠償責任を免除し、又は制限している部分は、憲法17条が立法府に付与した裁量の範囲を逸脱したものであるといわざるを得ず、同条に違反し、無効であるというべきである。」

「これら特別送達郵便物の特殊性に照らすと、法68条、73条に規定する免責又は責任制限を設けることの根拠である法１条に定める目的自体は前記のとおり正当であるが、特別送達郵便物については、郵便業務従事者の軽過失による不法行為から生じた損害の賠償責任を肯定したからといって、直ちに、その目的の達成が害されるということはできず、上記各条に規定する免責又は責任制限に合理性、必要性があるということは困難であり、そのような免責又は責任制限の規定を設けたことは、憲法17条が立法府に付与した裁量の範囲を逸脱したものであるといわなければならない。」

「そうすると、……法68条、73条の規定のうち、特別送達郵便物について、郵便業務従事者の軽過失による不法行為に基づき損害が生じた場合に、国家賠償法に基づく国の損害賠償責任を免除し、又は制限している部分は、憲法17条に違反し、無効であるというべきである。」

コメント　国・公共団体の賠償責任の具体的要件や範囲については、憲法17条により、「法律の定めるところにより」定められる。これは、判例も指摘するように、賠償責任の原則を前提としつつ、立法府の政策判断に委ねたものであるが、無制限の裁量権（いわゆる白紙委任）を認めたものではない。本判決は、このことを明らかにするとともに、国家賠償責任を免除・制限する規定を設ける場合には、その目的の正当性および目的達成手段の合理性と必要性を考慮して、合憲性を判断すべきものであるとの基準を示し、本件郵便法の定める免除・制限規定は、目的達成手段の選択において裁量権の限界を越えたがゆえに、違憲無効との判断を下したものである。

なお、本判決後、郵便法が改正され、郵便業務従事者に故意または重過失がある場合の損害賠償義務が規定されるなどの修正が加えられた。

近時、国家賠償請求訴訟の形式を利用し、ある特定の制度の合憲性を争うことを介して制度改革を目指す訴訟がみられようになってきている。公職選挙法上の議員定数配分の不均衡や在外投票制度など、国会が憲法に適合した内容の法律を制定・改廃しなかったことから、損害を被ったとしてその国家賠償を求める場合などがその代表例である（このリーディングケースとして、在宅投票制度廃止違憲訴訟［最判昭和60・11・21民集39巻７号1512頁］）。

3　刑事補償請求権

〔解　　説〕

⑴　意　義

日本国憲法は、被疑者・被告人に対する刑事手続の保障に厚いことが一つの特徴といえるが、憲法31条から39条までの諸規定は、英米法的に、事前の手続の保障を中心にすえているのに対して、40条は、いわば大陸法的に事後的な救済(補償)を与えるものである。この規定は、政府の憲法改正草案にはなかったが、国家賠償責任を定めた17条と同様に、衆議院での修正により憲法中に挿入されたものである。

明治憲法には、刑事補償の規定は存在しなかったが、法律としては昭和6〔1931〕年に旧刑事補償法が制定されていた。しかし、これは全く恩恵的なものであり、補償請求権を保障したものではないとされていた。これに対して、日本国憲法40条では、「何人も、抑留又は拘禁された後、無罪の裁判を受けたときは、法律の定めるところにより、国にその補償を求めることができる」と規定し、補償請求権を憲法上の権利として認めている。

本来、犯罪捜査や刑事裁判のため、罪を犯したことを疑うに足りる相当な理由がある者の身柄の拘束(「抑留または拘禁」)は、適法な国家活動であり(刑事訴訟法199条、60条)、無罪判決が下されたからといって、拘束行為それ自体が違法となることはない(発破器窃盗事件〔最判昭和53・10・20民集32巻7号1367頁〕)。したがって、この場合は、国家賠償請求の要件を満たさないことになる。こうした職務行為の違法性を基準に国家賠償の可否を判断する行き方には批判もある。憲法40条の刑事補償請求権は、これとは異なり、無罪判決が下された場合には、それまでの拘束によって生じた身体的・精神的苦痛を考慮して、結果責任ないしは無過失責任の観点から、補償を認めようとするものである。

憲法40条を受け、それを具体化するための法律が、昭和25〔1950〕年の改正刑事補償法である。補償の詳細については、同法の定めるところによる。

(2) 憲法40条の要件――「抑留又は拘禁」と「無罪の裁判」

本条にいう刑事補償請求権が認められるためには、「抑留又は拘禁された後、無罪の裁判を受けた」ことが要件とされる。したがって、刑事訴訟法の手続により無罪の確定裁判を受けた場合に請求権が生ずることは明らかである。しかし、免訴または公訴棄却の裁判の場合には当然に請求権が生ずるとまではいえない。刑事補償法は、これに関して補償の範囲を拡大するため、こうした場合でも無罪の確定裁判を受けたときと同様に取り扱う場合があることを認めている(同法25条)。ただし、いわゆる不起訴処分の取扱いについては、同法にも規定されていないことから、補償をめぐって裁判で争われた事例がある(後掲〔**判例**〕参照)。

〔判　　例〕

刑事補償請求棄却の決定に対する特別抗告事件

――勾留の基礎になっていない罪の無罪と刑事補償

(最大決昭和31・12・24刑集10巻12号1692頁)

事　　実　Aは、昭和28［1953］年2月5日、覚せい剤取締法違反容疑(甲事実)で逮捕・勾留されたが、不起訴となり同月26日に釈放された。その後、甲事実の取調べの中で発覚した同法違反の乙事実および別に発生した同法違反の丙事実について起訴された。裁判では、丙事実については有罪とされたものの、乙事実については無罪とされた。そこでAは、無罪となった乙事実の取調べは不起訴となった甲事実による拘留中に不法になされたものであるとして、この勾留期間の刑事補償を請求した。第1審は、「一個の裁判によつて併合罪の一部について無罪の裁判を受けても、他の部分について有罪の裁判を受けた場合」、「裁判所の健全な裁量により、補償の一部又は全部をしないことができる」と定める刑事補償法3条の規定を援用して、Aの請求を棄却した。Aは、法令違反を理由に、抗告した。抗告審は、逮捕状・勾留状に記載された事実で起訴され、それが無罪となった場合のみ、刑事補償法の適用を受け、未決の抑留・拘禁を受けてもその後に不起訴となった場合は補償の対象とはならないとして、その抗告を棄却した。そこでAは、抗告審決定の解釈は、憲法40条に違反するとして最高裁に特別抗告した。

決定要旨　「憲法40条は、『……抑留又は拘禁された後、無罪の裁判を受けたとき……』と規定しているから、抑留または拘禁された被疑事実が不起訴となつた場合は同条の補償の問題を生じないことは明らかである。しかし、或る被疑事実により逮捕または勾留中、その逮捕状または勾留状に記載されていない他の被疑事実につき取り調べ、前者の事実は不起訴となつたが、後者の事実につき公訴が提起され後無罪の裁判を受けた場合において、その無罪となつた事実についての取調が、右不起訴となつた事実に対する逮捕勾留を利用してなされたものと認められる場合においては、これを実質的に考察するときは、各事実につき各別に逮捕勾留して取り調べた場合と何ら区別すべき理由がないものといわなければならない。

そうだとすると、憲法40条にいう『抑留又は拘禁』中には、無罪となつた公訴事実に基く抑留または拘禁はもとより、たとえ不起訴となつた事実に基く抑留または拘禁であつても、そのうちに実質上は、無罪となつた事実についての抑留または拘禁であると認められるものがあるときは、その部分の抑留及び拘禁もまたこれを包含するものと解するを相当とする。そして刑事補償法は右憲法の規定に基き、補償に関する細則並びに手続を定めた法律であつて、その第1条の『未決の抑留又は拘禁』とは、右憲法40条の『抑留又は拘禁』と全く同一意義のものと解すべきものである。

しからば、刑事補償法1条の規定につき右と異る解釈をし、そしてこの解釈は憲法40条に違反しないとして抗告人の請求を排斥した原決定は憲法の解釈を誤つたものであると断ぜざるを得ない。」

コメント　抑留・拘禁された被疑事実では不起訴となり、刑事訴追を受けなかった場合には、「無罪の裁判を受けたとき」にはあたらないがゆえに、憲法40条の補償の射程には入ってこないし、刑事補償法にもこうした場合の補償に関する規定がない。つまり、憲法40条および刑事補償法は、当然ながら抑留・拘禁事実と無罪判決との間の関連性を前提としているのであるが、その関連性を、逮捕状・勾留状への記載の有無という形式にとらわれず、実質的観点に立って広く解釈したのが本判決である。すなわち、刑事訴追を受けた後で無罪となった事実の取調べが、不起訴となった事実に対する勾留を利用してなされた場合も、この勾留に対する刑事補償を認めたのである。

この判決を受け、法務大臣訓令として「被疑者補償規程」が定められ、「被疑者として抑留又は拘禁を受けた者につき、公訴を提起しない処分があつた場合において、その者が罪を犯さなかつたと認めるに足りる十分な事由があるときは」、補償が行われることになった（同規程2条）。

これによって不起訴となった被疑者に対する刑事補償が行われることになり、憲法の精神にかなった措置であると肯定的に評価するものもあるが、他方で、不必要であった身柄拘束をも含めて広く補償対象とするのが憲法の意図に沿うものであるとの立場から、法務省の訓令・通達という単なる内部規程の定めに委ねられていることに対する違憲論もある。

また、従来、少年法の定める少年鑑別所への「収容」ないし「不処分決定」は、憲法40条の「拘禁」ないし「無罪の裁判」ではないとされ、刑事補償の対象とされていなかったが、平成4［1992］年に「少年の保護事件に係る補償に関する法律」が制定され、こうした不合理な対応は立法的に解決されることになった。

13 参政権

〔解　説〕

参政権とは、国民が国家の統治作用に参加する権利をいう。具体的には、選挙権、被選挙権（公職就任権）、公務員を罷免する権利、憲法改正に関する国民投票権などがこれに含まれる。ところで、国民が統治作用に参加する方法としては、直接国家意思を決定する作用に加わるところの直接参政と、自ら国家意思の決定に関わることなく、かわりに国家意思の決定を行う国家機関（国会議員）の選挙に加わることによって、間接的に国家意思の決定に参加するところの間接参政とがある。日本国憲法においては、若干の例外を除き（95条憲法改正、96条地方特別法の制定）、もっぱら間接参政の制度（代議制）がとられている。この点、憲法前文は、「日本国民は、正当に選挙された国会における代表者を通じて行動し」（1節前段）と述べ、さらに、「そもそも国政は、国民の厳粛な信託によるものであつて、その権威は国民に由来し、その権力は国民の代表者がこれを行使」（同中段）すると定めている。

憲法は、15条1項において、「公務員を選定し、及びこれを罷免することは、国民固有の権利である」と定め、国民の間接参政権を保障している。ここにいう「公務員」とは、広く国または公共団体の公務に参与することを職務とする者の総称である。したがって、国家公務員法および地方公務員法にいう一般職および特別職（国務大臣、裁判官など）の公務員はもちろん、国会議員・地方議会の議員をも含んでいる。この規定は、国民がすべての公務員を直接任免するということを定めたものではなく、およそ公務員を任免する権利は、主権者たる国民に由来するという民主主義の基本原理を宣言したものである。すなわち、国政は国民の信託に基づくものであり、その権威は国民に由来し、その権力は国民の代表者がこれを行使するという憲法前文の趣旨を具体化したものにほかならない。事実、国民が直接に公務員の任免を行う例はごく少なく、国会の両院の議員の選挙（43条）、地方公共団体の長および議会の議員の選挙（93条）、最高裁判所裁判官の国民審査（79条）があるに過ぎない。その他の大多数の公務員（行政公務員、裁判官など）の任免は、法律の定める手続により、それぞれ権限を有する機関によって行われている。たとえば、内閣総理大臣は国会議員の中から国会が指名し、天皇が任命する（7条、67条）。国務大臣は総理大臣が任命する（68条）。しかしながら、そのような任免の手続などは、すべて国民の代表者によって構成される国会が制定した法律によって具体的に定められており、この意味で間接的に国民の意思に依拠しているわけであるから、行政公務員などの任免が国民以外の機関によって行われたとしても、憲法15条1項の規定に反したことにはならない。

さらに、憲法は、このような公務員の地位に対応して、「すべて公務員は、全体の奉仕者であつて、一部の奉仕者ではない」（15条2項）と定めており、行政の中立的運営を確保するため公務員の政治活動の自由が制限されるのもその地位の性格からきている。しかし、公務員が全体の奉仕者であるという理由だけで、その政治活動の自由を一般的に制約することには批判が多いところである。

近代における選挙制度の基本原則には次のようなものがある。

①　**普通選挙**　　普通選挙とは、人種、信条、性別、社会的身分、教育、財産、収入などにかかわりなく、国民に等しく選挙人資格を与えて行われる選挙のことをいい、そうでないものを制限選挙という。わが国も、制限選挙制から出発したが、1925年の選挙法改正で納税要件が撤廃され、満25歳以上の男子に選挙権が与えられ、普通選挙制へと移行した。もっとも女性の選挙権は認められていなかったので、厳密な意味では準普通選挙というべきであろう。その後1945年に、新選挙法が成立し、女性にも選挙権が与えられるとともに、年齢資格も20歳以上に引き下げられた。この実績にたって、日本国憲法は「公務員の選挙については、成年者による普通選挙を保障する」（15条3項）と定め、さらに選挙人の資格について、「人種、信条、性別、社会的身分、門地、教育、財産又は収入によつて差別してはならない。」（44条但書）と規定し、完全な普通選挙を保障している。さらに、2015年6月、公職選挙法が改正され、これに伴い、2016年6月19日の後に初めて行われる国政選挙の公示日以後にその期日を公示

または告示される選挙から、選挙権年齢が「満18歳以上」に引き下げられた。

② **秘密投票**　秘密投票とは、誰が誰に投票したかが投票者以外には分からない投票のことをいう。この点について、憲法は、「すべて選挙における投票の秘密は、これを侵してはならない。選挙人は、その選択に関し公的にも私的にも責任を問はれない。」（15条4項）と定めている。

③ **平等選挙**　平等選挙とは、すべての選挙人の地位の平等を認め、各人に同じ価値の一票ずつを与えて行われる選挙のことをいう。この平等選挙については、憲法にはそれを明示的に保障する文言は見あたらないが、憲法14条1項および44条但書からみて、それが保障されていることは最高裁も認めている。この原則に関し、議員1人当たりの有権者数で比較したうえでの、いわゆる「一票の格差」を争う裁判が繰り返されてきた。最高裁は2倍を超える格差を違憲としつつも、政治的混乱を回避するため、それを前提に行われた選挙自体は無効としない立場をとってきた。

④ **直接選挙**　直接選挙とは、有権者がまず選挙人を選び、その選挙人が公務員を選ぶ間接選挙に対するもので、有権者が直接に公務員を選挙する制度をいう。日本国憲法は、地方公共団体の長や議会の議員などの選挙について直接選挙を明記する（93条2項）が、国会議員の選挙については明文で規定していない。したがって間接選挙制も許されると解する説もあるが、学説の多数は憲法全体の趣旨にそぐわないと解している。

⑤ **自由選挙**　この原則は、選挙人が外からの強制や不当な干渉を受けないで選挙権を行使できることを保障するものである。とくに選挙がその本来の意義を発揮するには、選挙運動の自由が不可欠となる。しかしわが国の公職選挙法は、選挙の公正の確保を理由に選挙運動を大幅に制限している。具体的には、戸別訪問の禁止、文書図画頒布の制限、事前運動の禁止などがある（本書57頁参照）。

〔判　　例〕

受刑者選挙権制限違憲判決　（大阪高判平成25・9・27判時2234号29頁）

事　　実　控訴人（原告）は、平成22年7月11日当時、傷害事件、威力業務妨害事件等について懲役刑に処せられて刑務所で服役中であったことから、同日実施された参議院議員通常選挙において、公職選挙法11条1項2号に該当するとして選挙権を有しないものとされた。

本件は、公職選挙法11条１項２号が禁錮以上の刑に処せられその執行を終わるまでの者（以下「受刑者」という）に選挙権および被選挙権の行使を認めていない点において違憲であることの確認および控訴人が次回の衆議院議員の総選挙において投票することができる地位にあることの確認を求めるとともに、控訴人は違憲の公職選挙法により平成22年７月11日に実施された参議院選挙において選挙権の行使を否定され、精神的損害を受けたとして、国家賠償法１条１項に基づき、慰謝料100万円およびこれに対する上記投票日の翌日から支払済みまで民法所定の年５分の割合による遅延損害金の支払いを請求する事案である。

原審は、公職選挙法の違憲確認および選挙権の確認請求については、控訴人が既に刑の執行を終えたことを理由に訴えを却下し、国家賠償請求については請求を棄却した。控訴人は、この判断を不服として控訴した。

判　旨　1　公職選挙法11条１項２号の合憲性について

⑴　公職選挙法が受刑者の被選挙権を制限していることの合憲性について

被選挙権は、公職に就任するための資格であるという性質それ自体においても、選挙活動を行う必要がある点においても、刑事施設に収容中の者が行使することは困難であるから、公職選挙法が受刑者に対して被選挙権の行使を制限していることについてはやむをえない理由があるというべきであり、違憲であるとは認めがたい。

⑵　公職選挙法が受刑者の選挙権を制限していることの合憲性について

国民の代表者である議員を選挙によって選定する国民の権利は、国民の国政への参加の機会を保障する基本的権利として、議会制民主主義の根幹を成すものであり、民主国家においては、一定の年齢に達した国民のすべてに平等に与えられるべきものである。

憲法は、前文および１条において、主権が国民に存することを宣言し、国民は正当に選挙された国会における代表者を通じて行動すると定めるとともに、43条１項において、国会の両議院は全国民を代表する選挙された議員でこれを組織すると定め、15条１項において、公務員を選定し、およびこれを罷免することは、国民固有の権利であると定めて、国民に対し、主権者として、両議院の議員の選挙において投票をすることによって国の政治に参加することができる権利を保障している。そして、憲法は、同条３項において、公務員の選挙については、成年者による普通選挙を保障すると定め、さらに、44条ただし書において、両議院の議員の選挙人の資格については、人種、信条、性別、社会的身分、門地、教育、財産または収入によって差別してはならないと定めている。以上によれば、憲法は、国民主権の原理に基づき、両議院の議員の選挙において投票をすることによって国の政治に参加することができる権利を国民に対して固有の権利として保障しており、その趣旨を確たるものとするため、国民に対して投票をする機会を平等に保障しているものと解するのが相当である。

憲法の以上の趣旨にかんがみれば、自ら選挙の公正を害する行為をした者等の選挙権について一定の制限をすることは別として、国民の選挙権またはその行使を制限することは原則として許されず、国民の選挙権またはその行使を制限するためには、そのような制限をすることがやむをえないと認められる事由がなければならないというべきである。そして、そのような制限をすることなしには選挙の公正を確保しつつ選挙権の行使を認めることが事実上不能ないし著しく困難であると認められる場合でない限り、上記のやむをえない事由があるとはいえず、このような事由なしに国民の選挙権の行使を制限することは、憲法15条１項および３項、43条１項ならびに44条ただし書に違反するといわざるをえない（最大判平成17・9・14。以下において、平成17年最判という）。

⑶　平成17年最判の内容は上記⑵のとおりであって、自ら選挙の公正を害する行為をした者、すなわち、選挙違反の罪を犯した者に限って一定の範囲で選挙権の制限を認めるほかは、〔１〕選挙権それ自体を制限する場合および〔２〕選挙権の行使を制限する場合の双方について、いずれも「やむをえない事由」の存在を要求する趣旨と解すべきである。

被控訴人は、平成17年最判は本件と事案を異にすると主張するが、平成17年最判が受刑者すべてについてではなく、選挙違反の罪を犯した者に限って選挙権制限に関する例外としていること、選挙権の制限と選挙権行使の制限を同列に論じていることからすれば、本件においても、平成17年最判の基準に基づき選挙権制限の合憲性を判断すべきである。

⑷　そこで、受刑者の選挙権を制限することについて、やむをえない事由が存するといえるかについて判断する。

ア　受刑者は著しく遵法精神に欠け、公正な選挙権の行使を期待できないとの点について

受刑者の中には、過失犯により受刑するに至った者も含まれ、その刑の根拠となった犯罪行為の内容もさまざまで、選挙権の行使とは無関係な犯罪が大多数であると考えられる。そうすると、単に受刑者であるということのみから、ただちにその者が著しく遵法精神に欠け、公正な選挙権の行使を期待できないとすることはできない。したがって、受刑者の資格・適性を根拠として選挙権を制限すべきとする被控訴人の主張は採用できない。

イ　受刑者を拘禁する必要性およびその性質に照らし選挙権の制限はやむをえないとする点について

㋐　刑事施設収容中であることに伴う事務的支障について

日本国憲法の改正手続に関する法律（平成19年５月18日法律第51号）は、憲法改正に関する国民投票について、３条で「日本国民で年齢満18年以上の者」に投票権を認めており、受刑者であることは欠格事由としていない。そうすると、受刑者は、憲法改正の国民投票の際には収容中の刑事施設内において投票権を行使できることとなる。

また、公職選挙法48条の２第１項３号は、選挙の当日に刑事施設、労役場、留置場、少年院もしくは婦人補導院（以下「刑事施設等」という）に収容されていると見込まれる投票人について期日前投票を行わせることができると定め、公職選挙法施行令50条は、上記不在者投票の方法に関する規定である同法49条１項の制度を利用して刑事施設等において投票をする場合の投票用紙および投票用封筒の交付の請求方法等について具体的に定めている。これは、未決収容中の者については公職選挙法11条１項２号の適用がないことから、これらの被収容者の刑事施設等における選挙権行使の方法について規定したものであると解されるが、そうすると、現に刑事施設等に収容されている者であっても、不在者投票と同様の方法によって選挙権を行使することは可能であるということになる。……以上のとおり、未決収容者が現に不在者投票を行っており、また、憲法改正の国民投票については受刑者にも投票権があるとされていることからすれば、受刑者について不在者投票等の方法により選挙権を行使させることが技術的に困難であるということはできず、この点が選挙権を制限すべきやむをえ

ない事由に該当するということはできない。

(イ) 受刑者であることそれ自体が選挙権を制限すべき事由に該当するとの点について

受刑者を刑事施設に収容するのは、犯した罪に対する応報として自由を剥奪するとの趣旨と、矯正処遇により改善更生を促し、再犯を防止するという目的に基づくものと考えられる。しかしながら、犯罪を犯して実刑に処せられたということにより、一律に公民権をも剥奪されなければならないとする合理的根拠はなく、平成17年最判が選挙権制限の例外を選挙犯罪の場合に限定した趣旨に照らしても、受刑者であることそれ自体により選挙権を制限することは許されないというべきである。

ウ　情報取得の困難性について

(ア) 刑事施設法は、以下のとおり、受刑者が新聞、番組の視聴等の方法で候補者の情報を取得することを禁止していない。

すなわち、同法69条は、自弁の書籍の閲覧は、刑事施設の規律・秩序を害するおそれがあるとき、強制処遇の適切な実施に支障を生ずるおそれがあるとき、罰則によるとき等以外は禁止し、制限してはならないと定め、72条１項は、刑事施設の長は、被収容者に対し、日刊新聞紙の備付け、報道番組の放送その他の方法により、できる限り、主要な時事の報道に接する機会を与えるよう努めなければならないと定めている。選挙公報および政見放送は、上記規定にかんがみ、いずれもその閲覧や視聴を許されるべき対象に該当するし、72条１項の趣旨からすれば、刑事施設の長は、できる限り選挙に関する情報を受刑者に与えるよう努めるべきであると解される。そうすると、受刑者が選挙権行使に必要な情報を収集することが刑事施設法により一般的に制限されているということはできない。

(イ) 平成17年最判は、かつては在外国民に対して投票日前に選挙公報を届け、候補者個人に関する情報を適正に伝達するのが困難であるという状況が存したことを前提としつつ、通信手段が地球規模で目覚ましい発達を遂げていることなどによれば、在外国民に候補者個人に関する情報を適正に伝達することが著しく困難であるとはいえなくなったとして、在外国民に選挙権の行使を認めないことについてやむをえない事由があるということはできないとしている。

受刑者に選挙公報を届けることは、在外国民に対する場合と比較して容易であるから、この点にかんがみても、受刑者が外部の情報取得について一定の制約を受けていることを選挙権制限の根拠とすることはできないというべきである。

(ウ) 仮釈放中の受刑者は、刑事施設に収容されておらず、情報取得については一般の国民と同様の立場にあるから、情報取得の困難性を理由として一律に受刑者の選挙権を制限することは、少なくとも仮釈放中の受刑者についてはその前提を欠き、根拠がない。

エ　まとめ

以上のとおり、公職選挙法11条１項２号が受刑者の選挙権を一律に制限していることについてやむをえない事由があるということはできず、同号は、憲法15条１項および３項、43条１項ならびに44条ただし書に違反するものといわざるをえない。

２　公職選挙法11条１項２号の立法行為および廃止立法不作為の国家賠償法上の違法性について

国家賠償法１条１項は、国または公共団体の公権力の行使にあたる公務員が個別の国民に対して負担する職務上の法的義務に違背して当該国民に損害を加えたときに、国または公共団体がこれを賠償する責任を負うことを規定するものである。したがって、国会議員の立法行為または立法不作為が同項の適用上違法となるかどうかは、国会議員の立法過程における行動が個別の国民に対して負う職務上の法的義務に違背したかどうかの問題であって、当該立法の内容または立法不作為の違憲性の問題とは区別されるべきであり、仮に当該立法の内容または立法不作為が憲法の規定に違反するものであるとしても、その故に国会議員の立法行為または立法不作為がただちに違法の評価を受けるものではない。しかしながら、立法の内容または立法不作為が国民に憲法上保障されている権利を違法に侵害するものであることが明白な場合や、国民に憲法上保障されている権利行使の機会を確保するために所要の立法措置を執ることが必要不可欠であり、それが明白であるにもかかわらず、国会が正当な理由なく長期にわたってこれを怠る場合などには、例外的に、国会議員の立法行為または立法不作為は、国家賠償法１条１項の規定の適用上、違法の評価を受けるものというべきである（平成17年最判）。

昭和39年当時の代表的な憲法の基本書には、選挙権の行使が公務としての性質を有することを根拠として、公務執行能力のない受刑者を選挙人団から除外することは憲法の要請に応えたものであるとの論述がされており、その後の憲法に関する著名な基本書や解説書にも、同様に、選挙権の行使が公的行為であることから、受刑者の選挙権を制限することには合理性があり、憲法上の平等選挙の原則には違反しないとするものが存することが認められる。

そうすると、公職選挙法11条１項２号が立法された昭和25年当時、受刑者であることを選挙権の欠格事由とすることが国民に憲法上保障されている権利を違法に侵害するものであることが明白であったとまでは認めがたい。……平成22年７月11日までの間に、その他に受刑者の欠格事由の廃止に関する法案が提出されたり、この問題が独立して国会等で議論されたり、受刑者に選挙権を与えるべきであるとの世論が活発になっていたことを認めるに足りる証拠はない。

以上の事実および前記⑵の学説の状況にも照らせば、平成22年７月11日当時、公職選挙法11条１項２号による受刑者の選挙権制限規定を廃止すべきことが明白な状況であったとは認めがたいし、同時点において、国会が正当な理由なく長期にわたってこれを怠っている状態にあったと評価することもできないから、国家賠償法上、その廃止立法不作為が違法であるということはできない。

コメント　本判決は、国民の選挙権またはその行使を制限することは原則として許されず、国民の選挙権またはその行使を制限するためには、そのような制限をすることがやむをえないと認められる事由がなければならないとした「在外国民選挙権制限違憲判決」（最大判平成17・9・14、本書⑯ **司法** 参照）の立場に立ち、被告国側が主張した、ア　受刑者は著しく遵法精神に欠け、公正な選挙権の行使を期待できない、イ　受刑者を拘禁する必要性およびその性質に照らし選挙権の制限はやむをえない、ウ 選挙に関する情報取得の困難性などについて逐一検討したうえで、それらがいずれも受刑者の選挙権制限について「やむをえない事由」があるということはできないと判示した。もっとも、立法不作為の違法性を理由とする国家賠償請求については、同様に平成17年最判の立場を踏襲して、平成22年7月11日当時、公職選挙法11条1項2号による受刑者の選挙権制限規定を廃止すべきことが明白な状況であったとは認めがたいし、同時点において、国会が正当な理由なく長期にわたってこれを怠っている状態にあったと評価することもできないから、国家賠償法上、その立法不作為が違法であるということはできないと結論した。同判決が指摘するように、これまで受刑者の選挙権制限を違憲とする学説が通説ないし多数説であったとはいえず、憲法学者の間で十分な議論がなされてきたとはいえないのが現状である。この点、本判決が法改正を促す政治的影響力を有するかどうかが注目されたが、これまでのところ、国会による見直しの動きもほとんど見られない。

これと対照的なのが、成年被後見人の選挙権制限を違憲とした東京地裁判決（平成25・3・14判時2178号3頁）であり、次のように判示した。

成年後見制度が、精神上の障害により法律行為における意思決定が困難な者についてその能力を補うことによりその者の財産等の権利を擁護することを目的とする制度であることから、後見開始がされるための「事理を弁識する能力」の有無や程度については、主として「自己の財産を管理・処分する能力」について、その有無や程度の審理判断が行われることが予定されているものである。……そのようないわゆる財産管理能力の有無や程度についての家庭裁判所の判断が、主権者であり自己統治をすべき国民として選挙権を行使するに足る能力があるか否かという判断とは、性質上異なるものであることは明らかである。

したがって、そもそも後見開始の審判がされたからといって、成年被後見人となった者は、主権者であり自己統治をすべき国民として選挙権を行使するに足る能力を欠くと断ずることは到底できないのであり、実際に、財産等の適切な処分や管理はできなくとも、国のいろいろな政策等に関心を持ち自らの意見を有する成年被後見人は少なからず存すると認められる。……そもそも成年後見制度は、国際的潮流となっている高齢者、知的障害者および精神障害者等の自己決定の尊重、残存能力の活用およびノーマライゼーションという新しい理念に基づいて制度化されたものであるから、成年被後見人の選挙権の制限についても同制度の趣旨に則って考えられるべきところ、選挙権を行使するに足る判断能力を有する成年被後見人から選挙権を奪うことは、成年後見制度が設けられた上記の趣旨に反するものであり、また上記の新しい理念に基づいて各種改正を進めている内外の動向にも反するものである。したがって、成年被後見人は選挙権を有しないと定めた公職選挙法11条1項1号は、選挙権に対する「やむをえない」制限であるということはできず、憲法15条１項および３項、43条１項ならびに44条ただし書に違反するというべきである。

この判決後、被告国は控訴したが、国会は迅速に対応し、公職選挙法11条１項１号を削除する改正を行った。１審の違憲判決が法改正を実現する大きな政治的影響力を及ぼした例はほかにはない。

〔判　　例〕

在外国民審査権制限違憲判決　（最大判令和４・５・25民集76巻４号711頁）

事　　実　憲法15条１項は「公務員を選定し，及びこれを罷免することは、国民固有の権利である」と規定し，選挙権と並んで公務員を罷免する権利を保障し，さらに同79条で最高裁判所裁判官を罷免するための国民審査の制度を設けている。この制度のもとでの審査権の行使が「在外国民」(国外に居住していて国内の市町村の区域内に住所を有しない日本国民）に認められていないことが，違憲であるとして争われた。最高裁大法廷は，全員一致で次のように判示した。

判　　旨　この国民審査の制度は，国民が最高裁判所の裁判官を罷免すべきか否かを決定する趣旨のものであるところ，憲法は，一切の法律，命令、規則又は処分が憲法に適合するかしないかを決定する権限を有する終審裁判所である（憲法81条）などの最高裁判所の地位と権能にかんがみ，この制度を設け，主権者である国民の権利として審査権を保障しているものである。そして，このように，審査権が国民主権の原理に基づき憲法に明記された主権者の権能の一内容である点において選挙権と同様の性質を有することに加え，憲法が衆議院議員総選挙の際に国民審査を行うこととしていることにも照らせば，憲法は，選挙権と同様に，国民に対して審査権を行使する機会を平等に保障しているものと解するのが相当である。

憲法の以上の趣旨にかんがみれば，国民の審査権またはその行使を制限することは原則として許されず，審査権またはその行使を制限するためには，そのような制限をすることがやむをえないと認められる事由がなければならないというべきである。そして，そのような制限をすることなしには国民審査の公正を確保しつつ審査権の行使を認めることが事実上不可能ないし著しく困難であると認められる場合でない限り，上記のやむをえない事由があるとはいえず，このような事由なしに審査権の行使を制限することは，憲法15条１項，79条２項，３項に違反するといわざるをえない。また，このことは，国が審査権の行使を可能にするための所要の立法措置をとらないという不作為によって国民が審査権を行使することができない場合についても，同様である。

在外審査制度において，上記のような技術的な困難を回避するために，現在の取扱いとは異なる投票用紙の調製や投票の方式等を採用する余地がないとは断じ難いところであり，具体的な方法等のいかんを問わず，国民審査の公正を確保しつつ，在外国民の審査権の行使を可能にするための立法措置をとることが，事実上不可能ないし著しく困難であるとは解されない。そうすると，在外審査制度の創設にあたり検討すべき課題があったとしても，在外国民の審査権の行使を可能にするための立法措置が何らとられていないことについて，やむをえない事由があるとは到底いうことができない。したがって，国民審査法が在外国民に審査権の行使を全く認めていないことは，憲法15条１項，79条２項，３項に違反するものというべきである。」

コメント　本判決は、審査権が国民主権の原理に基づき憲法に明記された主権者の権能の一内容である点において選挙権と同様の性質を有することを前提に、選挙権又はその行使を制限するためにはそのような制限をすることがやむをえないと認められる事由がなければならないとした「在外国民選挙権制限違憲判決」（最大判平成17・９・14，本書16章参照）の論理を適用して違憲の結論を導いている。

14 立法

〔解　　説〕

(1) 国会の地位

憲法は、国会の地位について、国民の代表機関、国権の最高機関、そして、唯一の立法機関としている。まず、43条は、両議院（国会）が「全国民を代表する選挙された議員」で組織されるとし、国会が国民の代表機関としての地位を与えられていることがわかる。旧憲法における帝国議会では、貴族院は皇族、華族および主権者である天皇が任命する勅任議員によって構成されていた。現行憲法は国民主権のもと、衆議院、参議院ともに国会議員を全国民の代表としたのである。国会議員は、特定の階級、党派、地域住民など一部の国民を代表するものではなく、「全国民のために行動すべき使命を有する」（参議院議員定数訴訟［最大判昭和58・4・27民集37巻3号345頁］）。

次に、41条は、国会について「国権の最高機関」と定める。もっとも、「国権の最高機関」といっても、国会が国政の最高決定権を保持するもの、あるいは、国政の最高統括機関として内閣や裁判所等の他部門の上位機関となる、などの法的意味を持つものではない。「国権の最高機関」とは、国会が主権者国民が正当かつ直接に選挙した議員により構成される機関であり、憲法改正提案権、立法権など国政上の重要権限を保持している機関として国政の中心的地位を占めるという政治的美称と考えられている。

国会が「国の唯一の立法機関である」（41条）とは、まず、国会が法律を制定する立法権を独占するという意味である（国会中心立法の原則）。憲法上の例外として、衆議院と参議院が持つ議院規則制定権（58条2項）、最高裁判所が持つ規則制定権（77条1項）が挙げられる。また、国会は他の機関の承認なしに、自らの議決のみで法律を制定できることも重要である（国会単独立法の原則）。この例外として、95条は、一つの地方公共団体のみに適用される特別法の場合、

当該地方公共団体の住民の投票において過半数の同意を求めている。（⑰　地方自治の章を参照）

⑵　国会の組織と国会議員の特権

国会は、衆議院と参議院の両議院で構成されている（42条）。このような二院制を採用する意義としては、異なる任期（衆議院議員は４年［45条、ただし衆議院解散の場合には、その期間満了前に終了］、参議院議員は６年［46条、３年ごとに半数を改選］）や異なる選出方法を採用することにより、多様な国民意思の反映が可能となる。また、両議院での２回の審議により議事を慎重公正なものにできる。さらに、衆議院解散時における緊急事態に参議院の緊急集会で対応可能となること（54条２項但書）が挙げられる。

もっとも、両議院の議決が異なる場合、国政が停滞するおそれがある。そこで、憲法はいくつかの事項については衆議院の権限が優越すると定める。内閣総理大臣の指名（67条２項）、予算の議決（60条２項）、条約の承認（61条）は衆議院の議決を国会の議決とする。また、法律案については、参議院が衆議院と異なる議決をした場合に衆議院が出席議員の３分の２以上の多数で再可決すれば、法律となる（59条２項）。

次に、国会議員には、職務遂行のため特権が付与されている。49条は議員が「国庫から相当額の歳費を受ける」ことができるとする。また50条は「両議院の議員は、法律の定める場合を除いては、国会の会期中逮捕されず、会期前に逮捕された議員は、その議院の要求があれば、会期中これを釈放しなければならない」とし、会期中の不逮捕特権を定める。最後に51条は「両議院の議員は、議院で行つた演説、討論又は表決について、院外で責任を問はれない」とする。（札幌病院長自死事件［最三小判平成９・９・９民集51巻８号3850頁］）。もっとも、議員の発言に対する議院内での懲罰はあり得るし、 SNSなど議院外での発言は免責の対象外である。

⑶　国会の諸権限

①　立法権

「唯一の立法機関」である国会にとって、立法権は重要権限となる（41条）。

立法権とは「法律」を制定する権限であり、憲法はいくつかの事項について国会が法律で定めるものとしている。婚姻・家族に関する事項（24条2項）、勤労条件に関する基準（27条2項）、納税の義務（30条）などが法律事項とされている。また、国家機関に関する重要事項も法律で定めることになっている。皇室に関する事項（2条）、国民の要件（10条）、選挙事項（47条）、内閣の組織（66条1項）、弾劾裁判所の設置（64条）、下級裁判所の設置（76条1項）、地方公共団体に関する事項（92条）などがその例である。

もちろん、国会は憲法が示す立法事項以外にも広範に法律を制定できる。とくに「国民に対して義務を課し又は権利を制限するには法律の根拠を要する」のが原則である（旭川市国民健康保険条例違憲訴訟［最大判平成18・3・1民集60巻2号587頁］）。全国民代表機関である国会のみが、国民の権利、義務にかかわる法律を制定することができるのである。

もっとも、国会が保有する立法権に内閣などが関与することがありえる。まず、内閣が法律案の提案を行うことがある（内閣法5条）。国会単独立法の原則は立法過程すべてを国会に委ねる趣旨ではなく、審議および最終的な議決権が国会単独で行使できるのであれば、内閣による法律案の提案も41条に反するものではない。次に、国会が内閣や省庁、行政機関に立法を委任することも可能である。現代社会では、迅速に対応すべき問題、専門的・技術的知識を要する事項など国会が得意とはしていない事項への立法が求められている。73条6号は「この憲法および法律の規定を実施するために」内閣に政令を定める権限を付与しており、また同号但書が「政令には、特にその法律の委任がある場合を除いては、罰則を設けることができない」と規定していることから、憲法が内閣等への立法委任を認める趣旨と考えられる。もっとも立法委任も、一般的・抽象的な白紙委任は許されず、「特定の事項に限定してこれに関する具体的な内容の規定を他の国家機関に委任すること」が求められる（猿払事件大隅健一郎裁判官反対意見［最大判昭和49・11・6刑集28巻9号393頁］）。また、委任された側が制定する命令等が、その委任の範囲を超えた場合に無効と判断されるのはいうまでもない（農地法施行令事件［最大判昭和46・1・20民集25巻1号1頁］、医薬品ネット販売禁止無効判決［最二小判平成25・1・11民集67巻1号1頁］）。

② その他の国会の諸権限

国会には他にも重要権限が付与されている。まずは憲法改正発議・提案権である（96条）。憲法を改正する場合、衆議院、参議院各議院の総議員の３分の２以上の賛成で国会が発議し、国民に提案できる。内閣、裁判所は、憲法改正の発議を行えないとみなされている。

次に、国会は内閣総理大臣を指名する権限を持つ。内閣総理大臣は国会議員の中から選出される（67条１項）。内閣総理大臣を首長とする内閣は、行政権の行使について、国会に対して連帯して責任を負う（66条３項）。さらに衆議院は、内閣不信任決議を行う権限を有する（69条）（15　行政の章を参照）。

また、外交関係は内閣が処理すべき事項であるが（73条２号）、国会は条約締結過程に関与する権限を持つ。73条３号は内閣が行う条約締結について、「事前に、時宜によつては事後に」国会の承認を求めている。条約執行のための法律を必要としないいわゆる自動執行条約の場合は、それ自体が国内法的効力を持つため、「唯一の立法機関」である国会のチェックが必要であること、条約締結に「国民代表機関」である国会による監視が必要との観点から定められた規定である。

さらに、国の財政を処理する権限は国会の議決に基づくとされ（83条）、国会による財政の民主的統制手続が定められている。84条は「あらたに租税を課し、又は現行の租税を変更するには、法律又は法律の定める条件によることを必要とする」とし、租税法律主義を規定する。また、85条は「国が債務を負担する」場合に国会の議決を求めており、国債発行への国会による統制を明確化する。国の支出に関しても国会の議決が必要であり（85条）、この議決は予算の議決として行われる（86条）。

(4) 議院の諸権限

両議院は、憲法上それぞれ独立した地位を認められており、自らの組織について自由に決定し、自主的活動を行う議院自律権を有する。議員資格の争訟に関する裁判権（55条）、議長その他の役員の選任権（58条１項）、会議その他の手続および内部の規律に関する規則制定権（58条２項前段）、院内の秩序をみだした議員の懲罰権（58条２項後段）などである。2023年３月15日には、参議院が、当選後一度も登院しなかった参議院議員を除名している。当該除名は、現行憲法下において3例目であった。裁判所も両議院の自主性を尊重し、議院自律権に委ねられた内部事項に介入しないのを原則とする（警察法無効事件［最大判昭和37・3・7民集16巻3号445頁］）。

次に、両議院は国政調査権を有し、独立して行使できる。62条は両議院が「国政に関する調査を行ひ、これに関して、証人の出頭及び証言並びに記録の提出を要求することができる」と定める。議院証言法は、不出頭、証言拒絶、偽証等に刑事罰を科しており、国政調査権の実効性を担保している。国政調査権は、行政監督機能を果たすうえで重要な権限となる。ロッキード事件（1976年）やリクルート事件（1988年）において、内閣総理大臣、大臣、与党幹部をめぐる疑惑に対して調査権が行使され、その意義が確認された。最近でも衆議院および参議院の予算委員会が、森友学園事件（2017年－2019年）に関連して、証人喚問を行っている。国政調査権の対象範囲は広範ではあるが、その行使に際しては、プライバシー等証人の人権への配慮が必要である。

〔判　　例〕

臨時会の召集要求と国会議員への損害賠償　　（最三小判令和5・9・12）

事　　実　平成29［2017］年6月22日、参議院の総議員の4分の1以上である72名の議員が、53条後段の規定に基づき、内閣に対して、国会の臨時会の召集を決定するように要求した。これに対して、内閣は、同年9月22日に同月28日の臨時会召集を決定した。同日、第194回国会が召集されたが、その冒頭で衆議院が解散され、参議院も同時に閉会となった。

そこで72名のうち一名の参議院議員が、①臨時会召集決定の要求をした場合、内閣が20日以内に召集決定をする義務を負うことの確認、および参議院議員が20日以内に臨時会の召集を受けられる地位を有することの確認、②内閣が要求から92日後まで臨時会召集決定をしなかったことが違憲、違法であり、国会議員としての権利を行使できなかったとして、国家賠償法1条1項に基づく損害賠償を求める訴訟を提起した。2審は、臨時会召集要求について、国会議員が国の機関として有する権限を行使するものであり、個々の国会議員が召集要求権を有しているというものではないから、本件確認の訴えは、自己の権利または利益の保護救済を目的とするものではなく、裁判所法3条1項にいう「法律上の争訟」にはあたらないとして、訴えを却下した（東京高判令和4・2・21判タ1508号102頁）。

判　　旨　①本件は、53条後段上、上告人ら参議院議員が臨時会召集要求の権利を持つとした場合に、当該権利の行使の際に内閣が負う法的義務、または内閣との間で有する法律上の地位の確認を求める訴えであるため、当事者間の具体的な権利義務または法律関係の存否に関する紛争であって、法令の適用によって終局的に解決することができる「法律上の争訟」にあたる（東京高裁判決の否定）。もっとも、将来、臨時会召集要求がされるか否かや、臨時会召集決定がいつされるかは現時点では明らかでなく、議員に不利益が生ずる現実の危険があるとはいえず、本件確認の訴えは、確認の利益を欠き、不適法であるというべきであり、却下される。

②53条の規定は、国会と内閣との権限の分配という観点から、内閣が臨時会の召集を決定するとしつつ、国会の会期を開始して国会による国政の根幹に関わる広範な権能の行使を可能とするため、各議院を組織する一定数以上の議員に対して臨時会召集要求をする権限を付与するとともに、この要求がされた場合には、内閣が召集決定の義務を負うこととしたものであって、個々の国会議員の臨時会召集要求にかかる権利または利益を保障したものとは解されない。また、臨時会召集を要求した国会議員であるか否かによって、臨時会において行使できる国会議員の権能に差異があるわけでもなく、53条後段が個々の国会議員に対し、臨時会において議員活動をできるようにするために召集要求にかかる権利または利益を保障したものとも解せない。したがって、臨時会召集要求をした個々の国会議員は、内閣による召集決定の遅滞を理由として、国家賠償法に基づく損害賠償請求をすることはできない。

コメント　憲法は、国会が一定の期間活動を行う会期制を採用している。52条は、毎年一回常会を召集するものとしている。また、特別会については、衆議院議員の総選挙の日から、「三十日以内に」召集しなければならないとしている（54条1項）。これに対して、53条後段は臨時会について召集期限を定めていない。ほとんどの例において、国会の指定する期日よりも遅れているのが現実である。内閣の法律案の準備等がその理由ではあるが、衆議院解散の判断や、不祥事追及の時期を遅らせるといった政治的判断も含まれると考えられる。臨時会の召集時期を遅らせることは、国会議員の発言、質疑、議論の機会を減らすことでもあり、個々の議員の政治活動に関する諸利益に影響する可能性がある。このため合理的期間内での召集が望ましいが、本件最高裁判決は、個々の国会議員の訴えの利益を認めない、いわば門前払いの判断を示しており、臨時会召集に関する憲法的問題は未解決のまま残されたことになる。

本件判決には、宇賀克也判事による反対意見が付されており注目される。宇賀判事は、53条後段は、内閣に合理的期間内に臨時会召集を決定する法的義務を課したとし、他方、国民の負託に応えて質問、発議、表決等を行う権利を有する国会議員に対して、それら権利の行使を実現するための手続的権利を付与したとみなす。そして、同条の眼目が「少数派権」の尊重にあるとし、行政監視も国会の重要な役割であることから、内閣が臨時会の召集を遅延させることは許されないとした。宇賀判事は、特段の事情がない限り、臨時会召集までの合理的期間については、「20日あれば」十分と結論している。

15 行政

1 行政権の主体としての内閣

〔解 説〕

行政とは、国会によって定められた法律に基づき国家を運営し、また、国家運営に関する予算を執行するものであり、日本国憲法では、行政権の主体として内閣を規定している。内閣制度は、イギリス立憲君主制のもとで発達した制度であるが、1885（明治18）年にはじめて採用された。しかしながら、明治憲法において行政権の主体は、統治権を総攬する天皇とされ（明治憲法4条「天皇ハ国ノ元首ニシテ統治権ヲ総攬シ此ノ憲法ノ条規ニ依リ之ヲ行フ」）、内閣は、天皇によって任命され、天皇を補佐、助言をするもので、明治憲法では、内閣は憲法上の機関ではなく、内閣の議会に対する責任も明記されていなかった。

日本国憲法においては、天皇の国政に関する権能を憲法7条に規定する「国事行為」に限定し、憲法65条において「行政権は、内閣に属する」と規定されたことから、内閣が憲法上の行政権の主体として位置づけられることとなった。ここで、内閣の権限とされる行政（作用）とは、国会の権限とされる立法（作用）、裁判所の権限とされる司法（作用）を除く、すべての国家（統治）作用であると解されている（控除説）[1)]。行政作用に関してその意味内容を積極的に定義づけようとするものもあるが[2)]、社会の秩序維持を使命とする夜警国家の時代とは異なり、現代国家が福祉国家と呼ばれるように、社会福祉の拡充など、多く

1）控除説の理解については、「絶対君主政を出発点にして、そこから、一方で議会が立法権を獲得し、他方で裁判所が独立性を確立していったという立憲君主政成立の歴史に対応しており」、明治憲法には適合していたが、国民主権を採用した日本国憲法の行政権の理解には妥当しないとの批判もある（高橋和之『立憲主義と日本国憲法〔第5版〕』［有斐閣、2020年］401頁）。

の作用を有する行政を一義的に定義することは、困難であり、そのような意味において控除説が支持されている。

内閣に属するとされる行政には、憲法上、国事行為や会計検査は含まれず、それぞれ、前者を天皇（6条、7条）、後者を会計検査院（90条）が行うこととされている。他方、憲法上は内閣に属するとされる行政であっても、後述する独立行政委員会のように法律上、内閣から独立した行政機関の権限とされるものもある。

2　内閣の構成と権限

〔解　　説〕

(1)　内閣の構成

内閣の構成に関して、憲法は、66条1項「内閣は、法律の定めるところにより、その首長たる内閣総理大臣及びその他の国務大臣でこれを組織する」、66条2項「内閣総理大臣その他の国務大臣は、文民でなければならない」、68条1項「内閣総理大臣は、国務大臣を任命する。但し、その過半数は、国会議員の中から選ばれなければならない」などの規定を設けており、内閣は、内閣総理大臣を中心として国務大臣とともに構成する合議体であるとされる。

内閣総理大臣は、国務大臣の任命（68条1項）、罷免（68条2項）の権限を有するものとして内閣における内閣総理大臣の優越的地位が規定されているが、明治憲法においては、内閣総理大臣、国務大臣ともに天皇から任免されていた（明治憲法55条）。また、内閣総理大臣には、国務大臣訴追に対する同意の権限（75条）、行政各部を指揮監督する権限（72条）が与えられているほか、内閣総理大臣が欠けたとき（死亡、資格の喪失、辞任などの場合）には、内閣は総辞職をすることとされている（70条）。

国務大臣は、内閣総理大臣によって任命されるが、この国務大臣の数は原則14名以内（必要があれば17名以内）とされ（内閣法2条2項）、国務大臣は、主任

2)　行政を積極的に定義づけようとするものの代表的見解には、「行政は、法のもとに法の規制を受けながら、現実具体的に国家目的の積極的実現をめざして行われる全体として統一性を持った継続的な形成的国家活動」とするものがある（田中二郎『新版行政法〔全訂第2版〕上巻』［弘文堂、1974年］5頁）。

の大臣として行政各部の「行政事務を分担管理する」こととされている（内閣法3条1項）。なお、国務大臣の数については、特別法により増員することができる（たとえば、復興大臣など）。

そして、内閣を構成する内閣総理大臣と国務大臣は文民でなければならないとされるが、ここで、文民（civilian）の意味するところについては、通説において、職業軍人の経歴を有さないものと解されてきた。しかしながら、現在においては、自衛隊に対する「文民統制」を考慮して、自衛隊員ではない者を指すと理解されている[3)]。

(2) 内閣の権限

内閣の主たる権限は、憲法73条に規定されるところであり、これによれば、「一般行政事務の他」、次のような事務を行うものとされている。

1号「法律を誠実に執行し、国務を総理すること。」

内閣が、政治・行政の中心となり、全体の総合調整を図り政策の策定をし、これを実施することをいう[4)]。

2号「外交関係を処理すること。」

ここでは、3号において規定される「条約の締結」以外の外交事務の処理に関する権限を有することとされるが、日常的処理事務については外務大臣に委ねられている。

3号「条約を締結すること。但し、事前に、時宜によつては事後に、国会の承認を経ることを必要とする。」

条約の締結については、内閣がその権限を有することになるが、ここで国会の承認を必要とするときに、「時宜によつては事後に」承認を経ることが問題となる。つまり、条約の締結権は内閣に存するものの、事後の国会の承認が得られなかった場合のその条約の効力という点である。これについての理解は、国際法と国内法を二元的に解し、国内法上の手続的瑕疵に関係なく、国際法上は有効な条約とするもの、一元的に解し、国内法上の手続的瑕疵があれば、国

3) 前掲注1）、高橋『立憲主義と日本国憲法〔第5版〕』404-405頁。

4) 内閣が「国務を総理する」という点について、国会を国権の最高機関であるとする規定（41条）との関係から、「執政権論」といった議論がある。この点の整理について宍戸常寿『憲法 解釈論の応用と展開〔第2版〕』（有斐閣、2014年）249頁以下参照。

際法上も無効とするものもある[5)]。

4号「法律の定める基準に従ひ、官吏に関する事務を掌理すること。」

ここでいう官吏とは、国の公務に従事する公務員のうち行政部職員のことを指し、官吏に関する事務については、法律によって基準を定めることとされ、国家公務員法が制定されている。

5号「予算を作成して国会に提出すること。」

内閣は、予算を国会に提出し、憲法83条「国の財政を処理する権限は、国会の議決に基いて、これを行使しなければならない」、憲法86条「内閣は、毎会計年度の予算を作成し、国会に提出して、その審議を受け議決を経なければならない」に定めるところにより、国会の同意なく予算を執行することはできないこととされ、国家財政に関する国会のコントロールを求める財政民主主義が要請されているところである。

6号「この憲法及び法律の規定を実施するために、政令を制定すること。但し、政令には、特にその法律の委任がある場合を除いては、罰則を設けることができない。」

憲法41条に、国会が唯一の立法機関であると規定されることから、「政令」という行政立法の制定が、国会の立法権を侵害することにならないか議論がある。これに対しては、憲法73条の立法行為を委任立法として、憲法41条の例外と位置づけるものや、「法律の執行」のための立法行為（委任命令、執行命令）は、もはや行政権に含まれるとする解釈などがある。

7号「大赦、特赦、減刑、刑の執行の免除及び復権を決定すること。」

国家の慶事などに際し、恩赦を決定する権限のことをいうが、恩赦とは、判決の効力の全部または一部を失わせ、または特定の罪につき、公訴権を消滅させることをいう。この内容については、恩赦法に規定されている。

憲法73条に規定される上記の権限以外の内閣の権限としては、天皇の国事行為にかかる助言と承認（3条）、国会の召集権（52条、53条、7条2号）、衆議院

5) こうした両極端の理解に対して、「国内法上の手続が、通常どこの国でも必要とされるような重要なもので、相手国も予想しうるものである場合には、その瑕疵は国際法上の効力にも影響する」として、国会の承認は、ここでいう重要な手続であり、承認が得られなければ国際法上も効力をもたないとする説もある（前掲注1)、高橋『立憲主義と日本国憲法〔第5版〕』406頁）。

の解散権（69条、7条3号）、最高裁判所長官の指名、最高裁判所判事の任命権（79条1項、6条2項）、下級裁判所裁判官の任命権（80条）がある。

3　議院内閣制

〔解　説〕

議院内閣制の定義としては、①「議会（立法）と政府（行政）が一応分立していること」、②「政府が議会（両院制の場合には主として下院）に対して連帯して責任を負うこと」が一般的にあげられるほか、③「内閣が議会の解散権を有すること」を加える場合もある[6)]。

日本国憲法は、66条3項の内閣の国会に対する連帯責任、69条の衆議院の内閣不信任決議権により、議院内閣制を明示的に採用している。そして、内閣総理大臣と国務大臣の過半数を国会議員とすること（67条1項、68条1項）、内閣の議案提出権（72条）、大臣の議院出席権（63条）の規定もある。

そして、上記③に示した「議会の解散権」については、内閣に実質的な衆議院解散の決定権があるとされるが、その根拠については、議論の分かれるところである[7)]。

〔判　例〕

苫米地事件控訴審判決――内閣の衆議院解散権

（東京高判昭和29・9・22行裁例集5巻9号2181頁）

事　実　1952（昭和27）年8月28日、第3次吉田茂内閣は衆議院の第二回解散（いわゆる抜き打ち解散）を行った。

解散により議席を失った、衆議院議員苫米地義三（原告）は、衆議院の解散は憲法69条に基づいて行われるべきところ、憲法7条のみを根拠とした衆議院の解散がなされたこと、解散詔書の発布過程において、全閣僚一致による助言と承認の二つの閣議決定がなかったことを理由として、当該解散の違憲を主張した。

第1審において裁判所は、「……現行憲法が如何なる場合に解散を為し得るかの要件について何等の規定も設けて居ないのは如何なる事態の下に解散を為すべきやの判断を全く政治

6）芦部信喜（高橋和之補訂）『憲法〔第8版〕』（岩波書店、2023年）356頁。

7）かつては、憲法69条の場合（内閣不信任決議時）のみ、衆議院の解散を認める見解もあったが、現在では少数説にとどまる。現在の衆議院解散にかかる実質的決定権の根拠の議論については、前掲注6)、芦部『憲法〔第8版〕』49-50頁、佐藤幸治『日本国憲法論〔第2版〕』（成文堂、2021年）520頁以下などを参照。

的裁量に委ねたものであると解すべきであり、その解散が妥当であつたか否かの如きは固より裁判所の判断の対象となるものではない。」として、憲法69条以外の解散も憲法上認められるとした。

しかしながら、解散詔書の発布過程の手続について、「……一部閣僚の賛成のみでは適法な閣議決定があつたものと言ふことができずその他に被告主張の如き助言があつたものと認めるに足りる証拠はない。従つて本件解散については内閣の助言があつたものとは言へないので本件解散は内閣の承認の有無について判断する迄もなく憲法第7条に違反するものと言はなくてはならない。」として、原告の請求を認容し、国に対して国会議員の歳費としての28万5000円の支払いを命じた。これに対し、国は控訴した。

判　旨　原判決取消し、原告の請求を棄却。

憲法7条を根拠とする衆議院の解散の違憲性については、「……解散権の所在並に解散権行使の要件についての当裁判所の法律上の見解は、原判決がその理由に於て…説示するところと同様であるから、この部分を引用する。」として第1審と同様の見解に立つとしている（憲法69条の形式以外での解散が憲法上容認される）。

次に、解散詔書の発布過程の手続については、「……しからば、以上牽連する一連の事実から考えれば、本件解散については、天皇の解散の詔書発布前たる昭和27年8月22日内閣に於て、天皇に対し助言する旨の閣議決定が行われ（尤も…書類が完備したのは、…同月28日ではあるが、右は既に成立した同月22日の閣議決定を再確認し、持廻り閣議の方法により、書類の形式を整備したに留まるものと認める）、…天皇に対する吉田総理大臣の上奏並に山田総務課長よりの書類の呈上となり、これによつて、内閣より天皇に対する助言がなされ、天皇は右助言により解散の詔書を発布し、内閣はその後これを承認したものであると解するを相当とする。……しからば、本件衆議院の解散については、被控訴人主張の如き無効の原因は存在せず、有効であるから、本件解散が無効であることを前提とする被控訴人の本訴請求は理由がない。」として、解散は有効と判断し、原告の請求を棄却した。

なお、その後原告は上告したが、最高裁は、いわゆる統治行為論を用いて、衆議院の解散は裁判所の審査に服しないとして、上告を棄却した（最大判昭和35・6・8）。

コメント　衆議院解散権の憲法上の根拠について学説は諸説が対立している。第一説は、解散権は憲法69条を根拠とした場合にのみ行使できるとするもの、第二説は、憲法69条の規定に限定されず行使できるとするもので、ここでは、その法的根拠を憲法7条に求める説（本判決は、この立場をとる）、憲法7条のほかの規定や憲法原理に求める説に分かれる。また、第三説として、衆議院がその意思により解散をするという自律的解散説があるが、これについては、法文上の根拠がないこと、行政府と立法府の均衡のための解散制度の本質が失われるといった批判がある。

4　独立行政委員会

〔解　　説〕

独立行政委員会とは、特定の行政事務を内閣から独立して行う機関のことであり、政治的中立性が望まれる行政事務について、内閣から独立させてその事務を行うものである。そして、この機関の中には、準立法的権限（規則制定権）および準司法的権限（審判権）が付与された機関も存在する。現在では、人事院、公正取引員会、中央労働委員会などが独立行政委員会にあたる。

憲法65条は、行政権が内閣に属することを規定しているため、会計検査院（90条）のように憲法が明示的に例外とするものは別として、法律によって設置され、独立に職権行使をする独立行政委員会が、行政権は内閣に属し、その行使について国会に対して責任を負うという憲法原理に反するものでないか問題とされるところである。

学説の大勢は、独立行政委員会の内閣から独立した職権行使について合憲とする。その見解を二つに大別すると、①行政委員会は何らかの意味において、内閣の「指揮監督」ないし統制のもとにあるとするもの、②独立行政委員会の独立性を正面から認めたうえで、憲法は内閣がすべての行政について指揮監督権を持つことを要求するものではないとするものに分けられる。前者の立場においては、内閣が独立行政委員会に関する委員任命権や予算編成権を有することを重視するが、そうすると裁判所等についても内閣の統制下にあるとされるといった批判もある。後者の立場には、憲法65条が、「すべて」、「唯一」といった文言を用いてないことを重視する説、内閣の行う「行政」が政治的作用としての「執政（executive）」を意味するところ、独立行政委員会の行う非政治的作用としての「行政（administrative）」は、必ずしも内閣の統制下にあることを要しないという、行政の内容を重視した説などがある。

⑯ 司法

1 司法権の意義と司法審査制

〔解　　説〕

憲法76条1項は「すべて司法権は、最高裁判所及び法律の定めるところにより設置する下級裁判所に属する」と規定している。したがって、司法権を形式的に定義すれば、裁判所の行うすべての機能をさすということになる。また、司法権を実質的に定義すれば、具体的紛争に法を適用してこれを裁定する作用であるといえよう。しかし、権力分立制を前提にして裁判所にいかなる権能を与えるかは国によって異なり、歴史的にも変遷してきているので、司法権の概念を一義的にとらえることは難しい。

ドイツ・フランスなどヨーロッパ大陸諸国においては、従来、私人間の紛争を裁定する民事裁判権ならびに罪を犯した者に刑罰を科す刑事裁判権をあわせて司法権と観念されてきた。これに対し、イギリスおよびアメリカにおいては、民事事件や刑事事件だけでなく、具体的な行政処分の違法性や効力を争う行政事件をも含めて司法権と考えられてきた。

わが国では明治憲法のもとではドイツ流の司法権の概念が採用され、通常裁判所は民事と刑事の裁判のみを行い、行政事件については行政裁判所という特別な裁判所を設けていた。しかし、現行憲法は76条2項で「特別裁判所は、これを設置することができない。行政機関は、終審として裁判を行ふことができない」と定めており、もはや行政裁判所のような通常裁判所と系列を異にする制度を設けることはできなくなった。

したがって、裁判所法3条1項は「裁判所は、日本国憲法に特別の定のある場合を除いて一切の法律上の争訟を裁判し、その他法律において特に定める権限を有する」と定めている。ただし、行政事件については、行政事件訴訟法により、民事事件および刑事事件とは異なる訴訟手続が定められている。

現行憲法は、通常裁判所に対して、行政事件に関する裁判権に加えて、いわゆる司法審査権を付与した。81条は「最高裁判所は、一切の法律、命令、規則又は処分が憲法に適合するかしないかを決定する権限を有する終審裁判所である。」と規定している。憲法の最高法規性（98条１項参照）を保障するには、下位規範である法律等の合憲性について統制する必要がある。しかし、その合憲性統制の方法は国によって異なっている。当初、81条はその文言から、ドイツ型の憲法裁判所として最高裁判所を位置づけたのでないかと考えられた。ドイツの憲法裁判所とは、通常の裁判所の系列から独立した特別な裁判所であり、憲法解釈についての独占的権限を有し、具体的事件を前提とせずに抽象的に法律の合憲性を審査しうる点に特色を持っている。

この点について、最高裁は後掲の警察予備隊違憲訴訟判決により、81条はアメリカ型の司法審査制を採用したものであることを明らかにした。つまり、それは、①具体的事件を前提にして、その解決に必要な限りにおいて法律等の合憲性を審査するものであり、②右権限は最高裁判所のみならず、すべての下級裁判所も等しく有するものである。このようなアメリカ型の制度は、ドイツ型の**抽象的違憲審査制**に対して、**付随的違憲審査制**と呼ばれる。

既に述べたように、憲法81条はアメリカ型の付随的違憲審査制を採用したものとするのが通説・判例である。つまり、裁判所はある具体的事件の解決に必要な場合にのみ、法律や行政処分の合憲性を審査するのである。ところが、そのための審査の方法や基準について憲法は具体的に規定していないので、実際にどのように審査を行うかはもっぱら裁判所の姿勢（司法哲学）いかんにかかっているといえよう。

裁判所ができる限り政治部門（立法部および行政部）の判断を尊重し、憲法判断を差し控えようとする立場を**司法消極主義**と呼ぶ。その理由は、国民に対し直接に責任を負わない裁判官が、選挙で選ばれた国民の代表者による政策決定（立法や行政処分など）を憲法解釈という形で抑制・変更することは、「被治者の同意に基づく統治」という民主主義の基本的前提に矛盾するというのである。

これに対して、憲法の最高法規性（98条１項参照）を実質的に確保するためには、下位規範である法律などの合憲性の審査を積極的に行わなければならないとする立場を**司法積極主義**と呼ぶ。この立場によれば、民主主義の本質はたんなる選挙による多数者支配にあるのではなく、少数者に対する多数者による圧政の危険をも考慮に入れて、憲法によって歯止めをかけた点にあるとされる。つまり、国民多数の意思といえども、少数者の基本的人権を侵してはならないのである。したがって、裁判官は憲法による基本的人権の保障を実質的なものとするために、積極的に司法審査権を行使しなければならないとされる。

さらにこの立場は、国民の代表機関と擬制される議会も現実には各種の利益集団がそれぞれの利益追求のために妥協を見出す場に過ぎず、したがって、議会の作り出す法律も国民多数の意思の発現というよりはむしろ、競合する利益集団間の妥協の産物に過ぎないと指摘する。こうして、政治部門の民主的性格の実態に疑問を投げかけることにより、民主主義と司法審査の間の抽象的矛盾を克服しようとするのである。

この二つの立場は、司法審査制を判例上、確立したアメリカにおいても常に並存してきており、今日でも理論的結着はついていないといえよう。

〔判　例〕

警察予備隊違憲訴訟　（最大判昭和27・10・8民集6巻9号783頁）

事　実　日本社会党を代表して鈴木茂三郎氏は、自衛隊の前身である警察予備隊の設置ならびに維持に関する一切の国の行為が憲法9条に違反し無効であるとの確認を求める訴訟を最高裁に提起した。

判　旨　わが裁判所が現行の制度上与えられているのは司法権を行う権限であり、そして司法権が発動するためには具体的な争訟事件が提起されることを必要とする。わが裁判所は具体的な争訟事件が提起されないのに将来を予想して憲法およびその他の法律命令等の解釈に対し存在する疑義論争に関し抽象的な判断を下すごとき権限を行いうるものではない。けだし最高裁判所は法律命令等に関し違憲審査権を有するが、この権限は司法権の範囲内において行使されるものであり、この点においては最高裁判所と下級裁判所との間に異なるところはないのである（憲法76条1項参照)。原告は憲法81条をもつて主張の根拠とするが、同条は最高裁判所が憲法に関する事件について終審的性格を有することを規定したものであり、したがって最高裁判所が固有の権限として抽象的な意味の違憲審査権を有することならびにそれがこの種の事件について排他的すなわち第1審にして終審としての裁判権を有するものと推論することをえない。

要するにわが現行の制度のもとにおいては、特定の者の具体的な法律関係につき紛争の存する場合においてのみ裁判所にその判断を求めることができるのであり、裁判所がかような具体的事件を離れて抽象的に法律命令等の合憲性を判断する権限を有するとの見解には、憲法上および法令上何らの根拠も存しない。

コメント　最高裁は実体的憲法判断を行わず、訴えを却下したが、本判決により憲法81条はアメリカ型の付随的違憲審査制を採用したものであることが明らかにされた。つまり、①裁判所は、具体的事件を前提にして、その解決に必要な限りにおいて法律等の合憲性を審査するのであり、②その権限は最高裁判所のみならず、すべての下級裁判所も等しく有することが明らかになった。

2　司法権の主体と司法権の独立

〔解　説〕

司法権は最高裁判所および法律によって設置される下級裁判所に付与されている（76条１項参照）。そして、裁判所法２条は、下級裁判所として、高等裁判所、地方裁判所、家庭裁判所および簡易裁判所を設けている。

最高裁判所は、最高裁判所長官１名、最高裁判所判事14名の計15名で構成される。最高裁長官は、内閣の指名に基づき天皇が任命し（６条２項参照）、その他の最高裁判事は内閣が任命し、天皇がこれを認証する（79条１項、７条５号参照）。このような最高裁判事の任命に対しては、国民の信任を問う国民審査の制度が設けられている（79条２・３・４項参照）。

下級裁判所の裁判官については、最高裁判所の指名した者の名簿によって、内閣が任命する（80条１項参照）。

裁判が公正に行われるためには、司法権を政治部門から分離・独立させて不当な干渉や圧力を排除しなければならないことは歴史の教えるところである（明治24年の大津事件を想起せよ）。

憲法には司法権の独立を保障するためのさまざまな配慮がなされている。まず、76条３項は、「すべて裁判官は、その良心に従ひ独立してその職権を行ひ、この憲法及び法律にのみ拘束される」と規定して、裁判官の職権行使の独立を保障している。そして、それを制度上実効のあるものとするためには、裁判官の身分保障が不可欠である。そこで、78条は、「裁判官は、裁判により、心身の故障のために職務を執ることができないと決定された場合を除いては、公の弾劾によらなければ罷免されない。裁判官の懲戒処分は、行政機関がこれを行ふことはできない」と定めている。さらに、すべての裁判官は定期に相当額の報酬を受け、在任中はこれを減額されることはない（79条6項、80条2項参照）。

また、司法部内部の自主的な運営を確保するために、77条は最高裁判所の規則制定権ならびに司法行政権を保障している。前述の下級裁判所の裁判官の任命についての最高裁の指名権（80条1項）も人事についての自主性を配慮したものである。

3　司法審査の方法と違憲判決の効力

〔解　　説〕

前述のように憲法81条は、付随的違憲審査制を採用したものとされるが、裁判所がどのような方法で、あるいはいかなる基準で、法律等の合憲性を審査するのかについて、憲法自体は何ら具体的規定を設けていない。したがって、どのように司法審査を行うかは、裁判所の姿勢（司法哲学）いかんにかかっているといえよう。つまり、司法消極主義、あるいは司法積極主義のいずれの立場に立つかによって司法審査のあり方は大きく異なるのである。

(1)　司法消極主義的手法

①　**明白性の原則**　　一般に国会の制定した法律は憲法に適合していると推定される。したがって、その法律が憲法に違反していることが明らかな場合にのみ、違憲と判断されるべきだという考え方を「明白性の原則」という。

②　**憲法判断の回避**　　付随的違憲審査制においては、裁判所は当該事件の解決に必要な場合にのみ憲法判断を行うのであるから、他の解決法がある場合には憲法判断を避けるべきだと考えられる。

自衛隊の合憲性が争われた恵庭事件判決（札幌地判昭和42・3・29下刑9巻3号359頁）は、被告人による違憲の主張にも関わらず、自衛隊法の解釈のみにより事件を処理し、憲法判断を回避した。

これに対し、同様に自衛隊の合憲性に関わる長沼事件第1審判決（後掲札幌地判昭和48・9・7行裁例集27巻8号1385頁）は対照的な判断を示し、積極的に憲法判断を展開したのが注目される（⑱ **平和主義** の章を参照）。

③ **合憲的限定解釈**　ある法律について複数の解釈が可能であり、ある解釈をとれば違憲と考えられるが他の解釈をすれば合憲としうる場合にはその合憲的解釈を採用するべきであるとされる。これは前述の憲法判断回避の一手法と見ることもできるが、より厳密には憲法判断そのものの回避ではなく、違憲判断の回避と考えられる。

公務員の争議行為の一律禁止に関する諸規定について、憲法28条の労働基本権保障の見地から限定的解釈をほどこした一連の判例がある（全逓東京中郵事件［最大判昭和41・10・26刑集20巻8号901頁］および都教組事件［最大判昭和44・4・2刑集23巻5号305頁］参照）。また、いわゆる税関検査違憲訴訟（最大判昭和59・12・12）参照。

④ **統治行為論**　これは、一定の事項について司法審査の対象から除外しようという考え方である。「統治行為」とは、高度の政治性を有することを理由に、たとえそれに対する法的判断が可能であっても司法審査の対象とされない事項をいう。そのような統治行為の存在を認める根拠は、高度に政治的な問題については、三権分立の原理により政治部門（国会および内閣）の判断に委ねるべきであり、また、ことがらの性質上、裁判所の判断になじまないので、そのような問題への介入は自己抑制すべきであるということにある。判例が統治行為として例示している事項としては、条約の締結、国家・政府の承認、議員の懲罰、衆議院の解散、内閣総理大臣の指名、国務大臣の任免などがある。また、実際に統治行為論を採用した判例として、衆議院の解散の合憲性が争われたいわゆる苫米地事件判決（最大判昭和35・6・8民集14巻7号1206頁）がある（本書175頁参照）。

⑤ **政治部門の裁量論**　憲法が一定の事項について政治部門（立法部および行政部）に裁量を認めていると考えられる場合には、裁判所はその裁量を尊重し、裁量権の行使に濫用や行き過ぎが認められる場合にのみ違憲と判断すべきとされる。判例が「立法政策の問題」という語を用いるとき、それは原則として国会の裁量に任された事項であり、その裁量の限界を超えていると認められる場合に限り、違憲の問題を生じるという意味である。

この裁量論の根拠は、ことがらの性質上、政治部門の政策的・専門的・技術的判断に委ねられるべき問題については政治部門の裁量を広く認めようとするところにある。したがって、統治行為論と似ているが、裁量論においては、裁量権の濫用や行き過ぎが認められれば違憲と判断されうるのに対し、統治行為論では、司法審査そのものを拒否してしまう点で異なる。この点を判例は明確に区別していないきらいがある。

判例は一般的に政治部門の裁量をできるだけ尊重しようとする傾向にあるが、立法部の裁量の限界を超えたとされた事例としては、衆議院の議員定数配分に関する判決（最大判昭和51・4・14民集30巻3号223頁）や、薬局開設の距離制限に関する判決（最大判昭和50・4・30民集29巻4号572頁）などがある。

また、近年、裁判所は、国会が適切に立法権を行使しなかったことにより、精神的苦痛をこうむったとして国に損害賠償を求める訴訟（立法の不作為を理由とする国家賠償請求訴訟）に対して、積極的に救済を与える判決を下すようになってきた（後掲の在外国民選挙権制限違憲判決参照）。

(2) 司法積極主義的手法

以上に述べた五つの審査方法は、いずれも政治部門の判断をできるだけ尊重しようという司法消極主義的手法であるということができる。これに対し、司法積極主義の立場から法律の合憲性をより厳格に審査しようとする場合には、文面審査と事実審査の二つの審査方法がある。

① **文面審査**　法令の規定の文面だけを判断して違憲か合憲かを決める審査方法であり、以下のような基準で判断する。

(a) **明確性の原則**　法令の規定がひじょうに漠然として不明確な場合、あるいは過度に広範な規制を定めている場合は、当該法令は違憲無効とすべきであるとする基準である。とくに刑罰法規については、罪刑法定主義の要請として、いかなる行為が処罰の対象となるのかを定める犯罪の構成要件の明確性が強く求められる。また、表現の自由を規制する立法についても、いかなる表現行為が規制対象となるのかが不明確であれば、国民は制裁を恐れてその表現行為を自主的に差し控えてしまうことになりかねない。そのような法律は、表現の自由に対する萎縮的効果を有するので、違憲とすべきであるとされる。

(b) **憲法上、明示的に禁止されている制度を法律が採用している場合**　そのような例としては、検閲の制度がある。憲法21条2項は「検閲はこれをしてはならない。」と規定しており、「検閲」に該当するような制度を法律が採用しているならば、そのような法律は違憲とされる。しかし、いかなる制度が「検閲」に該当するのかについては争いがあり、最高裁は、教科書検定制度や税関検査は憲法が禁止する「検閲」に該当しないとしている。いわゆる税関検査違憲訴訟（最大判昭和59・12・12民集38巻12号1308頁）参照。

② **事実審査**　これは、当該事件に関する具体的事実を検討して、それに適用される法律の合憲性を検討する審査方法である。そこで検討される事実には、司法事実と立法事実の二つがある。前者は、当該事件の当事者に関する事実であり、後者は、当該法律の必要性を裏づける社会的・一般的事実であり、当該法律の合憲性の審査にとって重要である。

そして、当該法律の合憲性の審査は、目的審査と手段審査に分けて行われる。

(a) **目的審査**　まず、当該法律の立法目的が正当なものであるか否かを審査する。その際には、当該法律の制定を必要とした社会的事実（立法事実）を認定し、それと立法目的との間に合理的関連性があるか否かが検討される。この合理的関連性が認められなければ、当該立法の必要性を裏づける客観的事実が存在しないことになり、それだけで違憲と判断しうる。

たとえば、ある法律が表現行為のもたらす害悪の発生を根拠に表現行為を規制している場合に、その規制の必要性を裏づける社会的事実（立法事実）を次の二つの観点から検証する。①表現行為と害悪発生の因果関係が明白であること。②害悪の発生が切迫した具体的危険として認識しうること。つまり、表現行為のもたらす害悪の発生が、「明白かつ現在の危険」（clear and present danger）として認識しうる場合にのみ、その行為の規制が許されるのであり、たんなる抽象的危険が予見されるだけでは、表現の自由という優越的地位にある人権の制約は許されないとする厳格な審査基準であり、**「明白かつ現在の危険の基準」**と呼ばれる。

立法目的を正当化する合理的事実（立法事実）が認定されれば、次にその達成手段の合理性が審査されることになる。

(b) **手段審査**　ここでは、立法目的を達成するために採用された具体的手段がその目的との間に合理的関連性を有するか否かを審査する。換言すれば、当該手段が国民の権利や自由を不当に侵害していないかどうかを検討するのである。憲法13条は国民の権利が立法その他の国政の上で最大限に尊重されねばならないと規定しており、それゆえ、国民の権利を制限する手段については、立法目的との関連で必要最小限の規制にとどめねばならない。

とくに憲法の保障する基本的人権の中でも優越的地位にある表現の自由を制限する立法については、その規制手段でなければ当該立法目的を達成しえないといえるほどの実質的な関連性が求められる。つまり、当該法律が採用する規制手段以外に、表現の自由を制限する程度がより少ない手段が存在する場合には、当該規制手段は必要最小限の規制とはいえず、違憲とされるのである。これは、**「より制限的でない他の選択しうる手段」**（less restrictive alternatives）の基準（LRAの基準）と呼ばれる。

他方、経済的自由の規制手段については、経済的弱者の保護という福祉国家の理念に基づく政策的見地から、その選択について立法部のより広い裁量が認められる。このように、精神的自由の規制立法と経済的自由の規制立法を区別して前者についてより厳格な審査をすべきとする考え方を、**「二重の基準論」**という。

以上のような事実審査の手法により、法律の合憲性を厳格に審査した事例としては、前掲の尊属殺重罰違憲判決、薬局距離制限違憲判決（最大判昭和50・4・30民集29巻4号572頁）などがある。

(3)　違憲判決の効力

最高裁により最終的に違憲とされた法律は一般的にその効力を失うのか、それとも当該事件に関してのみ無効とされるのかは、違憲判決の効力に関わる問題である。前者の立場を一般的効力説、後者を個別的効力説と呼ぶ。

個別的効力説は、①違憲判断は当該事件の解決に必要な限りにおいてなされる付随的違憲審査であること、②一般的効力を認めれば当該法律を廃止したのと同じことになり、立法権侵害のおそれが生じることを論拠とする。

これに対し、一般的効力説は、個別的効力説をとった場合には法的安定性が損なわれ、不平等な結果を生じるおそれがあること、および98条1項の規定の文言にその根拠を求める。通説・判例は個別的効力説をとる。

〔判　　例〕

長沼事件——司法審査権の積極的行使

（札幌地判昭和48・9・7行裁例集27巻8号1385頁）

事　　実　航空自衛隊のミサイル基地建設のため、北海道長沼町所在の国有林の一部について、森林法上の保安林の指定解除が農林大臣によって行われた。そこで、基地建設に反対する住民らは当該解除処分の取消しを求めて出訴した。

判　　旨　裁判所が憲法違反の主張についての判断をできる限り最終判断事項として留保し、その権限行使を慎重にしようとすることは十分な理由があるといわなければならない。しかしながら、右の原則は、いつ、いかなる場合にも、裁判所が当事者の主張のうち憲法違反の主張については最後に判断すべきであるとまでいうものではない。むしろ、わが国は、憲法を中心とする法治国家であるから、立法、司法、行政の三権はいずれも憲法体制、あるいは憲法秩序の中でその権限を行使しなければならないのであって、それら三権の中でも司法権だけが法令等の憲法適合性を最終的に判断する権限と義務を持っているのであるから、裁判所は具体的争訟事件の審理の過程で、国家権力が憲法秩序の枠を超えて行使され、それゆえに、憲法の基本原理に対する黙過することが許されないような重大な違反の状態が発生している疑いが生じ、かつその結果、当該争訟事件の当事者をも含めた国民の権利が侵害され、また侵害される危険があると考えられる場合において、裁判所が憲法問題以外の当事者の主張について判断することによってその訴訟を終局させたのでは、当該事件の紛争を根本的に解決できないと認められる場合には、前記のような憲法判断を回避するといった消極的な立場はとらず、その国家行為の憲法適合性を審理判断する義務があるといわなければならない。

コメント　　地裁はこのような立場から憲法9条の解釈を行い、結論として自衛隊を違憲と判示し、当該解除処分を取り消した（詳しくは⑱ **平和主義** を参照）。控訴審（札幌高判昭和51・8・5行裁例集27巻8号1175頁）は、保安林に代わる代替施設の完成により原告らの訴えの利益が失われたとの理由で訴えを却下した。そのうえで傍論として、自衛隊は一見きわめて明白に違憲と認められないので、統治行為として司法審査権の範囲外にあると判示した。これは砂川事件最高裁判決の論理を踏襲したものである。さらに上告審（最一小判昭和57・9・9民集36巻9号1679頁）においても原告らの訴えの利益の喪失を理由に上告は棄却された。

〔判　　例〕

在外国民選挙権制限違憲判決

（最大判平成17・9・14民集59巻7号2087頁）

事　　実　本件は、外国に居住していて国内の市町村の区域内に住所を有していない日本国民（以下「在外国民」という）に国政選挙における選挙権行使の全部または一部を認めないことの適否等が争われた事案である。在外国民の選挙権の行使については、平成10［1998］年に公職選挙法が一部改正され（以下、この改正を「本件改正」という）、在外選挙制度が創設された。しかし、その対象となる選挙について、当分の間は、衆議院比例代表選出議員の選挙および参議院比例代表選出議員の選挙に限ることとされた（本件改正後の公職選挙法附則８項)。上告人らは、被上告人（国）に対し、在外国民であることを理由として選挙権の行使の機会を保障しないことは、憲法14条１項、15条１項および３項、43条ならびに44条ならびに市民的及び政治的権利に関する国際規約25条に違反すると主張して、主位的に、①本件改正前の公職選挙法は、上告人らに衆議院議員の選挙および参議院議員の選挙における選挙権の行使を認めていない点において、違法であることの確認、ならびに②本件改正後の公職選挙法は、同上告人らに衆議院小選挙区選出議員の選挙および参議院選挙区選出議員の選挙における選挙権の行使を認めていない点において、違法であることの確認を求めるとともに、予備的に、③同上告人らが衆議院小選挙区選出議員の選挙および参議院選挙区選出議員の選挙において選挙権を行使する権利を有することの確認を請求している。

また、上告人らは、被上告人に対し、立法府である国会が在外国民が国政選挙において選挙権を行使することができるように公職選挙法を改正することを怠ったために、上告人らは平成８［1996］年10月20日に実施された衆議院議員の総選挙（以下「本件選挙」という）において投票をすることができず損害を被ったと主張して、１人当たり５万円の損害賠償及びこれに対する遅延損害金の支払いを請求した。

判　旨　①在外国民の選挙権の行使を制限することの憲法適合性について　国民の代表者である議員を選挙によって選定する国民の権利は、国民の国政への参加の機会を保障する基本的権利として、議会制民主主義の根幹をなすものであり、民主国家においては、一定の年齢に達した国民のすべてに平等に与えられるべきものである。

憲法は、前文および１条において、主権が国民に存することを宣言し、国民は正当に選挙された国会における代表者を通じて行動すると定めるとともに、43条１項において、国会の両議院は全国民を代表する選挙された議員でこれを組織すると定め、15条１項において、公務員を選定し、およびこれを罷免することは、国民固有の権利であると定めて、国民に対し、主権者として、両議院の議員の選挙において投票をすることによって国の政治に参加することができる権利を保障している。そして、憲法は、同条３項において、公務員の選挙については、成年者による普通選挙を保障すると定め、さらに、44条但書において、両議院の議員の選挙人の資格については、人種、信条、性別、社会的身分、門地、教育、財産又は収入によって差別してはならないと定めている。以上によれば、憲法は、国民主権の原理に基づき、両議院の議員の選挙において投票をすることによって国の政治に参加することができる権利を国民に対して固有の権利として保障しており、その趣旨を確たるものとするため、国民に対して投票をする機会を平等に保障しているものと解するのが相当である。

憲法の以上の趣旨にかんがみれば、自ら選挙の公正を害する行為をした者等の選挙権について一定の制限をすることは別として、国民の選挙権またはその行使を制限することは原則として許されず、国民の選挙権またはその行使を制限するためには、そのような制限をすることがやむをえないと認められる事由がなければならないというべきである。そして、そのような制限をすることなしには選挙の公正を確保しつつ選挙権の行使を認めることが事実上不能ないし著しく困難であると認められる場合でない限り、上記のやむをえない事由があるとはいえず、このような事由なしに国民の選挙権の行使を制限することは、憲法15条１項および３項、43条１項ならびに44条但書に違反するといわざるをえない。また、このことは、国が国民の選挙権の行使を可能にするための所要の措置をとらないという不作為によって国民が選挙権を行使することができない場合についても、同様である。

在外国民は、選挙人名簿の登録について国内に居住する国民と同様の被登録資格を有しないために、そのままでは選挙権を行使することができないが、憲法によって選挙権を保障されていることに変わりはなく、国には、選挙の公正の確保に留意しつつ、その行使を現実的に可能にするために所要の措置をとるべき責務があるのであって、選挙の公正を確保しつつそのような措置をとることが事実上不能ないし著しく困難であると認められる場合に限り、当該措置をとらないことについて上記のやむをえない事由があるというべきである。

②本件改正前の公職選挙法の憲法適合性について　本件改正前の公職選挙法のもとにおいては、在外国民は、選挙人名簿に登録されず、その結果、投票をすることができないものとされていた。これは、在外国民が実際に投票をすることを可能にするためには、わが国の在外公館の人的、物的態勢を整えるなどの所要の措置をとる必要があったが、その実現には克服しなければならない障害が少なくなかったためであると考えられる。

記録によれば、内閣は、昭和59［1984］年４月27日、「我が国の国際関係の緊密化に伴い、国外に居住する国民が増加しつつあることにかんがみ、これらの者について選挙権行使の機会を保障する必要がある」として、衆議院議員の選挙および参議院議員の選挙全般についての在外選挙制度の創設を内容とする「公職選挙法の一部を改正する法律案」を第101回国会に提出したが、同法律案は、その後第105回国会まで継続審査とされていたものの実質的な審議は行われず、同61［1986］年６月２日に衆議院が解散されたことにより廃案となったこと、その後、本件選挙が実施された平成８［1996］年10月20日までに、在外国民の選挙権の行使を可能にするための法律改正はされなかったことが明らかである。世界各地に散在する多数の在外国民に選挙権の行使を認めるにあたり、公正な選挙の実施や候補者に関する情報の適正な伝達等に関して解決されるべき問題があったとしても、既に昭和59［1984］年の時点で、選挙の執行について責任を負う内閣がその解決が可能であることを前提に上記の法律案を国会に提出していることを考慮すると、同法律案が廃案となった後、国会が、10年以上の長きにわたって在外選挙制度を何ら創設しないまま放置し、本件選挙において在外国民が投票をすることを認めなかったことについては、やむをえない事由があったとは到底いうことができない。そうすると、本件改正前の公職選挙法が、本件選挙当時、在外国民であった上告人らの投票を全く認めていなかったことは、憲法15条１項および３項、43条１項ならびに44条但書に違反するものであったというべきである。

③本件改正後の公職選挙法の憲法適合性について　本件改正は、在外国民に国政選挙で投票をすることを認める在外選挙制度を設けたものの、当分の間、衆議院比例代表選出議員の選挙および参議院比例代表選出議員の選挙についてだけ投票をすることを認め、衆議院小選

挙区選出議員の選挙および参議院選挙区選出議員の選挙については投票をすることを認めないというものである。この点に関しては、投票日前に選挙公報を在外国民に届けるのは実際上困難であり、在外国民に候補者個人に関する情報を適正に伝達するのが困難であるという状況のもとで、候補者の氏名を自書させて投票をさせる必要のある衆議院小選挙区選出議員の選挙または参議院選挙区選出議員の選挙について在外国民に投票をすることを認めることには検討を要する問題があるという見解もないではなかったことなどを考慮すると、はじめて在外選挙制度を設けるにあたり、まず問題の比較的少ない比例代表選出議員の選挙についてだけ在外国民の投票を認めることとしたことが、全く理由のないものであったとまでいうことはできない。しかしながら、本件改正後に在外選挙が繰り返し実施されてきていること、通信手段が地球規模で目覚ましい発達を遂げていることなどによれば、在外国民に候補者個人に関する情報を適正に伝達することが著しく困難であるとはいえなくなったものというべきである。また、参議院比例代表選出議員の選挙制度を非拘束名簿式に改めることなどを内容とする公職選挙法の一部を改正する法律が平成12［2000］年11月1日に公布され、同月21日に施行されているが、この改正後は、参議院比例代表選出議員の選挙の投票については、公職選挙法86条の3第1項の参議院名簿登載者の氏名を自書することが原則とされ、既に平成13［2001］年及び同16［2004］年に、在外国民についてもこの制度に基づく選挙権の行使がされていることなどもあわせて考えると、遅くとも、本判決言渡し後にはじめて行われる衆議院議員の総選挙または参議院議員の通常選挙の時点においては、衆議院小選挙区選出議員の選挙および参議院選挙区選出議員の選挙について在外国民に投票をすることを認めないことについて、やむをえない事由があるということはできず、公職選挙法附則8項の規定のうち、在外選挙制度の対象となる選挙を当分の間両議院の比例代表選出議員の選挙に限定する部分は、憲法15条1項および3項、43条1項ならびに44条但書に違反するものといわざるをえない。

④確認の訴えについて　本件の予備的確認請求にかかる訴えは、公法上の当事者訴訟のうち公法上の法律関係に関する確認の訴えと解することができるところ、その内容を見ると、公職選挙法附則8項につき所要の改正がされないと、在外国民である上告人らが、今後直近に実施されることになる衆議院議員の総選挙における小選挙区選出議員の選挙および参議院議員の通常選挙における選挙区選出議員の選挙において投票をすることができず、選挙権を行使する権利を侵害されることになるので、そのような事態になることを防止するために、同上告人らが、同項が違憲無効であるとして、当該各選挙につき選挙権を行使する権利を有することの確認をあらかじめ求める訴えであると解することができる。

選挙権は、これを行使することができなければ意味がないものといわざるをえず、侵害を受けた後に争うことによっては権利行使の実質を回復することができない性質のものであるから、その権利の重要性にかんがみると、具体的な選挙につき選挙権を行使する権利の有無につき争いがある場合にこれを有することの確認を求める訴えについては、それが有効適切な手段であると認められる限り、確認の利益を肯定すべきものである。そして、本件の予備的確認請求にかかる訴えは、公法上の法律関係に関する確認の訴えとして、上記の内容に照らし、確認の利益を肯定することができるものにあたるというべきである。なお、この訴えが法律上の争訟にあたることは論をまたない。

そうすると、本件の予備的確認請求にかかる訴えについては、引きつづき在外国民である同上告人らが、次回の衆議院議員の総選挙における小選挙区選出議員の選挙および参議院議員の通常選挙における選挙区選出議員の選挙において、在外選挙人名簿に登録されていることに基づいて投票をすることができる地位にあることの確認を請求する趣旨のものとして適法な訴えということができる。

⑤国家賠償請求について　国家賠償法１条１項は、国または公共団体の公権力の行使に当たる公務員が個別の国民に対して負担する職務上の法的義務に違背して当該国民に損害を加えたときに、国または公共団体がこれを賠償する責任を負うことを規定するものである。したがって、国会議員の立法行為または立法不作為が同項の適用上違法となるかどうかは、国会議員の立法過程における行動が個別の国民に対して負う職務上の法的義務に違背したかどうかの問題であって、当該立法の内容または立法不作為の違憲性の問題とは区別されるべきであり、かりに当該立法の内容または立法不作為が憲法の規定に違反するものであるとしても、そのゆえに国会議員の立法行為または立法不作為が直ちに違法の評価を受けるものではない。しかしながら、立法の内容または立法不作為が国民に憲法上保障されている権利を違法に侵害するものであることが明白な場合や、国民に憲法上保障されている権利行使の機会を確保するために所要の立法措置をとることが必要不可欠であり、それが明白であるにもかかわらず、国会が正当な理由なく長期にわたってこれを怠る場合などには、例外的に、国会議員の立法行為または立法不作為は、国家賠償法１条１項の規定の適用上、違法の評価を受けるものというべきである。最高裁昭和60年11月21日第１小法廷判決・民集39巻７号1512頁は、以上と異なる趣旨をいうものではない。

在外国民であった上告人らも国政選挙において投票をする機会を与えられることを憲法上保障されていたのであり、この権利行使の機会を確保するためには、在外選挙制度を設けるなどの立法措置をとることが必要不可欠であったにもかかわらず、前記事実関係によれば、昭和59［1984］年に在外国民の投票を可能にするための法律案が閣議決定されて国会に提出されたものの、同法律案が廃案となった後本件選挙の実施に至るまで10年以上の長きにわたって何らの立法措置もとられなかったのであるから、このような著しい不作為は上記の例外的な場合に当たり、このような場合においては、過失の存在を否定することはできない。このような立法不作為の結果、上告人らは本件選挙において投票をすることができず、これによる精神的苦痛をこうむったものというべきである。したがって、本件においては、上記の違法な立法不作為を理由とする国家賠償請求はこれを認容すべきである。

そこで、上告人らのこうむった精神的損害の程度について検討すると、本件訴訟において在外国民の選挙権の行使を制限することが違憲であると判断され、それによって、本件選挙において投票をすることができなかったことによって上告人らがこうむった精神的損害は相当程度回復されるものと考えられることなどの事情を総合勘案すると、損害賠償として各人に対し慰謝料5000円の支払いを命ずるのが相当である。

コメント　本判決は、立法不作為、すなわち国会が法律の改正を迅速に行わなかったことが違法であると認定したうえで、国家賠償法に基づく損害賠償請求を認容した最初の最高裁判決として画期的なものである。従来は、国会がある法律を制定あるいは改廃するか否かについては、国会に広い裁量（立法裁量）が認められ、裁判所はそれを最大限に尊重するという司法消極主義の考えが強かったといえる。たとえば、在宅投票制度廃止違憲訴訟判決（最一小判昭和60・11・21）は、「国会議員の立法行為は、立法の内容が憲法の一義的な文言に違反しているにもかかわらず国会があえて当該立法を行うというごとき、容易に想定し難いような例外的な場合でない限り、国家賠償法１条１項の規定の適用上、違法の評価を受けないものといわなければならない」と述べ、事実上、立法不作為の違法性を理由とする損害賠償請求を認めない立場をとっていた。それに対して、本判決は、「立法の内容又は立法不作為が国民に憲法上保障されている権利を違法に侵害するものであることが明白な場合や、国民に憲法上保障されている権利行使の機会を確保するために所要の立法措置をとることが必要不可欠であり、それが明白であるにもかかわらず、国会が正当な理由なく長期にわたってこれを怠る場合」などには、例外的に、国会議員の立法行為または立法不作為は、国家賠償法１条１項の規定の適用上、違法の評価を受けるものというべきである、とした。この立場は、前掲の在宅投票制度廃止違憲訴訟判決と異なる趣旨をいうものではないと本判決は述べるが、実質的には、国会議員の立法行為または立法不作為の違法性が認められるための要件をより具体化するとともに緩和したものと評価できよう。本件に即していえば、選挙権という「議会制民主主義の根幹を成す」重要な人権の制約が問題となっていること、ならびに、いったん提出された改正法案が廃案となった後、本件選挙の実施に至るまで10年以上の長きにわたって何らの立法措置もとられなかったことが重視されている。さらには、上告人らがこうむった精神的損害に対する損害賠償として各人に対し慰謝料5000円の支払いを命じたことについても、立法不作為の違法性を象徴するものとして、さらには救済機関としての裁判所の積極的な姿勢を評価すべきであろう。

17 地方自治

1　地方自治の本旨と地方公共団体

〔解　説〕

(1) 地方自治の本旨と地方公共団体

地方自治とは、地方の政治や事務処理を中央政府ではなく地方の団体に委ね、その決定を地方の住民の意思に基づいて行うことである。明治22［1889］年に公布された大日本帝国憲法（明治憲法）には、地方自治に関する規定は置かれず、地方に関する事項は法律により定められていた。明治憲法下では中央集権的国家が志向されていたために、地方は国の下部機関として位置づけられ、自治権は制限されていた。これに対して日本国憲法は、特別に第8章「地方自治」を設けて4か条の規定を置いた。地方自治制度は憲法的保障を受けることとなり、わが国の統治機構において重要な位置を占めることになった。

憲法92条は地方自治に関する総則的規定であり、「地方公共団体の組織及び運営に関する事項は、地方自治の本旨に基いて、法律でこれを定める」とある。「地方自治の本旨」とは地方自治に関する基本原則のことであり、その内容としては住民自治と団体自治の両方を含むと考えられている。住民自治とは、住民の意思に基づいて地方自治が行われるという民主主義的原理であり、この点をさしてイギリスのブライス（1838-1922年）は、「地方自治は民主主義の学校である」と述べている。次に、団体自治とは、地方の政治が国から独立した地方の団体に委ねられ、その団体の意思と責任のもとでなされるという自由主義的原理である。憲法92条は地方に関する事項は法律によるとするが、「地方自治の本旨」の文言が国会の立法権の限界を示すことになる。たとえば地方公共団体そのものを法律で廃止したりすれば、地方自治の基本原則に反し違憲となる。

憲法学としては、国会が法律によって作る地方の制度が「地方自治の本旨」に合致するものであるかどうか、常に吟味する必要がある。

さて、憲法92条に基づき、国会は地方自治法をはじめとする諸法を整備している。もっとも、それらによって創設された地方自治制度も「三割自治」と呼ばれたように、従来の中央集権的傾向を修正できているとはいえなかった。この点で注目されるのは「地方分権」の考えである。これは、国の役割を限定し、本来地方が担当すべき職務についての権限を国から地方に移譲するものである。国会も平成11［1999］年に地方自治法を大幅に改正し、「地方公共団体は、住民の福祉の増進を図ることを基本として、地域における行政を自主的かつ総合的に実施する役割を広く担う」（1条の2第1項）と位置づけ、「地方分権」への方向性を示している。このような「地方分権」については、どのような国の権限を地方に移譲するのか、道州制や「都」構想など受け皿となる地方公共団体の形について課題が残るものの、団体自治の具体化として評価することができよう。

(2)　地方公共団体の種類

日本国憲法下、現在では都道府県、市町村などが地方自治の団体として設けられている。もっとも、憲法は「地方公共団体」を定義しておらず、どのような団体が憲法上の地方公共団体に該当するのかについては議論が分かれている。この点につき憲法93条は、地方公共団体に議会を設置すること、地方公共団体の長、議員、その他の吏員は住民が直接選挙することを求めており、憲法上の地方公共団体の機関について一定の要件を示している。旧憲法下において府県知事が国によって任命され、国の地方機関としての性質を持っていたのと対照的である。

最高裁判所は、憲法93条にいう地方公共団体に該当するかどうかについて、法律上の地方公共団体であるだけでは十分ではなく、「事実上住民が経済的文化的に密接な共同生活を営み、共同体意識をもつているという社会的基盤が存在し、沿革的にみても、また現実の行政の上においても、相当程度の自主立法権、自主行政権、自主財政権等地方自治の基本的権能を附与された地域団体であることを必要とする」としている（最大判昭和38・3・27刑集17巻2号121頁）。このように最高裁は、地方に関する自主権能の保持を重視するが、憲法92条により法律で自主権能の具体的内容を定める以上、国会が裁量で地方公共団体の憲法的地位を左右できることになるとの批判もある。

さて、最高裁が指摘するように、法律上の地方公共団体すべてが憲法上の地方公共団体となるわけではない。特別地方公共団体である地方公共団体の組合、財産区、地方開発事業団は、憲法上の地方公共団体ではない。そこでまず、住民の生活に密着した市町村は、基礎的な地方公共団体であり、憲法上の地方公共団体である点には異論がない。また、都の特別区も、前記最高裁判決の段階では憲法上の地方公共団体ではないとされたが、現在では市町村と同様の自主権能を持ち、また長や議会の議員といった機関も公選であり、法律上も「基礎的な地方公共団体」として位置づけられていることから（地方自治法281条の2第2項）、最高裁が示した要件に合致していると見てよかろう。

この点で問題となるのは都道府県である。学説は、①憲法は地方公共団体について都道府県と市町村の二段階制を予定しており、都道府県の廃止は違憲であるとする説、②憲法は二段階制を求めているだけで具体的な団体を指定しておらず、都道府県を廃止し、より広域の道州制に再編しても合憲であるとする説、③憲法は地方公共団体の設置を求めてはいるが二段階制は求めておらず、都道府県制を廃止しても合憲であるとする説の3説に分かれる。②説が妥当であるが、将来道州制を導入するのであれば、自主権能の範囲、住民意思の反映方法など、その団体の内容が地方自治の本旨に合致するものかどうか検討が求められよう。

(3) 地方公共団体の権能

憲法94条は、地方公共団体が自らの財産を管理し、事務を処理し、行政を執行し、条例を制定することができるとしている。同条は、地方自治の本旨の一つである団体自治の内容を確認したものと理解されている。このうち、財産の管理とは、金銭や不動産などの財産を取得・利用・処分することをいい、また、事務の処理とは、ごみ処理や上下水道などの事業、道路・公園・学校などの施設管理などのサービス給付を行うことを意味する。これらは非権力的活動であり、日本国憲法制定以前にも地方に認められていた自主権能である。これに対して、行政の執行とは、戦前では国が独占してきた権力的事務を行うことであり、住民の権利を制限し、義務を課すことを内容とする。

次に憲法94条は、「法律の範囲内で条例を制定することができる」としており、地方公共団体に自主立法権を付与している。憲法上の条例には、地方議会が制定する狭義の条例のほか、長の制定する規則も、長が住民により直接選挙されるところからそれに含まれる。憲法94条の「法律の範囲内で」の意義について通説は、「法律に違反しない限りにおいて」条例を制定できる意味と理解している。この結果、法律が委任する条例のみならず、法律の委任なしに自主条例を制定することができることになる。最近では、一部の地方公共団体が自治の基本原則などを定めた自治基本条例を制定しており、注目されている。

問題となるのは、既に国が法律によって規制している事項について、地方が条例を用いてより厳しい内容の規制を課すことができるかどうかである。その典型例は、工業地帯を抱える地方公共団体が住民の健康を守るために制定する公害防止条例で、国会が制定した公害防止法よりも厳格な規制となっていた。最高裁は、徳島市公安条例事件において、同一目的であっても、国の法令が全国一律に同一規制を要求するものでなく、地方の実情に応じた別段の規制を容認する趣旨と解することができる場合、条例は法律に違反しないとしている（最大判昭和50・9・10刑集29巻8号489頁）。

もっとも憲法は、これら地方公共団体の自主権能の具体的内容までは定めてはおらず、その決定を国会の権限としている。とくに従来は、地方で処理される事務の多くが、都道府県知事や市町村長が国の委任を受けて「国の機関」として行う機関委任事務とされ、また、地方税の歳入に占める割合が低く抑えられる状況となっていた。このうち、機関委任事務は、平成11［1999］年になって地方分権一括法の制定により廃止され、国の事務を行う場合でも地方の事務として行う法定受託事務が新たに定められている。結局、今後進められる地方分権とは、このような地方公共団体の権能の実質的拡大を意味するといえよう。

〔判　　例〕

奈良県ため池条例事件――条例による財産権規制

（最大判昭和38・6・26刑集17巻5号521頁）

事　　実　奈良県は「ため池の保全に関する条例」を公布し、ため池の破損、決かい等に因る災害を未然に防止する目的（同1条）のため、「ため池の堤とうに竹木若しくは農作物を植え、又は建物その他の工作物……を設置する行為」を禁止し（同4条2号）、その違反者に対しては3万円以下の罰金を科すことにした（同9条）。被告人（X）等は、同条例制定後も県下唐古池堤において引き続き耕作を続け、同条例違反で起訴された。第1審葛城簡易裁判所はX等を罰金刑に処したが、第2審大阪高等裁判所は、私有地である堤地に対する個人の権利の内容に条例で規制を加えることは、「財産権の内容は、公共の福祉に適合するやうに、法律でこれを定める」とする憲法29条2項に違反するとして、無罪とした。これに対して検察側が上告したのが本件である。

判　　旨　破棄差戻

ため池の堤とうを使用する財産上の権利を有する者は、本条例1条の示す目的のため、その財産権の行使をほとんど全面的に禁止されることになるが、それは災害を未然に防止するという社会生活上のやむをえない必要からくることであって、ため池の堤とうを使用する財産上の権利を有する者は何人も、公共の福祉のため、当然これを受忍しなければならない責務を負うというべきである。ため池の破損、決かいの原因となるため池の堤とうの使用行為は、憲法でも、民法でも適当な財産権の行使として保障されていないものであって、憲法、民法の保障する財産権の行使の埒外（らちがい）にあるものというべく、したがって、これらの行為を条例をもって禁止、処罰しても憲法および法律に抵触またはこれを逸脱するものとはいえない。

コメント　　条例が憲法に違反できないことは当然である。憲法81条の司法審査権の対象には「一切の法律、命令、規則または処分」とあるが、条例に審査権が及ぶことにも異論はない（最判昭和62・3・3刑集41巻2号15頁）。事実、条例内容の合憲性が問われた事件は多く、美観風致維持のためのビラ貼り規制が表現の自由の侵害となるかが問題となった大阪市屋外広告物条例事件（最大判昭和43・12・18刑集22巻13号1549頁）、法律を上回るデモ行進の規制が許されるかが争われた徳島市公安条例事件（最大判昭和50・9・10刑集29巻8号489頁）、公共の場所での暴走族の集会を規制する条例が集会の自由を侵害しないかが問題となった広島市暴走族追放条例事件（最判平成19・9・18刑集61巻6号601頁）など重要判例もある。

さて本判決では、財産権規制を条例によって行えるかどうかが争われた。財産取引が全国的に行われることなどから、当初は条例による財産権規制を否定する説もあったが、本判決は合憲と結論している。しかし判決は、ため池の堤の使用が、そもそも「憲法でも、民法でも適法な財産権の行使として保障されていない」として、権利濫用の法理を中心に論じており、条例による財産権規制を論点としていないようにも読める。むしろ現在では、条例が住民代表機関である地方議会の議決によって制定されることから、国会が制定する法律と同様の民主的性格を認めて規制の根拠と考えるのが通説となっている。実際、地方公共団体の行っている土地利用規制の多くが条例を根拠としている。もっとも、財産権保障の観点からは、条例による規制が権利の全面的はく奪となる場合には、法律の根拠が必要であるとみなすべきであろう。

同様の論点は、法律によらない刑罰を禁止する憲法31条との関連で、条例違反に対する罰則を設ける際のその合憲性の問題として現れる。最高裁は、大阪市売春取締条例事件において、法律の授権によって法律以下の法令によって刑罰を科すことができるとし、地方議会の制定する条例が国会の制定する法律に類するとして、法律による授権が相当程度具体的であればよいとした（最大判昭和37・5・30刑集16巻5号577頁）。現在の地方自治法14条3項は、条例の罰則について2年以下の懲役・禁錮、100万円以下の罰金、拘留、科料、没収または5万円以下の過料を定めており、条例の実効性を担保している。

さらに、憲法84条が租税法律主義を定めており、地方公共団体が条例に基づいて地方税を賦課できるかどうかも議論の余地がある。この点について通説は、憲法94条の「行政の執行」に権力的処分である課税が含まれるとし、さらに、条例による課税には租税法律主義の目的である課税への民主的統制が担保されており、条例は法律に準ずると解している。また、最高裁判所も、「普通地方公共団体は，地方自治の不可欠の要素として，その区域内における当該普通地方公共団体の役務の提供等を受ける個人又は法人に対して国とは別途に課税権の主体となることが憲法上予定されている」と示している（神奈川県臨時特例企業税事件〔最一小判平成25・3・21〕）。

2　住民の権利

〔解　　説〕

(1)　憲法上の住民の権利

①　選挙権（憲法93条２項）　地方自治の本旨は、住民自治と団体自治を内容とする。このうち住民自治は、地方公共団体の政治についての最終決定権を住民が持つものである。住民こそが地方自治の主体であることから、住民の権利が具体的にどのような内容で保障されているかが問われる。まず、憲法93条２項は、住民は、地方公共団体の長、議会の議員、法律の定めるその他の吏員を直接選挙できるとしている。国会議員の選挙に関する規定（憲法43条１項、44条）には存在しない「直接これを選挙する」との文言があり、直接選挙を明示することで住民自治の趣旨を明確にしている。このような選挙権は、住民自治を具体化するものであり、住民の重要な権利となる。

しかし、憲法には肝心の「住民」の定義規定がない。地方自治法においては、住民を当該地方公共団体の区域内に住所を有する者（同10条）としている。つまり、適法に３か月を超えて在留し区域内に住所を有する外国人、また区域内に登記された企業などの法人も、地方自治法上の住民として「その属する普通地方公共団体の役務の提供をひとしく受ける権利を」享受できることになる（同法10条２項）。他方、地方自治法は、地方公共団体の選挙権、直接請求権を有する者として「日本国民である住民」に限定している（同11条、12条、13条）。最高裁判所も、憲法93条２項のいう「住民」について、「地方公共団体の区域内に住所を有する日本国民を意味する」としている（後掲、〔判例〕外国人の地方選挙権を参照）。もっとも、同判決において最高裁判所は、「我が国に在留する外国人のうちでも永住者等であってその居住する区域の地方公共団体と特段に緊密な関係を持つに至ったと認められるものについては」、法律によって地方公共団体の長、議会の議員に対する選挙権を付与する措置を講じても、違憲ではないとしている。

②　憲法上の住民投票（憲法95条）　憲法95条は、「一の地方公共団体のみに適用される特別法」について住民による投票を定める。そもそも憲法41条は、

「国会は、……国の唯一の立法機関である」としており、国会単独立法を定める。しかし、憲法59条1項は「法律案は、この憲法に特別の定のある場合を除いては、両議院で可決したとき法律となる」としており、95条の手続がその「特別の定(め)」となる。このような地方特別法とは、特定の地方公共団体の組織、運営、権能、権利、義務についての特例を定める法律とされる。そのような法律が特定の地方公共団体の不平等扱いとなる危険がある場合、95条は住民に直接の決定権を与えたことになり、まさに住民自治の具体化といえる。これまでに昭和24〔1949〕年の広島平和記念都市建設法、長崎国際文化都市建設法など16の地方特別法が制定されている。もっとも、これらの法律はすべて国が特別の財政援助を与えることを目的としており、95条手続の趣旨に合致するものかどうか疑問が残る。そもそもどのような法律が地方特別法なのかの判定は難しく、95条手続を用いるか否かについての判断も国会に委ねられていることもあり、昭和27〔1952〕年の伊東国際観光温泉文化都市建設法改正法案への投票を最後に利用されていない。むしろ同条項の意義は、地方自治に関して憲法が間接民主制に加えて直接民主制の採用を宣言している点に認められる。

(2) 法律上の住民の権利

地方自治法は、憲法が保障する住民自治を具体化するため、いくつかの直接民主制度を設けている。この種の制度により住民は、新たな条例の制定を求め、長や議員の解職を要求でき、公金の無駄づかいをただすことができる。直接民主制度は選挙等の間接民主制度を補完するものであり、特定の問題に関して長や議員の活動が住民意思と乖離した場合に有効に利用されることになる。

① **直接請求権** 直接請求には、まず、①条例の制定改廃請求権(地方自治法12条1項)、②事務の監査請求権(同法12条2項)があり、これらは日本国民である有権者の50分の1以上の署名が必要となる。次に、③議会の解散請求権(同法13条)、④議員、長、主要公務員の解職請求権(同法13条2項、同条3項)がある。これらには、日本国民である有権者の3分の1以上の署名が求められる(有権者数が40万人を超える場合にはその要件を緩和する特例がある)。条例の制定改廃は最終的には公選の議員により構成された議会が決定し、事務監査請求の結論に住民は異議を申し立てられない。また、議会の解散と議員、長の解職について

は、要件を満たして請求が成立したのち、解散、解職を行うかどうかの住民投票によって決定される。

② **住民投票**　住民投票は、地方に関わる特定の問題について、住民が直接投票することで最終的な決定を行う直接民主制の制度の一つである。前述の憲法95条の地方特別法に関する住民投票、地方自治法上の直接請求に関わる住民投票、市町村合併特例法において合併協議会設置に係る住民投票、および大都市地域における特別区の設置に関する法律に基づく住民投票がある。これらは、全国一律に「日本国民である住民」が行使しうる住民投票権である。

近時注目されているのは、個々の地方公共団体が条例によって設ける住民投票制度である。平成８［1996］年に行われた新潟県巻町（現新潟市）の原子力発電所建設をめぐる住民投票がはじめての例であり、反対票が賛成票を上回った結果、建設が中止された。さらに、同年の沖縄県の在日米軍基地の整理縮小に関する住民投票、翌年の岐阜県御嵩町の産業廃棄物処理施設建設の是非を問う住民投票なども、大差で住民の意思が示されている。近年では、いわゆる平成の大合併に関して市町村合併の是非を問う住民投票が目立っており、さらに、重大問題に関してその都度条例を制定しなくても住民投票が実施できる制度を常設する地方公共団体も増えている。もっとも、この種の条例に基づく住民投票の結果に、長や議会が拘束されるかどうか議論が分かれている。下級審ではあるが、条例に基づく住民投票結果を諮問的なものとし、法的拘束力を否定した判決がある（那覇地判平成12・５・９判時1746号122頁）。なお、これら条例に基づく住民投票制度では、投票権を日本国民である有権者だけではなく、住民である16歳以上の未成年者や在留外国人にも認めた地方公共団体がある。

③ **住民監査請求、住民訴訟**　住民監査請求は、国籍、年齢を問わず地方自治法上の住民であれば１人で、財務会計上の違法・不当な作為、不作為を対象として、監査委員に監査を求めることができる制度である（地方自治法242条）。監査請求をした住民は、監査結果あるいは監査に基づく措置に不満がある場合、裁判所に訴訟を提起できる。これが住民訴訟である。監査や住民訴訟の結果、無駄な支出等が是正され、責任ある職員に弁償義務が生じる。

地方公共団体の活動の多くに金銭の支出、収入が関連しており、住民は不満のある政策について監査を求め、住民訴訟を提起する機会を得ている。同様に

「違法」には憲法違反も含まれるため、政教分離に関する重要判例である津地鎮祭訴訟（最大判昭和52・7・13民集31巻4号533頁）や愛媛県玉串料訴訟（最大判平成9・4・2民集51巻4号1673頁）などの憲法訴訟の契機ともなっている。住民監査請求、住民訴訟の手続を用いて、官官接待やカラ出張、ヤミ手当などが違法とされ、また、多くの談合事件で首長が談合企業に対して損害賠償を行わないことの違法確認判決が確定した結果、地方公共団体に企業から巨額の賠償金が支払われている。地方における住民監査請求、住民訴訟の手続は、地方分権の流れの中で今後重要度を増すと考えられる。

〔判　　例〕

外国人の地方選挙権　（最判平成7・2・28民集49巻2号639頁）

事　　実　原告は、日本生まれで永住資格（特別永住者）を持つ在日韓国人であり、①憲法15条1項の「国民」に定住者が含まれ、②憲法93条2項の「住民」には定住者を含む居住者が含まれるため、定住外国人に地方公共団体における選挙権が認められるとして、大阪市選挙管理委員会に対して選挙人名簿への登録を求めた。原審は①憲法15条の「国民」は「日本国籍を有する者」に限られるので、定住外国人には公務員を選定、罷免する権利は認められない、②憲法93条2項の「住民」と憲法15条1項の「国民」とは別個の概念としてとらえるのは適切ではなく、統一的に理解すべきであり、憲法93条2項の「住民」は、日本「国民」であることが前提となっている、として日本国籍を有しない定住外国人には地方公共団体についての選挙権は認められないとした。

判　　旨　原審維持、上告棄却

①主権が「日本国民」に存するものとする憲法前文および1条の規定に照らせば、憲法の国民主権の原理における国民とは、日本国民すなわちわが国の国籍を有する者を意味することは明らかである。

②公務員を選定罷免する権利を保障した憲法15条1項の規定は、権利の性質上日本国民のみをその対象とし、同規定による権利の保障は、わが国に在留する外国人には及ばないものと解するのが相当である。

③国民主権の原理およびこれに基づく憲法15条1項の規定の趣旨にかんがみ、地方公共団体がわが国の統治機構の不可欠の要素を成すものであることをもあわせ考えると、憲法93条2項にいう「住民」とは、地方公共団体の区域内に住所を有する日本国民を意味するものと解するのが相当であり、同規定は、わが国に在留する外国人に対して、地方公共団体の長、その議会の議員等の選挙の権利を保障したものということはできない。

④もっとも、憲法第8章の地方自治に関する規定は、民主主義社会における地方自治の重要性にかんがみ、住民の日常生活に密接な関連を有する公共的事務は、その地方の住民の意思に基づきその区域の地方公共団体が処理するという政治形態を憲法上の制度として保障し

ようとする趣旨に出たものと解される。このため、わが国に在留する外国人のうちでも永住者等であってその居住する区域の地方公共団体と特段に緊密な関係を持つに至ったと認められるものについて、その意思を日常生活に密接な関連を有する地方公共団体の公共的事務の処理に反映させるべく、法律をもって、地方公共団体の長、その議会の議員等に対する選挙権を付与する措置を講ずることは、憲法上禁止されているものではない。

コメント　地方公共団体の選挙に関して外国人の選挙権を認めるかどうかについて、学説は、①外国人への選挙権付与は憲法上禁止されており、選挙権付与は違憲とするもの（禁止説）、②外国人への選挙権は憲法上要請されており、現行の地方自治法、公職選挙法は立法不作為であり違憲とするもの（要請説）、③憲法上禁止も要請もされておらず、立法によって外国人への選挙権を容認することができるとするもの（許容説）の3説に分かれていた。初期には①の禁止説が多数であったが、近時は③の許容説が有力となり、本判決が最高裁として許容説を採用したことにより、一定の外国人に関して選挙権付与に道を開いたことになる。

もっとも本判決にも法論理上の問題がある。**判旨**①②において憲法93条2項の「住民」とは「日本国民を意味する」と明言しながら、一転して、**判旨**④において外国籍の者に選挙権を付与するか否かを立法裁量としている点に矛盾がある。むしろ、国民に公務員の選定罷免権を付与した憲法15条1項を一般規定とし、外国人を含む「住民」に長、議員その他の吏員の選挙権を付与した憲法93条2項を特別規定と考え、憲法92条が地方選挙権の具体的な内容に関する立法裁量を国会に付与したとするほうが自然であろう。

さらに、地方公共団体の選挙権の内容設定に立法裁量が認められるとしても、その範囲が広範囲である点を確認すべきである。まず、最高裁が限定する「永住者等」の範囲が問題となる。令和5［2023］年6月現在、地方自治法上「住民」として取り扱われている在留外国人は3,223,858人、そのうち「永住者」としては、原則10年以上定住している一般永住者が880,178人、韓国・朝鮮、台湾など旧植民地関連の特別永住者も284,807人にのぼる。次に、選挙権以外に被選挙権（立候補する権利）も外国人に認めるのか。さらに、外国人に選挙権が認められるのがすべての地方公共団体なのか、住民の生活に密着した市町村のみなのか。選挙される対象として長と議員を区別して取り扱うべきなのか等、課題は多い。最高裁は、「右のような措置を講ずるか否かは、専ら国の立法政策にかかわる事柄であって、このような措置を講じないからといって違憲の問題を生ずるものではない」としている。最高裁判決から30年近くが経過しており、国会の動向が注目される。

18 平和主義

1 戦争の放棄と戦力の不保持

〔解　説〕

未曽有の惨禍をもたらした二度の世界大戦を経て、国際社会は平和の実現・維持へ向けた取組みを進めてきた。第一次世界大戦後1928年に締結された不戦条約は、自衛と制裁のためのものを除き戦争を違法化し、その後、第二次世界大戦を経て成立した国際連合憲章は、戦争はおろか武力行使をも原則として違法化し、自衛権の行使でさえ[1)]、武力攻撃発生時に安全保障理事会が国際の平和および安全の維持に必要な措置をとるまでの間になされるものに限り違法性が阻却されるという枠組みを構築した。とはいえ、国際連合憲章とて武力行使を全面的に違法化するものではなく、自国の憲法において軍事力の行使を制約しようとする国々もあらゆる戦争を放棄しているわけではない。このことにかんがみれば、侵略のためのものに限らず「戦争と、武力による威嚇又は武力の行使」を永久に放棄すると宣言し、戦力の不保持と交戦権の否認を定める日本国憲法９条は、異色である。もっとも、憲法が自衛のための戦争ないし武力行使をも放棄しているか否かについては、これまで激しい論争がなされてきた。

1)　自衛権（個別的自衛権）とは、「急迫または現実の不正な侵害に対して、国家が自国を防衛するためにやむを得ず行う一定の実力行使の権利」である（高見勝利「戦争の放棄」芦部信喜監修『注釈憲法⑴』［有斐閣、2000年］372頁）。従来の政府解釈は、自衛権の行使が正当化されるには、①わが国に対する急迫不正の侵害があること、②この場合にこれを排除するためにほかの適当な手段がないこと、③必要最小限度の実力行使にとどまるべきことという要件が充足されなければならないとしてきた（『防衛白書　平成25年度版』101頁）。

〔判　　例〕

長沼事件――戦争放棄・戦力不保持　（札幌地判昭和48・9・7判時712号24頁）

事　　実　昭和41［1966］年に行われた閣議決定に基づく第三次防衛力整備計画の実施に伴い、北海道夕張郡長沼町に航空自衛隊の地対空ミサイル基地が建設されることになった。昭和44［1969］年、農林大臣（当時）が、上記基地建設のため基地建設予定地上の水源涵養保安林の保安林指定解除処分を行ったところ、住民らが、憲法9条に反して自衛隊基地を建設する本件のような場合においては、保安林指定解除処分を行ううえで必要な「公益上の理由」（森林法26条2項）が存在しないとして、農林大臣を被告とし、当該処分の取消しを求める訴訟を提起した。

判　　旨　憲法9条1項により、「国際紛争を解決する手段として放棄される戦争とは、不法な戦争、つまり侵略戦争を意味する。……本条項では、未だ自衛戦争、制裁戦争までは放棄していない。」

憲法9条2項冒頭の「『前項の目的』とは、第1項を規定するに至つた基本精神、つまり同項を定めるに至つた目的である『日本国民は、正義と秩序を基調とする国際平和を誠実に希求（する)』という目的を指す。この『前項の目的』なる文言を、たんに第1項の『国際紛争を解決する手段として』のみに限定して、そのための戦争、すなわち、不法な戦争、侵略戦争の放棄のみの目的と解すべきではない。」

憲法9条2項によって保持が禁止される「『陸海空軍』は、通常の観念で考えられる軍隊の形態であり、あえて定義づけるならば、それは『外敵に対する実力的な戦闘行動を目的とする人的、物的手段としての組織体』であるということができる。……このようにして、本項でいつさいの『戦力』を保持しないとされる以上、軍隊、その他の戦力による自衛戦争、制裁戦争も、事実上おこなうことが不可能となつたものである。」

「自衛隊の編成、規模、装備、能力からすると、自衛隊は明らかに『外敵に対する実力的な戦闘行動を目的とする人的、物的手段としての組織体』と認められるので、軍隊であり、それゆえに陸、海、空各自衛隊は、憲法第9条第2項によつてその保持を禁ぜられている『陸海空軍』という『戦力』に該当するものといわなければならない。そしてこのような各自衛隊の組織、編成、装備、行動などを規定している防衛庁設置法（昭和29年6月9日法律第164号)、自衛隊法（同年同月同日法律第165号）その他これに関連する法規は、いずれも同様に、憲法の右条項に違反し、憲法98条によりその効力を有しえないものである。」

コメント　　本判決は、自衛隊が「戦力」に該当し違憲であると判示するにあたり、憲法9条全体の意味内容を以下のように明らかにしている。

まず9条1項につき、本判決は、同条項は自衛戦争および制裁戦争を放棄するものではないとする。学説上は、9条1項はあらゆる戦争を放棄する趣旨のものであるとする見解もあるが、本判決は、①いっさいの戦争を放棄する趣旨であるなら、あえて「国際紛争を解決する手段として」という文言を挿入する必要がないこと、②国際法上の用語法によれば、自衛戦争および制裁戦争は「国際紛争を解決する手段として」の戦争に含まれないことを理由に、この見解をしりぞけている。なお、以上の理由づけに対しては、①自衛戦争も制裁戦争も当事国間の対立を解決する手段として行われる点では「国際紛争を解決する手段」としての戦争にほかならない、②戦争は自衛目的のものと称して行われることが通例であるため、侵略戦争と自衛戦争を峻別することは実際上困難である、③許容されうる戦争が存在するというなら、本来あるはずの宣戦布告等に関する規定を憲法が持たないことの説明に窮する等の批判がある。

次に9条2項につき、本判決は、同条項が「正義と秩序を基調とする国際平和を誠実に希求」するためにいっさいの戦力を保持しないと定めた結果、あらゆる戦争が遂行不可能になったとする。学説上は、9条2項冒頭の「前項の目的」とは「国際紛争を解決する手段として」の戦争を放棄することであると解釈したうえで、自衛戦争遂行のための戦力は保持しうるとする見解もあるが、本判決はこの見解を採用していない。その理由として、①戦争遂行が可能であるという解釈は憲法前文の趣旨に合致しないばかりか現行憲法の成立経緯にも反すること、②戦争遂行が可能であるという解釈は、9条2項が交戦権を無条件に否認していることと相容れないこと、③いっさいの戦争が遂行不可能であるという前提に立脚しているからこそ、憲法は宣戦布告、講和等に関する規定を有していないと解されること、があげられている。

本判決によれば、憲法は9条2項においていっさいの戦力の保持を禁じているが、国家に固有の自衛権そのものを放棄してはいないとされる。もっとも本判決は、警察力を超える実力である戦力を用いて自衛権を行使することは許されず、武力攻撃を未然に回避するための外交交渉、国内治安の維持を目的にする警察力による侵害排除、武装した民衆の蜂起等による自衛権行使のみが許されるとする。とはいえ、武力攻撃の発生を抑止し、これに対処しうるだけの実力がなければ、平和を維持することは困難である。この現実を直視すれば、警察力を超えて自衛のために必要な最小限度の実力を保持できるとする政府解釈にも一理ある。政府解釈はこれまで、①主権国家固有の自衛権は憲法9条によっても否定されていないこと、②憲法前文の「平和のうちに生存する権利」や憲法13条の生命・自由・幸福追求に対する国民の権利を保護すべきことを根拠にして、戦力に至らない程度の「自衛のための必要最小限度の実力」として自衛隊を保持し、自衛のための必要最小限度の武力の行使を行うことは憲法上許容されるとしてきた（『防衛白書　令和5年版』194頁）。しかしながら、このような現実主義に対しては、憲法9条が「一切の戦争・戦力の否定を定めているのだとすれば、それは、国際法上みとめられる自衛権を憲法によってあえて放棄したものと解すべき」ではないかとする批判もある[2)]。

このように、憲法前文および9条は多義的に解釈できるため、司法審査において依拠すべき明確な基準を見出しがたい。本件控訴審判決は、後述する砂川事件最高裁判決同様の変則的な統治行為論を適用して自衛隊法を合憲とするにあたり、憲法9条2項前段が「一義的に明確な規定と解することができない」ことを根拠にしている。このことは、本件第1審判決が憲法前文および9条は内容の「明確な法規範を定立している」と述べて統治行為論を適用せず違憲判決を下したことと、きわめて対照的である。

〔判　　例〕

砂川事件――戦力不保持・駐留米軍（最大判昭和34・12・16刑集13巻13号3225頁）

事　　実　昭和30［1955］年に内示された米軍立川飛行場拡張計画に基づき、国が、昭和32［1957］年に拡張工事のための測量を開始したところ、上記計画に反対する労働組合員、学生、市民ら1000名以上の者が抗議活動を行い、その中の一部の者が飛行場境界柵を破壊し、飛行場内に立ち入った。この行為が「日本国とアメリカ合衆国との間の安全保障条約第3条に基づく行政協定に伴う刑事特別法」（当時）2条に違反するとして逮捕、起訴された被告人らが、同法の合憲性を争ったところ、第1審判決においては、米軍の駐留は憲法9条2項に違反しており、したがって駐留米軍の使用する施設または区域を侵した者に軽犯罪法所定の刑罰よりも重い刑罰を科す前記刑事特別法の規定は憲法31条に反するとして、無罪判決が言い渡された。これに対し検察側が跳躍上告を行った。

判　　旨　憲法9条は、「いわゆる戦争を放棄し、いわゆる戦力の保持を禁止しているのであるが、しかしもちろんこれによりわが国が主権国として持つ固有の自衛権は何ら否定されたものではなく、わが憲法の平和主義は決して無防備、無抵抗を定めたものではないのである。憲法前文にも明らかなように、われら日本国民は、平和を維持し、専制と隷従、圧迫と偏狭を地上から永遠に除去しようとつとめている国際社会において、名誉ある地位を占め

---

2)　樋口陽一『憲法Ⅰ』（青林書院、1998年）438頁。さらに同書451頁は、「平和的生存権は、平和的手段によって平和状態を維持・享受する権利と解されるべきである」とし、「平和状態での生存を享受するため軍事的措置をとることまでをも平和的生存権に根拠づける見解」を批判する。

ることを願い、全世界の国民と共にひとしく恐怖と欠乏から免かれ、平和のうちに生存する権利を有することを確認するのである。しからば、わが国が、自国の平和と安全を維持しその存立を全うするために必要な自衛のための措置をとりうることは、国家固有の権能の行使として当然のことといわなければならない。すなわち、われら日本国民は、憲法9条2項により、同条項にいわゆる戦力は保持しないけれども、これによつて生ずるわが国の防衛力の不足は、これを憲法前文にいわゆる平和を愛好する諸国民の公正と信義に信頼することによつて補ない、もつてわれらの安全と生存を保持しようと決意したのである。そしてそれは、必ずしも原判決のいうように、国際連合の機関である安全保障理事会等の執る軍事的安全措置等に限定されたものではなく、わが国の平和と安全を維持するための安全保障であれば、その目的を達するにふさわしい方式又は手段である限り、国際情勢の実情に即応して適当と認められるものを選ぶことができることはもとよりであつて、憲法9条は、わが国がその平和と安全を維持するために他国に安全保障を求めることを、何ら禁ずるものではないのである。」

憲法9条2項が「保持を禁止した戦力とは、わが国がその主体となつてこれに指揮権、管理権を行使し得る戦力をいうものであり、結局わが国自体の戦力を指し、外国の軍隊は、たとえそれがわが国に駐留するとしても、ここにいう戦力には該当しないと解すべきである。」

日米安全保障条約は、「主権国としてのわが国の存立の基礎に極めて重大な関係をもつ高度の政治性を有するものというべきであつて、その内容が違憲なりや否やの法的判断は、その条約を締結した内閣およびこれを承認した国会の高度の政治的ないし自由裁量的判断と表裏をなす点がすくなくない。それ故、右違憲なりや否やの法的判断は、純司法的機能をその使命とする司法裁判所の審査には、原則としてなじまない性質のものであり、従つて、一見極めて明白に違憲無効であると認められない限りは、裁判所の司法審査権の範囲外のものであつて、それは第一次的には、右条約の締結権を有する内閣およびこれに対して承認権を有する国会の判断に従うべく、終局的には、主権を有する国民の政治的批判に委ねらるべきものであると解するを相当とする。」

コメント　本件における中心的な争点は、米軍の駐留が憲法9条2項の禁止する戦力の保持にあたるかという点である。本判決は、わが国の指揮・管理権の及ばない米軍のような軍隊を国内に駐留させてもわが国が戦力を保持することにはならず、米軍の駐留は許されるとした。とはいえ、本件第1審判決が「合衆国軍隊の駐留は一面わが国政府の行為によるもの」と指摘するように、在日米軍はわが国が主体的に締結した日米安保条約に基づきわが国の防衛を任務の一つとして駐留している以上、わが国の指揮・管理権に服さない米軍を駐留させてもわが国が戦力を保持することにはならないとする論理は説得力に欠けよう。本判決もさらに進んで米軍駐留の根拠である日米安保条約の合憲性を問題にしている。

本判決は、同条約は「わが国の存立の基礎に極めて重大な関係をもつ高度の政治性を有するもの」であるため、「一見極めて明白に違憲無効であると認められない限りは、裁判所の司法審査権の範囲外のもの」であるとする。こう述べたうえで、本判決は、同条約は憲法９条、98条２項および前文の趣旨に適合しており、「違憲無効であることが一見極めて明白であるとは、到底認められない」としている。本判決は、「一見極めて明白に違憲」とはいえないと述べて日米安保条約を合憲と判断しており、高度の政治性を有する国家行為をそもそも司法審査の対象外とする統治行為論そのものに依拠したものではない。この点は、日米安保条約の締結は統治行為に属し、その合憲性は「裁判所の審査権の埒外」であるとする藤田・入江両裁判官補足意見と対照的である。

たしかに、裁判所が政治部門の判断に一定の配慮を示さなければならない場合、または裁判所が問題の事柄について判断できるほど十分な情報に接しえず、もしくは自信をもって依拠すべき判断基準が欠けている場合には、政治部門の裁量が尊重されるべきである[3)]。とはいえ、安全保障のような「わが国の存立の基礎に極めて重大な関係をもつ高度の政治性を有する」事柄であるからといって安易に政治部門の裁量を尊重すれば、憲法９条の規範性を損なうことになりかねない。安全保障法制の合憲性はこのことに留意しつつ慎重に検討されなければならない。

なお、政府は、平成26［2014］年７月１日閣議決定（以下、「平成26年閣議決定」と略記する。）において、憲法は限定的な形での集団的自衛権の行使を許容しているとする新政府解釈を示し[4)]、そのなかで、本判決のいう、わが国が当然とりうる「自国の平和と安全を維持しその存立を全うするために必要な自衛のための措置」には、限定的な形での集団的自衛権の行使が含まれるとした[5)]。しかしながら、本判決は、武力攻撃からわが国を防衛する任務を負う米軍を国内に駐留させることはわが国がとりうる「自衛のための措置」の１つであって憲法９条２項に違反しないという判断を示したものであって、集団的自衛権の行使の合憲性に関する判断を示したものではない。本判決を集団的自衛権の行使

3）佐藤幸治『日本国憲法論〔第２版〕』（成文堂、2020年）694-700頁参照。

4）平成26［2014］年７月１日閣議決定「国の存立を全うし、国民を守るための切れ目のない安全保障法制の整備について」参照。

が憲法上許容されうることの根拠として援用することには無理があろう。

2　政府解釈の変容と集団的自衛権

〔解　　説〕

わが国の安全保障法制は、平和安全法制整備法および国際平和支援法（以下、「平和安全法制」と略記する）の制定を契機に様変わりしつつある。この動向の中で最も注目を集めたのは、存立危機事態、すなわち「我が国と密接な関係にある他国に対する武力攻撃が発生し、これにより我が国の存立が脅かされ、国民の生命、自由及び幸福追求の権利が根底から覆される明白な危険がある事態」における集団的自衛権の行使が可能になったことである（自衛隊法76条１項２号・88条、事態対処法２条・９条）。

従来の政府解釈は、「自国と密接な関係にある外国に対する武力攻撃を、自国が直接攻撃されていないにもかかわらず、実力をもって阻止する権利」である集団的自衛権を行使して、「わが国が直接攻撃されていないにもかかわらず他国に加えられた武力攻撃を実力で阻止することは、憲法第９条の下で許容される実力の行使の範囲を超えるものであり、許されない」とし（『防衛白書平成25年度版』101頁）、その容認には憲法改正を要するとしてきた[6)]。というのも、憲法は「自国の平和と安全を維持しその存立を全うするために必要な自衛の措置をとること」を禁じていないが、「平和主義をその基本原則とする憲法が、右にいう自衛のための措置を無制限に認めているとは解されない」ため、武力行使は、「あくまで外国の武力攻撃によって国民の生命、自由及び幸福追求の

5）　首相官邸 HP「『なぜ』、『いま』、平和安全法制か？」、「新三要件の従前の憲法解釈との論理的整合性等について」参照。なお、安倍晋三内閣総理大臣の設置した「安全保障の法的基盤の再構築に関する懇談会」は、安全保障法制に関する提言をまとめた平成26年５月15日の報告書（以下、「安保法制懇報告書」と略記する）の中で、「憲法第９条によって自衛権は否定されておらず、我が国が自国の平和と安全を維持しその存立を全うするために必要な自衛のための措置を採り得ることは国家固有の権利の行使として当然である」とした点において本判決には大きな意義があるとし、本判決は、「我が国が持つ固有の自衛権について集団的自衛権と個別的自衛権とを区別して論じておらず、したがって集団的自衛権の行使を禁じていない」としている（５頁）。

6）　第98回国会衆議院予算委員会議録第12号28頁（昭58・２・22［角田禮次郎内閣法制局長官による答弁］）参照。

権利が根底からくつがえされるという急迫、不正の事態に対処し、国民のこれらの権利を守るための止むを得ない措置としてはじめて容認され」、上記「事態を排除するためとられるべき必要最小限度の範囲にとどまるべきもの」だからである[7)]。しかしながら、政府は平成26年閣議決定においてこの立場を改め、存立危機事態における集団的自衛権の行使は憲法上許容されるとした。もっとも、政府によれば、新政府解釈は、もっぱら他国を防衛するための集団的自衛権の行使を認めるものではなく、あくまで、「他国に対する武力攻撃」にわが国が「武力を用いた対処をしなければ、国民に我が国が武力攻撃を受けた場合と同様な深刻、重大な被害が及ぶことが明らかである」場合に限り、自衛の措置として集団的自衛権の行使を認めるものであって、憲法は自衛の措置をとることを禁じていないとする従来の政府解釈の「基本的な論理の枠」を超えるものではないとされる[8)]。とはいえ、従来の政府解釈のもとでの「わが国に対する急迫不正の侵害があること」という自衛権発動要件と比べると、新政府解釈のそれが曖昧不明確であることは否めず[9)]、実際の集団的自衛権の行使が真にわが国を防衛するためのものか否かを判断することには困難が伴う。

〔判　　例〕

安保法制違憲事件——集団的自衛権

（仙台高判令和５・12・５裁判所 HP 参照［令和４（ネ）80］）

事　　実　平成26年閣議決定と、そこに示された方針を具体化した平和安全法制に基づき、自衛隊の任務や活動の範囲が拡充されることになった。これによりわが国が他国の戦争に巻き込まれたりテロの対象とされたりして、生命、身体および財産の侵害される危険性が惹起されたと主張する戦争被害者等が、平和安全法制の立法等により平和的生存権、人格権等を侵害されたとして国家賠償請求訴訟を提起した。第１審判決は、「国賠法１条１項に基づく損害賠償請求が認められるためには、当該個別の国民の具体的な権利又は法的利益が侵害さ

7）「集団的自衛権と憲法との関係に関する政府資料」（昭和47［1972］年10月14日参議院決算委員会提出資料）参照。

8）首相官邸 HP「『なぜ』、『いま』、平和安全法制か？」、「新三要件の従前の憲法解釈との論理的整合性等について」参照。

9）新政府解釈は、自衛の措置としての武力行使が許容されるための要件として、①わが国に対する武力攻撃が発生したこと、又はわが国と密接な関係にある他国に対する武力攻撃が発生し、これによりわが国の存立が脅かされ、国民の生命、自由及び幸福追求の権利が根底から覆される明白な危険があること、②これを排除し、わが国の存立を全うし、国民を守るために他に適当な手段がないこと、③必要最小限度の実力を行使することをあげる（『防衛白書　令和５年版』194頁）。

れたことを要するものと解されるから、このような権利侵害が認められない場合においては、違憲立法審査権を行使するべきではない」と述べたうえで、平和安全法制の立法等により原告らの具体的な権利または法的利益は侵害されていないとして請求を棄却した。

判　旨　平和安全法制により「我が国が他国の戦争に巻き込まれたり、テロの対象とされたりする危険性が高まることは否定できないと考えられ、これにより国民の生命、身体及び財産が侵害される危険性が高まることも、一般的抽象的な可能性として否定できない」が、「このような危険性が高まるということは、必ずしも、生命・身体の安全が侵害される具体的危険の発生が、現時点において客観的に予見可能であるというものではなく、この観点から見れば、直ちに国家賠償法上の違法性を裏付けるものとはいえない。」とはいえ、「平和主義を基本理念とする憲法の下において、仮に原告らの主張するように、戦争放棄や平和主義の理念に反する違憲性の明白な憲法解釈の変更が、憲法改正の手続によらずに行われたとすれば、憲法の平和主義の理念に反する違憲性の明白な侵害行為によって生ずる生命・身体の安全に対する危険性を国民が甘受すべき理由はなく、また、そのような武力の行使に関していったん政府が具体的な行為をとれば、多くの国民に重大かつ回復不能の被害が発生する危険性が生ずるおそれがあるといえるから、このような場合には、違憲性の明白な行為によって生ずる可能性があるそのような重大な危険を未然に防止する必要性も高いといえる。したがって、閣議決定による憲法解釈の変更と平和安全法制について、憲法の平和主義の理念や憲法９条の戦争放棄の規定に反する違憲性が明白であれば、明白な憲法違反の行為によって平和が脅かされた場合における国民の生命・身体の安全に対する危険が重大かつ回復不能なものとなることも踏まえ、具体的な政府の行為による結果の発生を確実に予測できない場合でも、侵害行為の態様と侵害される利益の性質を相関的に考慮して、違法な権利利益の侵害になり得ると解するのが、国家賠償法１条１項の違法性の判断の在り方として相当である。」

「平成26年閣議決定と平和安全法制において憲法上容認されると解釈された他国に対する武力攻撃の発生を契機とする武力の行使は、あくまでも我が国を防衛するためのやむを得ない自衛の措置に限られ、一般的な集団的自衛権の行使として許容される当該他国に対する武力攻撃の排除それ自体を目的とする武力の行使は、国際法上は許されるとしても、憲法上は許されないことに変わりがない。また他国に対する武力攻撃の発生を契機とする武力の行使は、我が国が武力攻撃を受けた場合と同様な深刻、重大な被害が及ぶことが明らかな状況が、我が国に戦禍が及ぶ蓋然性、国民がこうむることとなる犠牲の深刻性、重大性などから客観的、合理的に判断して認められる場合に限られる」という「厳格かつ限定的な解釈」が国会答弁において示されている。「平成26年閣議決定による武力の行使の新３要件における限定的な要件や、その厳格かつ限定的な解釈を示した政府の国会答弁も踏まえて検討すると、平成26年閣議決定や平和安全法制によって、それまで政府の憲法解釈において一貫して許されないと解されてきた集団的自衛権の行使が、このような限定的な場合に限り憲法上容認されると解されることになったとしても、憲法９条１項の規定や憲法の平和主義の理念に明白に違反し、違憲性が明白であると断定することまではできない。」

コメント　本判決は「予防＝事前配慮原則」に即した「国家賠償法１条１項

の違法性の判断の在り方」を示した点で注目される。この原則によれば、「違憲性の明白な行為によって生ずる可能性がある」生命・身体の安全に対する「重大な危険を未然に防止する」べきであるとされ[10)]、本判決は同原則に則り以下の判断を示している。限定的な形での集団的自衛権の行使は憲法上許容されるとする「憲法解釈の変更に明白な違憲性が認められ、その結果、いったん政府が具体的な行為をとるならば多くの国民に膨大で甚大かつ不可逆的被害が発生する危険性がある場合には」、そのような「生命・身体の安全に対する危険性を国民が甘受すべき理由はなく」、また、「そのような重大な危険を未然に防止する必要性も高い」ため、「そうした結果の発生を確実に予測しえない場合であっても、予防＝事前配慮原則にのっとり、国家賠償法１条１項における違法性を認定すべきである」。生命・身体の安全が害される具体的危険の発生を確実に予見しえない場合であっても平和安全法制等の国家賠償法上の違法性が認定されうるとした点において、本判決の意義は大きいといえよう。

もっとも、本判決は、集団的自衛権の行使を限定的に容認することが「憲法９条１項の下で許される武力の行使の限界を超えると解する余地もある」としながらも、その「違憲性が明白であると断定することまではできない」と述べ、平和安全法制等の国家賠償法上の違法性を否定した。とはいえ、その判断には、「政府が国会に対して厳格かつ限定的な解釈を示した答弁」が「憲法上の重みを持ってしっかりと守られるべきものであることを前提とすれば」という条件が付されており、本判決は政府に対し、自ら設定した集団的自衛権の行使の憲法上の限界を遵守するよう警告しているといえる。

政府は国会答弁において、集団的自衛権の行使が憲法上許容されるのは、「我が国が武力攻撃を受けた場合と同様な深刻、重大な被害が及ぶことが明らかな状況が、我が国に戦禍が及ぶ蓋然性、国民がこうむることとなる犠牲の深刻性、重大性などから客観的、合理的に判断して認められる場合に限られる」としている。ある局面が存立危機事態に該当するか否かがこのように厳密に認定されることは、非常に重要である。というのも、武力攻撃事態と存立危機事態では国民に及ぶ被害の「具体性・明確性や深刻さに雲泥の差があることは明白である」にもかかわらず[11)]、武力攻撃事態に匹敵する深刻・重大な被害の発生する

10)　本件について仙台高等裁判所に提出された長谷部恭男教授の意見書参照。

ことが明らかであるという確証のないまま軽々に存立危機事態の発生が認定されれば、そこにおける集団的自衛権の行使はもはや、「憲法上容認される」、「我が国を防衛するためのやむを得ない自衛の措置」とはいえなくなるからである。同時に、そのような場合の集団的自衛権の行使は、政府自身が「憲法上は許されない」とする、「他国に対する武力攻撃の排除それ自体を目的とする武力の行使」にもなりかねない。政府自身の設定した憲法上の限界すら超えて集団的自衛権が行使されることを防ぐには、ある局面が存立危機事態に該当するか否かが厳密に認定されなければならない。

なお、本判決は、限定的な集団的自衛権の行使ですら、「憲法学者の多数の意見や政府の憲法解釈を担ってきた多くの行政官の意見のように、憲法９条１項の下で許される武力の行使の限界を超えると解する余地もある」と述べているが、憲法は集団的自衛権の行使を禁じているとする解釈に疑問を投げかける見解もある。例えば、「国際紛争を解決する手段」、すなわち「自国の意思を他国に強制するための手段、つまるところ侵略的な手段」として行われるものではない武力行使とそのための実力ないし戦力の保持は憲法９条によって禁止されていないとすることは「解釈論として素直な手法の所産」であり、そのような解釈による限り集団的自衛権の行使や国連平和維持活動等の違憲性を説明することは困難ではないかとする見解がある[12)]。このほか、従来の政府解釈が、①多義的に解釈しうる「平和主義」を根拠にして、これを「基本原則」とする憲法のもとでは集団的自衛権の行使は許されないとしてきたこと、②個別的自衛権の行使要件を、それとは異質なものである集団的自衛権の行使要件にそのまま転用してきたことを批判し、「憲法に明確な禁止規定がないにもかかわらず集団的自衛権を当然に否認する」ことはできないのではないかとする見解も

11）　高見勝利「集団的自衛権『限定行使』の虚構」長谷部恭男・杉田敦編『安保法制の何が問題か』（岩波書店、2015年）69―74頁参照。

12）　安念潤司「日本国憲法における『武力の行使』の位置づけ」ジュリスト1343号（2007年）27頁以下。なお、安保法制懇報告書は、憲法９条１項は、「我が国が当事国である国際紛争の解決のために」なされるものではない個別的または集団的「自衛のための武力の行使」や「国連 PKO 等や集団安全保障措置への参加」を禁止するものではなく、憲法９条２項は、これらの活動に必要な実力の保持を禁止していないとする（18―19頁）。もっとも、安倍晋三内閣総理大臣は、安保法制懇報告書の示した見解は「これまでの政府の憲法解釈とは論理的に整合しない」ものであるため採用できないと明言している（平成26年５月15日安倍内閣総理大臣記者会見）。

ある[13]。

3 政府解釈の変容と積極的平和主義

〔解　説〕

平成26年閣議決定は、わが国が「国際協調主義に基づく『積極的平和主義』の下、国際社会の平和と安定にこれまで以上に積極的に貢献する」ために、「自衛隊が幅広い支援活動で十分に役割を果たすことができるようにすることが必要である」とする。ただし、同閣議決定も述べるとおり、「いわゆる後方支援と言われる支援活動」は、それ自体が武力行使ではないにせよ、従来どおりいわゆる武力行使との一体化論のもとで、「他国の『武力の行使と一体化』することにより、我が国自身が憲法の下で認められない『武力の行使』を行ったとの法的評価を受けることがないよう」実施されなければならない[14]。しかしながら、今後自衛隊が国際平和支援法に基づき国際平和共同対処事態において実施することになる協力支援活動、捜索救助活動および船舶検査活動という対応措置の内容を見ると（国際平和支援法１～３条［同様の対応措置は重要影響事態法の下でも実施可能である］)、武力行使との一体化を回避しえているか疑問が残る。第一に、従来は武力行使との一体化を避けるために差し控えられてきた「弾薬の提供」および「戦闘作戦行動のために発進準備中の航空機に対する給油及び整備」が[15]、今後は実施されることになる。第二に、従来は武力行使との一体化を避けるべく、対応措置は、「現に戦闘行為（国際的な武力紛争の一環として行

---

13) 大石眞「日本国憲法と集団的自衛権」ジュリスト1343号（2007年）37頁以下参照。

14) 平成26年閣議決定、第140回国会衆議院予算委員会議録第12号18頁（平９・２・13［大森政輔内閣法制局長官による答弁］）参照。なお、イラク人道復興支援特措法に基づく自衛隊のイラクおよびその周辺地域への派遣行為の合憲性が争われた事件において、名古屋高裁は、主として同法上の安全確保支援活動の名目で行われている航空自衛隊の空輸活動は、「少なくとも多国籍軍の武装兵員をバグダッドへ空輸するものについては、……他国による武力行使と一体化した行動であって、自らも武力の行使を行ったと評価を受けざるを得ない」とし、当該活動は、「政府と同じ憲法解釈に立ち、イラク特措法を合憲とした場合であっても、武力行使を禁止したイラク特措法２条２項、活動地域を非戦闘地域に限定した同条３項に違反し、かつ、憲法９条１項に違反する」とした（名古屋高判平成20・４・17判時2056号74頁)。

われる人を殺傷し又は物を破壊する行為をいう。）が行われておらず、かつ、そこで実施される活動の期間を通じて戦闘行為が行われることがないと認められる」非戦闘地域においてのみ実施可能であったが（イラク人道復興支援特措法２条３項、周辺事態法３条１項３号）、今後は、「現に戦闘行為が行われている現場」でなければ実施可能になる（国際平和支援法２条３項、重要影響事態法２条３項）。このため、戦闘地域の移動・拡大により、自衛隊が対応措置を実施している地域が戦闘地域と化す危険性は高まったといえる[16]。対応措置は「円滑かつ安全に実施すること」の可能な範囲内において行われることになっているとはいえ（国際平和支援法７条３項・８条２項、重要影響事態法６条３項・７条２項等）、安全確保に配慮するならそもそも非戦闘地域の定義を変更する必要はなかったはずである[17]。このように、武力行使との一体化の判断基準が緩和されていることにかんがみれば、実際に行われる対応措置が武力行使と一体化するおそれは払拭できないのではなかろうか。

同様の懸念は国際平和協力法についても指摘しうる。これまでPKOに対する自衛隊の協力は、行政事務に関する助言・指導や被災民に対する救援活動を中心に行われてきた。これらの活動が武器の使用を前提に行われるものではないのに対し、自衛隊が今後国際平和協力法に基づき行うことになる業務には武器の使用を前提にするものが含まれている。「防護を必要とする住民、被災民」らの警護等のほか、「特定の区域の保安のための監視、駐留、巡回、検問及び警護」（いわゆる安全確保：国際平和協力法３条５号ト）、国際連合平和維持活動等の活動関係者の「緊急の要請に対応して行う当該活動関係者の生命及び身体の保護」（いわゆる駆け付け警護：国際平和協力法３条５号ラ）等である。これまでも自衛隊

15）　第189回国会参議院平和安全法制特別委員会会議録第17号11―12頁（平27・９・８）参照。もっとも政府は、これらの活動は需要がないために差し控えられてきたに過ぎないとする。第189回国会衆議院平和安全法制特別委員会議録第８号４頁（平27・６・10［横畠裕介内閣法制局長官による答弁］）、第189回国会参議院平和安全法制特別委員会会議録第18号８頁（平27・９・９［横畠裕介内閣法制局長官による答弁］）参照。

16）　国際平和支援法８条６項および重要影響事態法７条６項によると、自衛隊は戦闘地域内においても、「既に遭難者が発見され、自衛隊の部隊等がその救助を開始しているときは、当該部隊等の安全が確保される限り、当該遭難者に係る捜索救助活動を継続することができる」とされている。

17）　柳澤協二「安保関連法の論点――『国際秩序維持』に関する法制を中心に」長谷部恭男編『検証・安保法案』（有斐閣、2015年）74頁。

員による武器使用は認められてきたが、それはあくまで、不測の攻撃から自己等の生命または身体を防護するために必要最小限の範囲において行われるものに限られていた。政府は、このような消極的・受動的な態様の武器使用については、自己保存のための自然権的権利の行使であるため武力行使（わが国の物的・人的組織体による国際的な武力紛争の一環としての戦闘行為）にはあたらないとしてきたが、安全確保、駆け付け警護等の業務遂行を妨害する行為を排除するために積極的・能動的に行われるいわゆる任務遂行型の武器使用（国際平和協力法26条）をも武力行使にはあたらないとすることは、困難に思われる。もっとも、政府解釈によれば、武力行使の定義に含まれる国際的な武力紛争とは「国又は国に準ずる組織の間において生ずる武力を用いた争い」を指すものとされるため、武器使用の対象が「単なる犯罪集団であることが明確な場合」のように、国または国に準ずる組織を対象にしない武器使用は武力行使にはあたらないことになる[18)]。このことを踏まえ、国際平和協力法は、安全確保、駆け付け警護等の業務実施期間中、紛争当事者間における停戦合意と領域国および紛争当事者の自衛隊の受け入れ同意が安定的に維持されることを要求することによって（国際平和協力法３条・６条）、自衛隊と国または国に準ずる組織との間に敵対関係が生じないようにし、上記業務遂行に際して国または国に準ずる組織に対し憲法上禁止される武器使用が行われない状態を確保しようとしている[19)]。とはいえ、停戦合意はあるもののこれが遵守されずに紛争当事者間における戦闘が再発しつつあるような状況においては、安全確保、駆け付け警護等の業務遂行中の武器使用は容易に武力行使へと転化するおそれがあるし、また、国または国に準ずる組織とは認められない武装集団等に対する上記武器使用は、それが武力行使ではないとするにしても、その区別は観念上のものでしかないのではないか、さらに、そのような武器使用がかえって戦闘の勃発・激化を招きかねないのではないかという疑問が残る[20)]。

18）　第168回国会衆議院国際テロリズムの防止及び我が国の協力支援活動並びにイラク人道復興支援活動等に関する特別委員会議録７号27―28頁（平19・11・１［宮崎礼壹内閣法制局長官による答弁］）参照。

19）　第189回国会衆議院平和安全法制特別委員会議録第９号４―５頁（平27・６・12［横畠裕介内閣法制局長官による答弁］）参照。

20）　宮崎礼壹「『切れ目なき安保法制』法案の憲法上の問題点」法学教室420号（2015年）48―49頁、柳澤・前掲注17）74―79頁参照。

4　文民統制

〔解　説〕

存立危機事態における集団的自衛権の行使や、政府の掲げる「積極的平和主義」を実現するべく拡充された自衛隊の活動は、憲法の禁止する武力の行使に転化する危険性をはらんでいる。そのため、仮にその根拠法が合憲であるとしても、これらの活動をどのようにして統制するか、すなわち文民統制のあり方が重要な課題になってくる。政府によると、わが国は、「自衛隊が国民の意思によって整備・運用されることを確保するため」に、「国民を代表する国会が、自衛官の定数、主要組織などを法律・予算の形で議決し、また、防衛出動などの承認を行う」という形で、「厳格な文民統制の制度を採用している」とされる（『防衛白書　令和５年度版』195頁）。だが、自衛隊の活動に対する国会の関与のあり方については、①存立危機事態における自衛隊の防衛出動および重要影響事態における自衛隊の対応措置については例外なく事前の国会承認が必要とされるべきではないか、②自衛隊による駆け付け警護および在外邦人等の保護措置等を国会承認の対象にするべきではないか、③国会承認案件の審議期間を長期化するか、または一定期間内に国会承認が得られない場合には不承認として扱うという制度設計がなされるべきではないか、④存立危機事態、重要影響事態、国際平和共同対処事態等の事態発生の認定を国会に行わせるべきではないか等の問題が指摘されている[21)]。平和安全法制における文民統制のあり方が厳格なものといえるか、入念な検討を要する。くわえて、政府が防衛力の抜本的強化のためにGDP比１％の枠を超えて防衛費を増大させようとするなか、これまで以上に国会による財政統制の重要性も増している。

21)　植松健一「安保関連法案における国会承認制度の欠陥」森英樹編『安保関連法総批判』（日本評論社、2015年）86頁以下参照。

事項索引

た行

な行

は行

ま行

や行

ら行

わ行

アルファベット

判例索引

最高裁判所

高等裁判所

地方裁判所

書名	著者	価格
リーガル・マインド入門〔第二版〕	西村裕三 編	二〇〇〇円
スモールステップで法学入門	熊本大学法学部編	二五〇〇円
ヒューマン・ライツ教育――人権問題を「可視化」する大学の授業	ヒューマン・ライツ教育研究会 編	二八〇〇円
法　学	松尾浩也・高橋和之 編	二六〇〇円
近代法の常識〔第三版〕	伊藤正己 著	二〇〇〇円
異文化の法律家	大木雅夫 著	二〇〇〇円
わかりやすい法学入門	山田晟 著	二〇〇〇円
法　学――法のしくみと機能	林良平 編	二三〇〇円
現代の法と人権	髙野眞澄 著	一八〇〇円
新・人権はだれのものか	佐瀬一男・尹龍澤 編	二〇〇〇円
人権の司法的救済	阪本昌成・村上武則 編	四五〇〇円
立憲主義――過去と未来の間	阪本昌成 編	七〇〇〇円
権力分立――立憲国の条件	阪本昌成 著	六〇〇〇円
フランス憲法と現代立憲主義の挑戦	辻村みよ子 著	七〇〇〇円
給付行政の諸問題　村上武則先生還暦記念	廣瀬肇・石川敏行・横山信二 編	八〇〇〇円
新版国際関係法入門〔第二版〕	櫻井雅夫・岩瀬真央美 著	二五〇〇円
国際環境法講義〔第2版〕	西井正弘・鶴田順 編	三〇〇〇円

★表示価格は本体価格（税別）

有信堂刊

判例で学ぶ日本国憲法〔第三版〕 西村裕三 編 二五〇〇円

謎解き 日本国憲法〔全訂第3版〕 阪本昌成 編 二二〇〇円

日本国憲から考える現代社会・15講 新井信之 著 三〇〇〇円

新憲法四重奏〔第二版〕 大津・大藤・高佐・長谷川 著 三〇〇〇円

憲 法 Ⅰ—総論・統治機構論 大日方信春 著 三七〇〇円

憲 法 Ⅱ—基本権論〔第三版〕 大日方信春 著 四一〇〇円

憲法1—国制クラシック〔全訂第三版〕 阪本昌成 著 二八〇〇円

憲法2—基本権クラシック〔第四版〕 阪本昌成 著 三〇〇〇円

憲法Ⅱ（基本的人権）《現代法学》 畑 博行 著 二八〇〇円

リベラリズム／デモクラシーⅠ〔第二版〕 阪本昌成 著 二〇〇〇円

分権国家の憲法理論 大津 浩 著 七〇〇〇円

亡命と家族—戦後フランスにおける外国人法の展開 水鳥能伸 著 一〇〇〇〇円

ロールズの憲法哲学 大日方信春 著 五〇〇〇円

外国人の退去強制と合衆国憲法 新井信之 著 七〇〇〇円

アメリカ連邦議会と裁判官規律制度の展開 土屋孝次 著 四六〇〇円

アメリカ連邦議会の憲法解釈 土屋孝次 著 六〇〇〇円

世界の憲法集〔第五版〕 畑 博行・小森田秋夫 編 三五〇〇円

★表示価格は本体価格（税別）

有信堂刊

執筆者紹介（執筆順）　※は編者

畑　博行（広島大学名誉教授・近畿大学名誉学長）…………………………1
※西村裕三（広島大学名誉教授）…………………………2、3、13、16
井上一洋（松山大学教授）………………………………………………4
井上幸希（宮崎大学非常勤講師）……………………………………5
重村博美（近畿大学准教授）…………………………………………6
有田伸弘（関西福祉大学教授）………………………………………7
ハラダ，ジョージ・R．（広島経済大学教授）……………………8
岡田高嘉（県立広島大学教授）………………………………9、10、11
水鳥能伸（大阪公立大学教授）………………………………………12
中川　徹（元広島工業大学准教授）…………………………………13
土屋孝次（近畿大学教授）…………………………………………14、17
村中洋介（近畿大学准教授）…………………………………………15
西條　潤（近畿大学准教授）…………………………………………18

判例で学ぶ日本国憲法〔第三版〕

2010年8月10日　初　版　第1刷発行　〔検印省略〕
2015年4月1日　初　版　第5刷発行
2016年5月26日　第二版　第1刷発行
2021年11月12日　第二版　第4刷発行
2024年4月11日　第三版　第1刷発行

編者©西村裕三／発行者　髙橋明義　　印刷・製本　亜細亜印刷

東京都文京区本郷 1-8-1　振替00160-8-141750
〒113-0033　TEL(03) 3813-4511
FAX(03) 3813-4514
http://www.yushindo.co.jp/
ISBN 978-4-8420-1088-5

発行所
株式会社 有信堂高文社

Printed in Japan

附録——日本国憲法

朕は、日本国民の総意に基いて、新日本建設の礎が、定まるに至つたことを、深くよろこび、樞密顧問の諮詢及び帝国憲法第七十三条による帝国議会の議決を経た帝国憲法の改正を裁可し、ここにこれを公布せしめる。

御名御璽

昭和二十一年十一月三日

内閣総理大臣兼外務大臣　吉田茂
国務大臣　男爵　幣原喜重郎
司法大臣　木村篤太郎
内務大臣　大村清一
文部大臣　田中耕太郎
農林大臣　和田博雄
国務大臣　斎藤隆夫
逓信大臣　一松定吉
商工大臣　星島二郎
厚生大臣　河合良成
国務大臣　植原悦二郎
運輸大臣　平塚常次郎
大蔵大臣　石橋湛山
国務大臣　金森徳次郎
国務大臣　膳桂之助

日本国憲法

日本国民は、正当に選挙された国会における代表者を通じて行動し、われらとわれらの子孫のために、諸国民との協和による成果と、わが国全土にわたつて自由のもたらす恵沢を確保し、政府の行為によつて再び戦争の惨禍が起ることのないやうにすることを決意し、ここに主権が国民に存することを宣言し、この憲法を確定する。そもそも国政は、国民の厳粛な信託によるものであつて、その権威は国民に由来し、その権力は国民の代表者がこれを行使し、その福利は国民がこれを享受する。これは人類普遍の原理であり、この憲法は、かかる原理に基くものである。われらは、これに反する一切の憲法、法令及び詔勅を排除する。

日本国民は、恒久の平和を念願し、人間相互の関係を支配する崇高な理想を深く自覚するのであつて、平和を愛する諸国民の公正と信義に信頼して、われらの安全と生存を保持しようと決意した。われらは、平和を維持し、専制と隷従、圧迫と偏狭を地上から永遠に除去しようと努めてゐる国際社会において、名誉ある地位を占めたいと思ふ。われらは、全世界の国民が、ひとしく恐怖と缺乏から免かれ、

平和のうちに生存する権利を有することを確認する。

われらは、いづれの国家も、自国のことのみに専念して他国を無視してはならないのであつて、政治道徳の法則は、普遍的なものであり、この法則に従ふことは、自国の主権を維持し、他国と対等関係に立たうとする各国の責務であると信ずる。

日本国民は、国家の名誉にかけ、全力をあげてこの崇高な理想と目的を達成することを誓ふ。

第一章　天　皇

第一条　天皇は、日本国の象徴であり日本国民統合の象徴であつて、この地位は、主権の存する日本国民の総意に基く。

第二条　皇位は、世襲のものであつて、国会の議決した皇室典範の定めるところにより、これを継承する。

第三条　天皇の国事に関するすべての行為には、内閣の助言と承認を必要とし、内閣が、その責任を負ふ。

第四条　①　天皇は、この憲法の定める国事に関する行為のみを行ひ、国政に関する権能を有しない。

②　天皇は、法律の定めるところにより、その国事に関する行為を委任することができる。

第五条　皇室典範の定めるところにより摂政を置くときは、摂政は、天皇の名でその国事に関する行為を行ふ。この場合には、前条第一項の規定を準用する。

第六条　①　天皇は、国会の指名に基いて、内閣総理大臣を任命する。

②　天皇は、内閣の指名に基いて、最高裁判所の長たる裁判官を任命する。

第七条　天皇は、内閣の助言と承認により、国民のために、左の国事に関する行為を行ふ。

一　憲法改正、法律、政令及び条約を公布すること。

二　国会を召集すること。

三　衆議院を解散すること。

四　国会議員の総選挙の施行を公示すること。

五　国務大臣及び法律の定めるその他の官吏の任免並びに全権委任状及び大使及び公使の信任状を認証すること。

六　大赦、特赦、減刑、刑の執行の免除及び復権を認証すること。

七　栄典を授与すること。

八　批准書及び法律の定めるその他の外交文書を認証すること。

九　外国の大使及び公使を接受すること。

十　儀式を行ふこと。

第八条　皇室に財産を譲り渡し、又は皇室が、財産を譲り受け、若しくは賜与することは、国会の議決に基かなければならない。

第二章　戦争の放棄

第九条　①　日本国民は、正義と秩序を基調とする国際平和を誠実に希求し、国権の発動たる戦争と、武力による威嚇又は武力の行使は、国際紛争を解決する手段としては、永久にこれを放棄する。

②　前項の目的を達するため、陸海空軍その他の戦力は、これを保持しない。国の交戦権は、これを認めない。

第三章　国民の権利及び義務

第一〇条　日本国民たる要件は、法律でこれを定める。

第一一条　国民は、すべての基本的人権の享有を妨げられない。この憲法が国民に保障する基本的人権は、侵すことのできない永久の権利として、現在及び将来の国民に与へられる。

第一二条　この憲法が国民に保障する自由及び権利は、国民の不断の努力によつて、これを保持しなければならない。又、国民は、これを濫用してはならないのであつて、常に公共の福祉のためにこれを利用する責任を負ふ。

第一三条　すべて国民は、個人として尊重される。生命、自由及び幸福追求に対する国民の権利については、公共の福祉に反しない限り、立法その他の国政の上で、最大の尊重を必要とする。

第一四条　①　すべて国民は、法の下に平等であつて、人種、信条、性別、社会的身分又は門地により、政治的、経済的又は社会的関係において、差別されない。

②　華族その他の貴族の制度は、これを認めない。

③　栄誉、勲章その他の栄典の授与は、いかなる特権も伴はない。栄典の授与は、現にこれを有し、又は将来これを受ける者の一代に限り、その効力を有する。

第一五条　①　公務員を選定し、及びこれを罷免することは、国民固有の権利である。

②　すべて公務員は、全体の奉仕者であつて、一部の奉仕者ではない。

③　公務員の選挙については、成年者による普通選挙を保障する。

④　すべて選挙における投票の秘密は、これを侵してはならない。選挙人は、その選択に関し公的にも私的にも責任を問はれない。

第一六条　何人も、損害の救済、公務員の罷免、法律、命令又は規則の制定、廃止又は改正その他の事項に関し、

平穏に請願する権利を有し、何人も、かかる請願をしたためにいかなる差別待遇も受けない。

第一七条 何人も、公務員の不法行為により、損害を受けたときは、法律の定めるところにより、国又は公共団体に、その賠償を求めることができる。

第一八条 何人も、いかなる奴隷的拘束も受けない。又、犯罪に因る処罰の場合を除いては、その意に反する苦役に服させられない。

第一九条 思想及び良心の自由は、これを侵してはならない。

第二〇条 ① 信教の自由は、何人に対してもこれを保障する。いかなる宗教団体も、国から特権を受け、又は政治上の権力を行使してはならない。

② 何人も、宗教上の行為、祝典、儀式又は行事に参加することを強制されない。

③ 国及びその機関は、宗教教育その他のいかなる宗教的活動もしてはならない。

第二一条 ① 集会、結社及び言論、出版その他一切の表現の自由は、これを保障する。

② 検閲は、これをしてはならない。通信の秘密は、これを侵してはならない。

第二二条 ① 何人も、公共の福祉に反しない限り、居住、移転及び職業選択の自由を有する。

② 何人も、外国に移住し、又は国籍を離脱する自由を侵されない。

第二三条 学問の自由は、これを保障する。

第二四条 ① 婚姻は、両性の合意のみに基いて成立し、夫婦が同等の権利を有することを基本として、相互の協力により、維持されなければならない。

② 配偶者の選択、財産権、相続、住居の選定、離婚並びに婚姻及び家族に関するその他の事項に関しては、法律は、個人の尊厳と両性の本質的平等に立脚して、制定されなければならない。

第二五条 ① すべて国民は、健康で文化的な最低限度の生活を営む権利を有する。

② 国は、すべての生活部面について、社会福祉、社会保障及び公衆衛生の向上及び増進に努めなければならない。

第二六条 ① すべて国民は、法律の定めるところにより、その能力に応じて、ひとしく教育を受ける権利を有する。

② すべて国民は、法律の定めるところにより、その保護する子女に普通教育を受けさせる義務を負ふ。義務教育は、これを無償とする。

第二七条 ① すべて国民は、勤労の権利を有し、義務を負ふ。

② 賃金、就業時間、休息その他の勤労条件に関する基準は、法律でこれを定める。
③ 児童は、これを酷使してはならない。
第二八条 勤労者の団結する権利及び団体交渉その他の団体行動をする権利は、これを保障する。
第二九条 ① 財産権は、これを侵してはならない。
② 財産権の内容は、公共の福祉に適合するやうに、法律でこれを定める。
③ 私有財産は、正当な補償の下に、これを公共のために用ひることができる。
第三〇条 国民は、法律の定めるところにより、納税の義務を負ふ。
第三一条 何人も、法律の定める手続によらなければ、その生命若しくは自由を奪はれ、又はその他の刑罰を科せられない。
第三二条 何人も、裁判所において裁判を受ける権利を奪はれない。
第三三条 何人も、現行犯として逮捕される場合を除いては、権限を有する司法官憲が発し、且つ理由となつてゐる犯罪を明示する令状によらなければ、逮捕されない。
第三四条 何人も、理由を直ちに告げられ、且つ、直ちに弁護人に依頼する権利を与へられなければ、抑留又は拘禁されない。又、何人も、正当な理由がなければ、拘禁されず、要求があれば、その理由は、直ちに本人及びその弁護人の出席する公開の法廷で示されなければならない。
第三五条 ① 何人も、その住居、書類及び所持品について、侵入、捜索及び押収を受けることのない権利は、第三三条の場合を除いては、正当な理由に基いて発せられ、且つ捜索する場所及び押収する物を明示する令状がなければ、侵されない。
② 捜索又は押収は、権限を有する司法官憲が発する各別の令状により、これを行ふ。
第三六条 公務員による拷問及び残虐な刑罰は、絶対にこれを禁ずる。
第三七条 ① すべて刑事事件においては、被告人は、公平な裁判所の迅速な公開裁判を受ける権利を有する。
② 刑事被告人は、すべての証人に対して審問する機会を充分に与へられ、又、公費で自己のために強制的手続により証人を求める権利を有する。
③ 刑事被告人は、いかなる場合にも、資格を有する弁護人を依頼することができる。被告人が自らこれを依頼することができないときは、国でこれを附する。
第三八条 ① 何人も、自己に不利益な供述を強要されな

い。

② 強制、拷問若しくは脅迫による自白又は不当に長く抑留若しくは拘禁された後の自白は、これを証拠とすることができない。

③ 何人も、自己に不利益な唯一の証拠が本人の自白である場合には、有罪とされ、又は刑罰を科せられない。

第三九条 何人も、実行の時に適法であつた行為又は既に無罪とされた行為については、刑事上の責任を問はれない。又、同一の犯罪について、重ねて刑事上の責任を問はれない。

第四〇条 何人も、抑留又は拘禁された後、無罪の裁判を受けたときは、法律の定めるところにより、国にその補償を求めることができる。

第四章　国　会

第四一条 国会は、国権の最高機関であつて、国の唯一の立法機関である。

第四二条 国会は、衆議院及び参議院の両議院でこれを構成する。

第四三条 ① 両議院は、全国民を代表する選挙された議員でこれを組織する。

② 両議院の議員の定数は、法律でこれを定める。

第四四条 両議院の議員及びその選挙人の資格は、法律でこれを定める。但し、人種、信条、性別、社会的身分、門地、教育、財産又は収入によって差別してはならない。

第四五条 衆議院議員の任期は、四年とする。但し、衆議院解散の場合には、その期間満了前に終了する。

第四六条 参議院議員の任期は、六年とし、三年ごとに議員の半数を改選する。

第四七条 選挙区、投票の方法その他両議院の議員の選挙に関する事項は、法律でこれを定める。

第四八条 何人も、同時に両議院の議員たることはできない。

第四九条 両議院の議員は、法律の定めるところにより、国庫から相当額の歳費を受ける。

第五〇条 両議院の議員は、法律の定める場合を除いては、国会の会期中逮捕されず、会期前に逮捕された議員は、その議院の要求があれば、会期中これを釈放しなければならない。

第五一条 両議院の議員は、議院で行つた演説、討論又は表決について、院外で責任を問はれない。

第五二条 国会の常会は、毎年一回これを召集する。

第五三条 内閣は、国会の臨時会の召集を決定することができる。いづれかの議院の総議員の四分の一以上の要求

があれば、内閣は、その召集を決定しなければならない。

第五四条　①　衆議院が解散されたときは、解散の日から四十日以内に、衆議院議員の総選挙を行ひ、その選挙の日から三十日以内に、国会を召集しなければならない。

②　衆議院が解散されたときは、参議院は、同時に閉会となる。但し、内閣は、国に緊急の必要があるときは、参議院の緊急集会を求めることができる。

③　前項但書の緊急集会において採られた措置は、臨時のものであつて、次の国会開会の後十日以内に、衆議院の同意がない場合には、その効力を失ふ。

第五五条　両議院は、各々その議員の資格に関する争訟を裁判する。但し、議員の議席を失はせるには、出席議員の三分の二以上の多数による議決を必要とする。

第五六条　①　両議院は、各々その総議員の三分の一以上の出席がなければ、議事を開き議決することができない。

②　両議院の議事は、この憲法に特別の定のある場合を除いては、出席議員の過半数でこれを決し、可否同数のときは、議長の決するところによる。

第五七条　①　両議院の会議は、公開とする。但し、出席議員の三分の二以上の多数で議決したときは、秘密会を開くことができる。

②　両議院は、各々その会議の記録を保存し、秘密会の記録の中で特に秘密を要すると認められるもの以外は、これを公表し、且つ一般に頒布しなければならない。

③　出席議員の五分の一以上の要求があれば、各議員の表決は、これを会議録に記載しなければならない。

第五八条　①　両議院は、各々その議長その他の役員を選任する。

②　両議院は、各々その会議その他の手続及び内部の規律に関する規則を定め、又、院内の秩序をみだした議員を懲罰することができる。但し、議員を除名するには、出席議員の三分の二以上の多数による議決を必要とする。

第五九条　①　法律案は、この憲法に特別の定のある場合を除いては、両議院で可決したとき法律となる。

②　衆議院で可決し、参議院でこれと異なつた議決をした法律案は、衆議院で出席議員の三分の二以上の多数で再び可決したときは、法律となる。

③　前項の規定は、法律の定めるところにより、衆議院が、両議院の協議会を開くことを求めることを妨げない。

④　参議院が、衆議院の可決した法律案を受け取つた後、国会休会中の期間を除いて六十日以内に、議決しないときは、衆議院は、参議院がその法律案を否決したものとみなすことができる。

第六〇条　①　予算は、さきに衆議院に提出しなければな

らない。

② 予算について、参議院で衆議院と異なつた議決をした場合に、法律の定めるところにより、両議院の協議会を開いても意見が一致しないとき、又は参議院が、衆議院の可決した予算を受け取つた後、国会休会中の期間を除いて三十日以内に、議決しないときは、衆議院の議決を国会の議決とする。

第六一条　条約の締結に必要な国会の承認については、前条第二項の規定を準用する。

第六二条　両議院は、各々国政に関する調査を行ひ、これに関して、証人の出頭及び証言並びに記録の提出を要求することができる。

第六三条　内閣総理大臣その他の国務大臣は、両議院の一に議席を有すると有しないとにかかはらず、何時でも議案について発言するため議院に出席することができる。又、答弁又は説明のため出席を求められたときは、出席しなければならない。

第六四条　① 国会は、罷免の訴追を受けた裁判官を裁判するため、両議院の議員で組織する弾劾裁判所を設ける。

② 弾劾に関する事項は、法律でこれを定める。

第五章　内　閣

第六五条　行政権は、内閣に属する。

第六六条　① 内閣は、法律の定めるところにより、その首長たる内閣総理大臣及びその他の国務大臣でこれを組織する。

② 内閣総理大臣その他の国務大臣は、文民でなければならない。

③ 内閣は、行政権の行使について、国会に対し連帯して責任を負ふ。

第六七条　① 内閣総理大臣は、国会議員の中から国会の議決で、これを指名する。この指名は、他のすべての案件に先だつて、これを行ふ。

② 衆議院と参議院とが異なつた指名の議決をした場合に、法律の定めるところにより、両議院の協議会を開いても意見が一致しないとき、又は衆議院が指名の議決をした後、国会休会中の期間を除いて十日以内に、参議院が、指名の議決をしないときは、衆議院の議決を国会の議決とする。

第六八条　① 内閣総理大臣は、国務大臣を任命する。但し、その過半数は、国会議員の中から選ばれなければならない。

② 内閣総理大臣は、任意に国務大臣を罷免することができる。

第六九条　内閣は、衆議院で不信任の決議案を可決し、又は信任の決議案を否決したときは、十日以内に衆議院が解散されない限り、総辞職をしなければならない。

第七〇条　内閣総理大臣が缺けたとき、又は衆議院議員総選挙の後に初めて国会の召集があつたときは、内閣は、総辞職をしなければならない。

第七一条　前二条の場合には、内閣は、あらたに内閣総理大臣が任命されるまで引き続きその職務を行ふ。

第七二条　内閣総理大臣は、内閣を代表して議案を国会に提出し、一般国務及び外交関係について国会に報告し、並びに行政各部を指揮監督する。

第七三条　内閣は、他の一般行政事務の外、左の事務を行ふ。

一　法律を誠実に執行し、国務を総理すること。
二　外交関係を処理すること。
三　条約を締結すること。但し、事前に、時宜によつては事後に、国会の承認を経ることを必要とする。
四　法律の定める基準に従ひ、官吏に関する事務を掌理すること。
五　予算を作成して国会に提出すること。
六　この憲法及び法律の規定を実施するために、政令を制定すること。但し、政令には、特にその法律の委任がある場合を除いては、罰則を設けることができない。
七　大赦、特赦、減刑、刑の執行の免除及び復権を決定すること。

第七四条　法律及び政令には、すべて主任の国務大臣が署名し、内閣総理大臣が連署することを必要とする。

第七五条　国務大臣は、その在任中、内閣総理大臣の同意がなければ、訴追されない。但し、これがため、訴追の権利は、害されない。

第六章　司　法

第七六条　①　すべて司法権は、最高裁判所及び法律の定めるところにより設置する下級裁判所に属する。

②　特別裁判所は、これを設置することができない。行政機関は、終審として裁判を行ふことができない。

③　すべて裁判官は、その良心に従ひ独立してその職権を行ひ、この憲法及び法律にのみ拘束される。

第七七条　①　最高裁判所は、訴訟に関する手続、弁護士、裁判所の内部規律及び司法事務処理に関する事項について、規則を定める権限を有する。

②　検察官は、最高裁判所の定める規則に従はなければならない。

③　最高裁判所は、下級裁判所に関する規則を定める権限

を、下級裁判所に委任することができる。

第七八条　裁判官は、裁判により、心身の故障のために職務を執ることができないと決定された場合を除いては、公の弾劾によらなければ罷免されない。裁判官の懲戒処分は、行政機関がこれを行ふことはできない。

第七九条　①　最高裁判所は、その長たる裁判官及び法律の定める員数のその他の裁判官でこれを構成し、その長たる裁判官以外の裁判官は、内閣でこれを任命する。

②　最高裁判所の裁判官の任命は、その任命後初めて行はれる衆議院議員総選挙の際国民の審査に付し、その後十年を経過した後初めて行はれる衆議院議員総選挙の際更に審査に付し、その後も同様とする。

③　前項の場合において、投票者の多数が裁判官の罷免を可とするときは、その裁判官は、罷免される。

④　審査に関する事項は、法律でこれを定める。

⑤　最高裁判所の裁判官は、法律の定める年齢に達した時に退官する。

⑥　最高裁判所の裁判官は、すべて定期に相当額の報酬を受ける。この報酬は、在任中、これを減額することができない。

第八〇条　①　下級裁判所の裁判官は、最高裁判所の指名した者の名簿によつて、内閣でこれを任命する。その裁判官は、任期を十年とし、再任されることができる。但し、法律の定める年齢に達した時には退官する。

②　下級裁判所の裁判官は、すべて定期に相当額の報酬を受ける。この報酬は、在任中、これを減額することができない。

第八一条　最高裁判所は、一切の法律、命令、規則又は処分が憲法に適合するかしないかを決定する権限を有する終審裁判所である。

第八二条　①　裁判の対審及び判決は、公開法廷でこれを行ふ。

②　裁判所が、裁判官の全員一致で、公の秩序又は善良の風俗を害する虞があると決した場合には、対審は、公開しないでこれを行ふことができる。但し、政治犯罪、出版に関する犯罪又はこの憲法第三章で保障する国民の権利が問題となつてゐる事件の対審は、常にこれを公開しなければならない。

第七章　財　政

第八三条　国の財政を処理する権限は、国会の議決に基いて、これを行使しなければならない。

第八四条　あらたに租税を課し、又は現行の租税を変更するには、法律又は法律の定める条件によることを必要と

する。

第八五条　国費を支出し、又は国が債務を負担するには、国会の議決に基くことを必要とする。

第八六条　内閣は、毎会計年度の予算を作成し、国会に提出して、その審議を受け議決を経なければならない。

第八七条　①　予見し難い予算の不足に充てるため、国会の議決に基いて予備費を設け、内閣の責任でこれを支出することができる。

②　すべて予備費の支出については、内閣は、事後に国会の承諾を得なければならない。

第八八条　すべて皇室財産は、国に属する。すべて皇室の費用は、予算に計上して国会の議決を経なければならない。

第八九条　公金その他の公の財産は、宗教上の組織若しくは団体の使用、便益若しくは維持のため、又は公の支配に属しない慈善、教育若しくは博愛の事業に対し、これを支出し、又はその利用に供してはならない。

第九〇条　①　国の収入支出の決算は、すべて毎年会計検査院がこれを検査し、内閣は、次の年度に、その検査報告とともに、これを国会に提出しなければならない。

②　会計検査院の組織及び権限は、法律でこれを定める。

第九一条　内閣は、国会及び国民に対し、定期に、少くとも毎年一回、国の財政状況について報告しなければならない。

第八章　地方自治

第九二条　地方公共団体の組織及び運営に関する事項は、地方自治の本旨に基いて、法律でこれを定める。

第九三条　①　地方公共団体には、法律の定めるところにより、その議事機関として議会を設置する。

②　地方公共団体の長、その議会の議員及び法律の定めるその他の吏員は、その地方公共団体の住民が、直接これを選挙する。

第九四条　地方公共団体は、その財産を管理し、事務を処理し、及び行政を執行する権能を有し、法律の範囲内で条例を制定することができる。

第九五条　一の地方公共団体のみに適用される特別法は、法律の定めるところにより、その地方公共団体の住民の投票においてその過半数の同意を得なければ、国会は、これを制定することができない。

第九章　改正

第九六条　①　この憲法の改正は、各議院の総議員の三分の二以上の賛成で、国会が、これを発議し、国民に提案

してその承認を経なければならない。この承認には、特別の国民投票又は国会の定める選挙の際行はれる投票において、その過半数の賛成を必要とする。

②　憲法改正について前項の承認を経たときは、天皇は、国民の名で、この憲法と一体を成すものとして、直ちにこれを公布する。

第一〇章　最高法規

第九七条　この憲法が日本国民に保障する基本的人権は、人類の多年にわたる自由獲得の努力の成果であつて、これらの権利は、過去幾多の試錬に堪へ、現在及び将来の国民に対し、侵すことのできない永久の権利として信託されたものである。

第九八条　①　この憲法は、国の最高法規であつて、その条規に反する法律、命令、詔勅及び国務に関するその他の行為の全部又は一部は、その効力を有しない。

②　日本国が締結した条約及び確立された国際法規は、これを誠実に遵守することを必要とする。

第九九条　天皇又は摂政及び国務大臣、国会議員、裁判官その他の公務員は、この憲法を尊重し擁護する義務を負ふ。

第一一章　補則

第一〇〇条　①　この憲法は、公布の日から起算して六箇月を経過した日から、これを施行する。

②　この憲法を施行するために必要な法律の制定、参議院議員の選挙及び国会召集の手続並びにこの憲法を施行するために必要な準備手続は、前項の期日よりも前に、これを行ふことができる。

第一〇一条　この憲法施行の際、参議院がまだ成立してゐないときは、その成立するまでの間、衆議院は、国会としての権限を行ふ。

第一〇二条　この憲法による第一期の参議院議員のうち、その半数の者の任期は、これを三年とする。その議員は、法律の定めるところにより、これを定める。

第一〇三条　この憲法施行の際現に在職する国務大臣、衆議院議員及び裁判官並びにその他の公務員で、その地位に相応する地位がこの憲法で認められてゐる者は、法律で特別の定をした場合を除いては、この憲法施行のため、当然にはその地位を失ふことはない。但し、この憲法によつて、後任者が選挙又は任命されたときは、当然その地位を失ふ。